건강검진후기

형클어진 생각의 갈피를 찾아서

건강검진후기

헝클어진 생각의 갈피를 찾아서

조웅선 지음

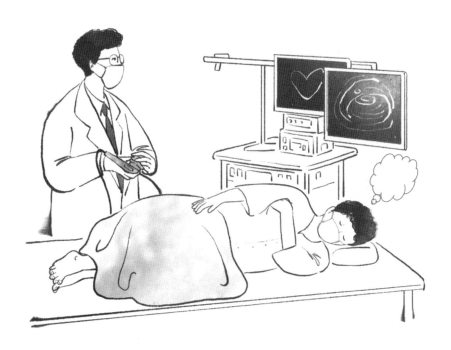

건강검진을 받는데 '내 마음의 검진은 어떻게 하지?' 싶은 생각이 떠올라 내내 맴돌더니, 검진을 마칠 때쯤엔 요 몇 년 동안 헝클어졌던 생각의 갈피가 잡힐 듯했다. 이 글은 검진받으며 떠오른 생각의 핀셋으로 일련의 기억을 헤집은 흔적이다.

좋은땅

머리말

2019년 장관 지명자 인사청문회 이후의 진영 대결을 바라보던 어느 날, 문득 '내가 얼마나 어리숙한 상식과 정의의 갈피와 결로 살아온 거야!' 싶으면서 생각의 갈피가 확 헝클어졌다.

탄핵정국을 공글릴 국격(國格)이 모자라서 격앙된 맞불 집회장으로 변해 서로의 주장만 널브러진 나라엔 음모론이, 내 맘엔 그 누구와도 정의를 논할 수 없다는 생각이 점점 채워졌다.

어느새 시위대 규모와 선거로 정의의 갈피를 가르고, 그 정의를 다수결로 쟁취한 승자 독식의 전리품처럼 취급하며 열광하더니, 바야흐로 선거의 선택 키워드가 "그나마 덜 뻔뻔한 정당은?"이랄 정도로 불신과 음모론이 정론(正論)이 되어 증오마저 번뜩이는 나라에서 어찌 후세대와 더불어 정의의 갈피와 결을 가르고, 권면하며, 그 누구의 불의를 나무라겠는가?

종교도 이모저모로 불편한 맘을 돋워서 관련 뉴스가 나오면 채널을 돌렸다. 그러나 국가와 사회의 주된 요소인 종교와 정치적 환경을 끝까지 외면할 수 있는 국민이 몇이나 되겠는가?

종교는 왜 혁신을 외면하여 외면당하는가? 또, 왜 어떤 종교는 낯 뜨거운 부조리로 이단의 준동을 부추기는가? 또, 왜 정통 교단과 이단은 서로를 탓하는가? 종교의 본디 목적과 수단으로 모범을 보이면 사람들이 저절로 우러르거나, 외면할 텐데?

보수와 진보는 서로 요긴한 국리민복의 보완재인데도 왜 늘 서로를 비난하며 자기편만 지지해달라고 호소하는가? 정치의 목적을 상식적으로 수행하면 알아서 지지하거나, 외면할 텐데?

순서

검진을 나서며

〈소통의 변비가 부르는 거리감〉

거울 속 퀭한 얼굴엔 잠을 설친 흔적이 역력했다. 내시경 검사를 위한 엊저녁의 장 청소가 퍽 순탄치 않았기 때문이었다.

며칠 전 장 청소 약품과 복용 설명서가 택배로 왔다. 검진 전날 점심 식사 두어 시간 후에 먹으라는 노르스름한 알약도 있었는데, 무슨 약인지 대뜸 알 수 있었다. 아내가 첫아이를 갖자마자 심한 변비가 생겨서 사다 줬던 그 변비약이었다.

불현듯 콧등이 찡했다. '임신 열 달 동안 입덧과 변비를 동시에 겪으면서 오로지 배 속의 아이만을 위해서 토할 줄 알면서도 먹고, 먹는 만큼 변비의 고통이 커진다는 걸 빤히 알면서도 먹어야만 하는 진퇴양난의 그 지난한 열 달을 견디어, 마침내 건강하기까지 한 아이를 낳은 아내가 어찌 장하지 않겠는가!'

문득, 아내로서는 어른 되며 말수가 줄어드는 아들한테 이따금 그때의 입덧을 무르고 싶은 생각이 들 듯도 했다. 나 또한 아내의 입덧 수발로 사다 줬던 '변비약'을 고스란히 기억할 정도니, 입덧에 충분히 동참한 반증일 터였다. 그래서인지 가족 카톡방 출입이 뜸해진 것조차 적잖게 섭섭해지는 아들이지만, 섣불리 말했다가는 되레 거리감이 도드라지잖을까 싶어서 꾹꾹 눌러 참을 때마다 퍽 씁쓸했다. 왠지 그 씁쓸한 기분이 처음이 아니다 싶었는데, 친구들이 박장대소하다가도 정치 얘기만 나오면 입을 닫는 까닭이 - 정치적 소통의 극심한 변비로 나라가 두 동강 나는 시국을 겪으면서 - 혹시라도 '우정에 잔금이라도 생길까 봐서'라는 생각에 씁쓸했던 바로 그 기억일 듯싶었다.

〈시원하게 비웠으나 께름칙한 마음〉

어제 늦은 오후, 장 청소 약물을 억지로 마시려니 진저리가 났다. 간신히 2리터쯤 마셨으나 배변 기미가 없어 걷기로 했다. 근처 공원의 화장실을 떠올리며 휴지를 챙겨 중문을 열자, 발치에서 머뭇거리는 아름이를 발로 들이밀고, 공원으로 나갔다.

사람을 끌고 가는 개, 유모차 타고 사열하듯 쭉 둘러보는 개, 귀에 대준 핸드폰에 감정을 섞으며 다른 식구와 통화하는 개, 코로나 마스크를 거부하던 사람처럼 입마개도 없이 사나운 이빨을 버젓이 드러내며 목줄로 사람을 끌고 가는 개 등, 막 봄기운과 땅거미가 내려앉은 공원엔 여기저기 이런 개, 저런 개였다.

문득 '개가 이렇게 많았었나!' 싶었을 때, 별안간 아랫배가 뒤틀리는 자극이 일었다. 곧바로, 그 숱한 일상의 배변 경험과 달리 내 괄약근의 통제력으론 200여 미터 앞의 화장실까지 도저히 못 간다는 공포에 휩싸이며 화장실을 향해 황급한 마음으로 어기적거렸으나, 채 절반도 못 가서 나도 모르게 가까운 도랑으로 잽싸게 뛰어들었다. 마침 가까이에 산책하는 사람도, 가로등도 없었고, 도랑을 따라 울타리 같은 조경수가 늘어서서 위기를 모면하기엔 그만이었다. 물론 주위에 누가 있었거나, CCTV나 가로등의 바로 밑이었거나, 몸을 가릴 조경수 따위가 없었더라도 내겐 다른 선택의 여지가 전혀 없었다. 그나마 헐렁한 고무줄을 넣은 운동복을 입었기에 바지 내리는 시간을 줄일 수 있었고, 채 앉기도 전에 파드득 쏟아졌다. 그리고 순간의 안도감을 압도하는 격한 당혹과 창피가 곧바로 들이닥쳤다.

〈돌파와 깨달음과 거짓말은 처음이 힘들다〉

얼떨결에 엎어지듯 웅크려 앉기도 전에 부랴부랴 급한 불을 끄고 나니, '성인군자라도 내 처지였다면 어쩔 수 없을 것이다. 또, 괄약근을 집중적으로 단련한 인도의 요가 달인일지라도 뾰족한 방법이 없겠다. 그런 터에 똥 싸는 날 본 사람도 없고, CCTV도 없는데 뭐 어쩌겠어?'라는 생각이 재빨리 스치면서, 어느덧 주위를 힐끗거리며 천연덕스럽게 걸어가는 내가 보였다.

문득, 뻔뻔함의 판별 척도는 교양과 지성 따위로 고양된 양심이 아니라, 객관적인 증인과 물증이란 생각이 들었다. 그런 까닭에 불의한 정치인, 내로라하는 성직자, 위조 사회주의자, 허접한 인권운동가 따위들이 갖은 비리를 저지르고도 물증이 나오기 전까진 명예훼손을 거론하며 혐의를 부인하고, 재판에서도 최종 판결까진 줄곧 억울함을 주장할 터였다.

하여튼, 도랑에 뛰어들기까지의 짧은 순간에 그 창피와 뻔뻔함을 돌파한 것은 무의식적 본능으로 평소의 행동 원칙을 통제하는 이성의 껍질을 얼떨결에 돌파하는 생경함이 컸는데, 더욱 생경한 것은 분명히 쩜쩜하면서도, '별것도 아닌데 순간적으로 필요 이상의 창피를 느꼈네?' 싶은 맘이었다. 그리고 "처음이 어렵다."라는 말처럼 정치판의 공약 뒤집기나, 파렴치도 처음이 주저되지, 두 번째부터는 '공원에서 똥을 싸고도 상황 논리로 합리화하는 내 맘과 비슷하겠다.' 싶었다. 그래서인지 누군가가 똥 싸는 나를 쳐다봤다면, "뭘 봐요! 댁이 나였다면 어쩌겠어요?"라고 되묻기라도 했을 것처럼 불쑥 뻔뻔해진 듯도 싶었다.

〈성공적인 검진을 위한 생각 하나〉

건강검진을 받으며 내 몸엔 약하거나 남에게 보이기 싫은 구석이 여럿임을 알았다. 심리적인 약점은 인사말 트라우마와 헛구역질이었고, 몸뚱이에서 내보이기 싫은 곳의 첫 번째는 무좀균에 파먹힌 발톱이었다. 10여 년 전 건강검진 때 색깔과 모양이 변하는 발톱을 의사에게 내보였더니, "발톱 무좀이네요? 아파요? 가려워요?"라고 재촉하듯 묻고는, 대답도 하기 전에 "만수무강과 상관없으니 그냥 놔두세요."라며 다음 검진자를 불렀다. 떠밀리듯 문밖에 나가서야 '검진 항목에 없는 질문은 진료빌 안 받았으니 대답할 이유도 없다는 투로 내쫓겼다.' 싶었다. 그 뒤론 발톱을 볼 때마다 '자기 가족의 발톱이었대도 만수무강과 상관없으니 그냥 놔두라고 했을까?' 싶어 다소 괘씸한 생각이 언뜻거렸다. 그러나 '결코 아프거나 가려울 리 없다.'라는 확신에 찬 의사의 되바라진 물음과 처방처럼, 눈에 거슬릴 뿐 불편하지 않았고, 어쩌다 힐끗거리는 아내조차 "아프잖으면 놔둬요."라는 듯해서 방치했던 발톱이 누렇고 두텁게 변한 터였다.

두 번째는 쓸개와 간이었고, 세 번째는 건강을 꽤 챙기는데도 나날이 움츠러드는 몸뚱이와 달리, 챙겨야 할 대상인 줄조차 몰랐는데도 생뚱맞게 저절로 굵어졌다는 전립샘이었다.

문득 내 마음이나 몸에서 약하거나 감추고 싶은 곳이 있더라도 구석구석 속속들이 드러내지 않고는 성공적인 건강검진을 할 수 없을 거라는 생각이 들었다. 그러자 불현듯이 딸아이의 얼굴이 떠올랐다.

〈통통한 종아리로 굵은 종아리 만들기〉

딸아이는 자기의 종아리가 굵다는 생각으로 치마를 영 안 입는다. 내 눈엔 그저 통통하고 예쁘기만 한데 언제부턴가 병적으로 종아리가 굵다는 신념을 키워 온 게 문제였다.

"다른 여자들과 비교해 봐라." 어쩌며 꽤 설득했지만 소용없었다. 끝내 설득하기를 포기하면서 '도대체 왜 통통한 종아리를 구태여 굵다고 여길까?' 싶어 궁금하고 답답해서, 틈틈이 길 가는 여성들의 종아리를 곁눈질했다. 그런 나를 누군가가 눈여겨봤다면 대뜸 촬영해서 변태 따위로 신고했을 터였다.

그렇게 분석한 '여성들의 종아리 굵기 눈대중 데이터'와 딸아이 종아리를 비교해도 역시 굵지 않았다. 그러나 차마 뭇 여성의 종아리를 촬영할 순 없어서, 딸아이 종아리 사진과 대조하며 부녀 사이를 결딴이라도 낼 듯이, 내 주장을 들이대진 못했다.

끝내, 딸아이의 종아리가 굵지 않음을 증명할 객관적 데이터를 가진 아비가 비과학적인 신념을 가진 딸을 설득하지 못하는 황당함을 추스르기 위해, '그래! 광신적 종파에 빠지거나, 광화문이나 서초로 몰려다니지 않는 것만도 감사해야지.'라고 체념하기까지, 적잖은 단계와 횟수의 마음 비우기가 필요했다.

'저 아이가 어쩌다 저렇게 가당찮은 신념을 짓게 되었을까?'

어쩌면, 연예인들의 가느다란 종아리와 통통한 제 종아리를 줄곧 비교하며 - 제 종아리가 굵다는 생각이 옳다는 사실을 확인하는 동어반복 순환논증으로 - 종아리가 굵다는 열등의식을 스스로 보상하는 인지부조화 악순환을 겪는가 싶기도 했다.

〈성공의 의미와 소통의 열쇠 찾기〉

성공의 의미가 꽤 되는 시간과 노력을 기울여서 목적을 달성한 결과라고만 한다면, 딸아이는 '통통한 종아리로 굵은 종아리라는 신념 만들기'에 성공한 사례일 듯도 싶었다. 그러나 군중을 선동하여 소크라테스와 예수를 처형했거나, 괴벨스의 선동으로 집권한 히틀러 따위처럼 인류에게 해로운 목적을 제아무리 기발하게 이뤘어도 성공한 처형과 성공한 집권 사례라곤 못할 것이다. 그런 면에서 통통하고 예쁘기만 한 제 종아리로 치마를 못 입을 정도로 굵다는 신념을 완성한 딸아이는 아무래도 쓸데없는 수고를 했을 터였다.

그런 딸아이의 그릇된 신념을 바로잡으려면 부득불 종아리 길이에 비례하는 굵기에 대한 국제적 기준쯤이 필요할 듯했다. 제 종아리 둘레를 제 눈으로 측정해서 국제기준과 비교해야만 부녀간에 몇 년째 이어지는 설득과 애원과 으름장과 토라짐의 악순환을 끝낼 수 있지 않겠는가? 그러나 엔간해선 종교나 정당을 바꾸기 어렵듯이 제아무리 공신력 있는 종아리 굵기의 국제기준(International Standard for Calf Size)이 있다고 한들 자기의 종아리가 굵다는 딸아이의 그릇된 신념이 바뀔 수 있을까? 그런데 딸아이의 남자친구가 "은봄이 종아리가 통통하고 예쁘네."라고 한마디만 한다면, 아빠의 백 마디 설득이나 꾸중과 종아리 굵기의 최첨단 국제기준보다 설득 효과가 훨씬 크지 않을까?

저마다의 존재감을 채워 줄 사람의 우선순위가 설득력일 테니, 아비인 나는 딸아이 남자친구에게 저만큼 밀려났을 터였다.

〈존재감의 요소와 형식〉

종아리 드러내기를 영 꺼리는 딸아이처럼 우리 몸엔 감추거나 내보이고 싶은 구석이 있고, 감추려 할수록 도드라지거나, 내보일수록 평가 절하되는 양면성도 있을 것이다. 그렇게 감추거나 내보이고 싶은 몸뚱이와 안 보이는 속내로 이루어진 나는 그 나를 인정해 줄 상대가 있어야 자존감이 생길 것이다. 신과 인간, 작가와 독자, 연예인과 팬, 정파를 이룬 정치인과 지지자 관계가 그럴 것이다. 내가 어쩌다 모든 사람한테 관심을 잃었다면 내 자존감은 전혀 없을 테고, 그럴 때 사기꾼이 접근한다면 내 존재를 인정한 것만으로도 크게 감동할 이유라서, 외로운 사람은 사기꾼의 손쉬운 표적도 될 것이다. 그런 자존감 확인 욕구에 이끌려 각종 동호회, 종교와 정치, 연예인의 팬클럽 따위가 생길 테고, 팬심과 적개심 따위의 동류의식을 확인하며 확장해 누리려고 갖은 모임과 집회에 참여할 것이다.

한편, 내보이거나 감추고 싶은 마음은 "각방을 써야만 재워 준다!"라고 선언하곤, 약속을 고이 지킨 애먼 나그네에게 "짐승만도 못한 놈!"이라고 중얼거렸다는 어떤 과부처럼 심한 자가당착을 겪는 속내이기도 할 것이다. 그래서, "살아 있는 권력에도 엄정하게 대하라."고 공언한 대통령이 내로남불로 망신한 전임 장관에게 "큰 빚을 졌다."라던 고뇌 깃든 착잡한 속내가 짚인다. 그 대통령은 지지율 또한 자존감의 요소로 여겨서, 내보이고 싶은 것은 자존감을 키우는 요소이고, 감추고 싶은 것은 자존감을 까먹는 요소임을 잘 알고 있었다는 방증일 터였다.

〈형벌(刑罰) 같은 국가지도자의 역할과 품격〉

포퓰리즘 지수 같은 지지율이 높다고 성공한 대통령이 될까?

게다가, 나라에 하나뿐인 독점정부의 대통령이 성공하기 어렵다면 여럿의 경쟁에서 성공하긴 더 어려울 것이다. 가령, 온 국민이 하루 세끼를 모두 사 먹어도 전국의 식당업 수지를 못 맞출 정도로 식당이 많다니, 그 성공률이 얼마나 될까? 다른 분야도 비슷할 터여서 정권이 성공하기 어려운 나라에서는 부동산투기, 시위 방지용품 산업, 여론 마사지업, 관변단체, 금융 사기, 사법부 규모의 로펌 따위 말곤 성공하기 어려울 것이다.

왜 존경받는 지도자가 드물까? 요순, 로마 오현제, 세종대왕, 우루과이 페페 대통령은 고사하고, 임기만이라도 국민 평균 의식주와 정의감으로 영위하면 온 나라에 격양가 넘칠 것이다.

왜 성공한 지도자가 드물까? 종교와 성직자가 신도의 행복을 위해 존재하듯, 정치와 정치인의 존재 이유를 오롯이 국리민복에 두고, 지지층도, 반대층도 고갤 끄덕일 정의의 갈피와 진솔한 소통으로 국론을 아우르면 성공할 것이다. 그러려면 나라를 구하려고 심신을 불사른 선열들의 노심초사와 희생을 고스란히 본받아야 할 것이다. 그렇게 사명을 다하는 지도자의 품격과 거룩함을 국민이 왜 모르며, 기리지 않겠는가? 하물며 그 어떤 몰상식한 국민이 있어서 그 형벌 같은 국회의원이나 대통령을 연거푸 떠맡기거나, 엔간한 일로 탄핵하고, 퇴임하는 족족 감옥에 처넣겠는가? 또 하물며 그 어떤 초인이 있어 한 번에도 초주검이 될 국회의원이나 대통령을 연거푸 떠맡겠다고 나서겠는가?

검진센터에서. 1

〈아녀하세요~〉

검진센터에 들어서자 "안녕하세요!"라는 굵고 씩씩한 인사말이 들렸다. 청원경찰처럼 보이는 현관의 젊은 안내인이었다.

불현듯 기억 저편에서 한 의사의 목소리가 탁 튕겨 나왔다.

오래전, 대학생이던 동생이 큰 수술 했다. 갑작스레 발병한 불치병 진단에 이은 수술이라 하릴없는 슬픔에 휩싸여 밤새도록 동생의 팔다리를 하염없이 부여잡고 주무르며 기도만 했다.

이튿날 아침, 주치의가 인턴과 레지던트의 왁자지껄한 수행을 받으며 동생에게 다가와 유쾌한 목소리로 "아녀하세요~"라고 했다. 순간 눈과 귀가 의심되면서 뭔가 울컥 치밀었다. 바로 어젯밤에 자기가 큰 수술을 했으니, 밤새 얼마나 아팠을지 빤히 아는 주치의의 인사말이라기엔 너무도 공식적이고 무성의해서 서운함을 비집고 나온 배신감이었다. 밤새 욱신거리는 수술 자리의 통증과 불치병의 암울한 늪에서 허우적거린 형제가 기다린 주치의가 환자 손을 꼭 쥐며 "고생하셨지요?"라고 위로할 줄 알았던 내가 뭘 틀렸겠는가? 그렇다고 의사가 딱히 잘못한 게 있겠는가? 프로이트도 "의사가 동정심으로 환자를 대하면 안 된다. 또, 치료하던 환자의 죽음을 문상한다면 치료에 소홀한 죄의식 때문이라고 오해한다." 했잖았던가? 그러나 병실 문턱까지 담아 온 수행원들과의 유쾌한 웃음기를 채 내려놓지 못해서, 치과 치료 후 마취가 덜 풀린 듯 씰룩거리는 입술로 '자니윤의 인사 말투처럼' "아녀하세요~"라니, 밤새 탈진한 환자에게 '억지로라도 안녕하라는 거냐? 안녕하자는 거냐!' 싶은 반감이었다.

〈후회로 증폭된 인사말 트라우마〉

누구이든 탓하거나 원망할 대상이 절실하게 필요한 때였다.

'겨우 스무 살 대학생이 왜 불치병에 걸려야 하느냐! 도대체, 하나님! 당신 뜻이 뭐냐! 제발 나를 이해시켜 달라!'라고 악다구니를 부리던 참에 그 의사가 마침 딱 걸려든 거였다. 그러나 내가 그 "아녀하세요~"라는 인사말만 가지고 트집 잡았겠는가?

동생이 피를 토하며 구급차로 S대 병원 응급실에 갔을 때였다. 주치의가 이전 병원의 진료기록과 동생을 번갈아 바라보며 발병 경위와 증세를 일일이 캐물었다. 진료기록만 봐도 뻔히 아는 병의 증상과 경위이련만, 금방 또 피를 토할까 봐 조마조마한 환자가 대답하기엔 버겁다는 생각에 "제가 답변드리면 안 되겠습니까?"라고 했더니, 대뜸 "나, 이 환자 안 봐!"라며 진료 기록판을 탁 내던지며 휙 나갔다. 승차 거부를 처벌하는 요즘이었다면 진료 거부는 중죄일 터였다. 그러나 정권을 비판하면 빨갱이로 몰아대던 그 시절엔 더러 보이던 의사의 모습이었다.

서슬 퍼런 갑질에 소스라친 어머니가 "얼른 가서 빌어, 제발!"하시며 안절부절못해서 찾아갔으나 얼굴도 안 돌려서, 간신히 노여움을 달랬던 의사가 대수술 받고 밤새도록 신음한 환자에게 "안녕하세요?"라는 발상이 어이없고, 거드름 넘치는 언행이 내내 거슬려서 '퇴원할 때 한마디 먹이리라!' 벼르곤 정작 못했다. 문득, 오늘 아침에도 그 의사가 "아녀하세요~"라는 영혼 없는 회진 인사를 할 것 같은 조바심은 그때 한마디 놓친 후회가 마음 한편에 지워지지 않는 문신처럼 박혔기 때문일 터였다.

소통 장애 요인들

〈경찰서나 병원 등의 창구 인사말〉

그 이후론 어딜 가나 정황에 맞는 인사말을 해야겠다는 강박증이 따라다녔다. 특히 병원에서 "안녕하세요?"라는 인사말을 들으면 어딘가 자연스럽지 않다는 생각과 함께 그 의사가 떠올라서, 누가 어떤 인사말을 건네는지 꼭 살피는 습관도 생겼다.

가령, 만성 가려움증 따위로 정기 치료받는 환자에게 매번 "안녕하세요?"라고 인사하는 간호사와 의사가 있다면 공감 능력에 문제가 있지 않겠는가? 하물며, 의료사고 따위를 따지러 병원에 갔거나, 신고받고도 관할구역 따위를 확인하느라 늑장 부려서 생긴 피해를 항의하려고 식식거리며 경찰서에 달려갔을 때, 창구직원이 방긋 웃으며 "안녕하세요?"라고 한다면 안 그래도 부글부글하던 부아통이 뺑 터질 것이고, 그 파편은 무심코 입에 발린 인사말을 한 창구직원에게 단박에 날아가진 않겠는가? 게다가, 병원이나 경찰서를 찾은 사람의 성격이 많이 뒤틀렸거나, 술에까지 얼큰하다면 "안녕하세요?"라는 인사말에 울고 싶던 차에 뺨 맞은 사람처럼 대뜸 "야! 이, 씨! 안녕한 놈이 미쳤다고 여길 오겠냐!"라며, 난동도 서슴잖을 것이다. 안 그래도 밤 되면 파출소 안에서까지 난동한 주폭에 경찰이 두들겨 맞는가 하면, 병원에서 벌어진 난동으로 의사의 목숨까지 상하는 요즘이 아닌가? 게다가, 갈수록 정치적으로 민감한 사람이 많아지는 만큼 총선이나 대통령 선거가 끝난 뒤 몇 달 정도는 병원과 경찰서, 선관위나 법원과 검찰청 등의 직원들은 민원인을 대하는 인사말 선택에 각별한 주의가 필요하지 않겠는가?

〈안녕을 허무는 "안녕하세요?"〉

그런저런 인사말 트라우마가 있는 내가 공원에서까지 장을 청소하느라 께름칙한 기분에 도착한 검진센터에서 "안녕하세요?"란 인사말을 듣는 순간 평소에 묶여있던 비위가 뒤틀린다는 생각이 퍼뜩 스친 건 이미 단단히 준비된 조건반사였을 터였다.

'장 청소로 퀭해진 검진자를 빠히 바라보며 "안녕하세요?"라니? 엊저녁에 자기 손으로 대수술을 집도한 환자에게 큰 목소리로 "아녀하세요~"라던 의사와 뭐가 다르냐?'라는 언짢음이 스멀거렸다. 그러나 초상집 말고는 어딜 가도 '안녕하세요?'라는 인사를 할 테니 안내원의 잘못이 없다고는 할지라도, 일단 검진자가 불쾌감을 느꼈다면 검진센터의 귀책사유가 아니겠는가? 직원들에게 '고객의 입장을 배려한 인사말 교육'에 소홀한 검진센터 원장의 불찰이라는 생각이었다. 그렇다고 막 일과를 시작하는 아침부터 "입에 발린 인사말로 검진자의 기분을 잡치게 한 원장은 사과해라!" 어쩌며, 대단한 꼬투리라도 잡은 불량배처럼 소동을 피울 순 없어서 애써 생각의 머리채를 잡아 돌렸다.

그렇게 상대방의 입장을 한껏 배려하며 접수대로 다가갔다. 접수 창구 여직원도 "안녕하세요?"라고 했다. 현관에서 참고 왔는데 또 그런 인사를 들어야 하느냐는 생각이 스쳤다.

검진의 첫 순서로 혈압을 재는 간호사 역시 "안녕하세요?"라며 방긋거렸다. 연이어 "안녕하세요?"라는 인사말을 듣다 보니, 어느덧 내 마음속의 안녕이 차츰 허물어진다는 생각의 더미가 하나둘 쌓이며 숨이 턱턱 차오르는 듯 긴장되었다.

〈헛구역질 다스리기〉

이어서 피를 뽑는 직원 역시 또 "안녕하세요?"라고 인사할 땐 나도 모르게 이가 악물어지며 심호흡이 나왔다.

거슬리는 인사말에 선뜻 역정을 낼 수도 없어 참으려니, 엊저녁에 말끔히 비운 배 속이 울렁대고 숨이 차면서, '기어이 또 올 것이 오는구나.'라는 체념 섞인 익숙한 강박증이 찾아왔다.

몇 차례나 씻어 내서 싹 비운 배 속조차 울렁거리며 숨이 가빠지는 증상은 오래된 만성 헛구역질 조짐이었다. 그러잖아도 잠시 후면 구역질이 꾸역꾸역 나오는 위내시경 검사를 받을 텐데 내시경 프로브(Probe)를 집어넣기도 전에 나오는 헛구역질은 검사를 포기해야 할 '필요충분조건'이었다. 수면내시경이 있지만 진료일지라도 잠든 내 몸속을 누군가가 훑어본다는 게 싫었다. 또 검진자 배 속에 넣었던 내시경을 휴지 따위로 대강 문질러서 다음 검진자의 입에 집어넣었다던 기사도 생각나서 여태껏 수면내시경은 하지 않았다. 그러나 공원에서 호된 당혹과 뻔뻔함을 무릅쓰면서까지 고되게 준비했는데 포기할 수는 없었다. 그러자면 "안녕하세요?"라는 입에 발린 인사말에 치밀어 오르는 헛구역질 기미를 다독이는 게 시급했다. 그렇다고 뾰족한 방법이 단박에 톡 튀어나오겠는가?

하릴없이, 대기실 의자에 등을 꽉 붙이고, 눈을 질끈 감고, 원수 같은 헛구역질을 처음 겪은 어린 시절부터 치료와 재발을 반복한 경위를 되짚어 보는 방편으로, 거의 목구멍까지 올라오는 헛구역질을 되돌리려고 연거푸 침을 짜내어 꼴깍거렸다.

〈귀 엷던 시절〉

내가 겪는 헛구역질은 과음 따위로 올라오는 욕지기와 달리 비위가 상해서 나오는 구역질이었고, 그 시발점은 코였다.

어릴 적, 초등학교 상급 학년의 짓궂은 형은 틈틈이 고린내 나는 발가락을 내 코에 들이대거나, 한눈파는 내게 살금살금 다가와 얼굴에 방귀를 뀌거나, 급한 일처럼 호들갑스럽게 불러서 내게 엉덩이를 잽싸게 돌려 대며 방귀를 먹였다. 늘 산만하던 나는 형의 부름이 뭔가 께름칙하면서도 내 발로 쪼르르 달려가서 방귀를 맞곤 했다. 그 형은 내가 다가가기 전에 방귀가 나오면 내가 꾸물거려서 헛방귀가 되었다고 안달하다, 더러는 눈을 부라리며 화까지 냈다. 어린 나였을지라도 얼마나 억울했겠는가? 암만 생각해도 '자기가 제 똥구멍을 조절하지 못해서 헛방귀를 뀌곤 애먼 나한테 화풀이하느냐!' 싶어서 징징거렸다. 그러면 형은 "넌 방귀 뀐 놈이 성낸다는 속담도 모르냐? 난 그 속담을 실천할 뿐이고, 책임이나 죄가 있다면 그 속담을 만든 사람과 속담을 가르쳐 준 선생님이나, 성낼 만큼 만만해 뵈는 사람에게 있다. 또, 방귀 뀌고 성내는 놈과 싸우면 엔간해선 누구 잘못인지 구별하는 게 쉽잖으니, 너도 이젠 그만해라. 응!" 어쩌며, 처음엔 달래다 나중엔 윽박지르기도 했다. 처음엔 그런 형이 '가당찮은 핑계를 댄다.'라는 생각에 입을 삐죽거리다가도, 갖은 선동에 현혹되곤 하는 귀 엷은 유권자처럼 나도 모르게 집중력을 잃고 번번이 형의 궤변에 빨려들어, 한동안 형의 방귀 냄새를 맡으며 헛구역질과 함께 토라졌다 풀어지길 반복했다.

〈방귀 뀌고 성내는 자와 성내도 될 만큼 만만한 사람〉

한때는 헛방귀 뀌면 성내던 형이 매일 생각났는데, 한시적 업무로 만난 사람이 전략적으로 화냈기 때문이었다. 첨엔 자기 맘에 안 든다고 언짢은 표정이더니, 나중엔 협상 주도권을 잡으려고 위세를 부렸다. 마치 '내 땅 물건 내 맘대로'라는 듯 공동연락사무소를 폭파하는 북한처럼 자기 책상의 화분을 패대기치며 가장된 흥분의 수위를 높였다. 내가 별 반응을 안 보이자, 문짝에 자기 주먹을 내질렀다. 주먹에서 피가 뚝뚝 떨어지자, 나를 외면하며 부정칭대명사를 빗대는 고약한 욕설로 포악질 부렸다.

"방귀 뀌고 성내는 사람 곁엔 가지 말라."라던 형이 생각났으나, 피하기만 하면 야비한 위세에 웅크려서 만만해 보일 거란 생각에 냉정하게 지켜봤더니, 점점 행패의 수위를 높이던 그가 주뼛거리며 자리를 떴다.

요 몇 년 사이에도 형의 말이 자주 떠올랐는데, "살아 있는 권력에도 엄정히 대하라."고 공언한 대통령이 아주 멀쩡하게 살아 있는데도 자기 진영 장관 지명자를 과잉 수사했다고 떼를 지어 나라를 가를 듯이 검찰한테 성내는 사람들이며, 제 식구는 감싸면서도 누군가에겐 더욱 서슬 퍼런 사법 원칙을 들이대는 검찰이며, 군인 아들의 편의를 청탁하고도 되레 "소설 쓰시네!"라고 비아냥대는 장관이며, 증거가 드러나기 직전까지 정치보복이라며 핏대 세워 비분강개하는 범법 정치인들을 보면서 방귀 뀌고 성내는 자와 성낼 만큼 만만한 사람이 헷갈렸는데, '결국, 그 뻔뻔함을 바라볼 국민이 만만해 보여서 저러겠다.' 싶었다.

〈헛구역질의 기원과 진화〉

맨 처음 헛구역질은 초등학교 청소 시간에 맡은 걸레 썩은 냄새 때문이었는데, 차츰 방귀 냄새, 발 고린내는 물론, 기분만 상해도 명치끝이 벌렁거리다 딸꾹질 섞인 헛구역질이 나왔다.

내과, 정신과, 한의원은 물론, 한번은 어머니가 "욕지기는 욕지기로 다스린다! 숨을 멈추고, 코를 요렇게 꽉 쥐어 잡고, 단박에 꿀꺽 샘키란 말이야!"라시며 다그쳐서 마신 약물이 시골의 재래식 변소에 담겼던 대나무 통에 괸 것임을 알고는, 해골에 괸 물을 마신 원효대사나 된 듯 발광하듯 뒹굴며 토악질했다. 이후로도 굿 말곤 주위에서 권하는 걸 다했지만 효험은 없었다.

시나브로 과민 대장 증후군까지 동반한 그 헛구역질을 피하려고 얼마나 바동거렸던가! 비위를 도려내는 마음수련, 운암거사의 훈계, 목사님과의 신앙상담으로 근근이 버텨 오던 터였다.

대기실 소파에서 눈을 감고 헛구역질이 시작되던 어린 시절의 정경이며, 치유와 재발을 반복했던 마음일지를 되짚다 보니, 어느덧 헛구역질의 조짐인 명치끝 벌렁거림이 잦아들었다.

음식 맛이 모두 사라졌던 코로나에서 회복되며 되돌아온 미각과 식욕처럼 몸과 마음의 통증과 스트레스가 사라지며 되찾은 안도와 생동감이 얼마나 새롭던가? 반면에, 교통·체증 따위에서 맞닥뜨린 배변감과 그 파국을 막기 위한 절박함이 얼마이던가?

그렇게 "안녕하세요?"란 인사말에도 불현듯 치미는 나의 헛구역질 기미는 장 세척제를 넘길 때의 진저리나는 오심과 응급 대책 없이 맞닥뜨린 배변감 따위가 합쳐진 듯한 강박증이다.

〈완전 공복의 아침에 맡는 커피 냄새〉

어느덧 헛구역질 기미가 잦아들어 '내시경 검사를 해도 되겠다.' 싶은 안도감이 들었는데, 마침 직원들의 커피 시간이었다.

입에서 항문까지 말끔히 씻긴 완전한 공복의 아침에 맡는 커피 냄새는 유행가 가사처럼 아주 그냥 죽여주었다. 그런데, 안 그래도 지난밤에 몽땅 빠져나간 배 속의 곡기와 수분을 어서 보충하라는 허기와 갈증에 시달리는 검진자 앞에서 여봐란듯이 냄새와 향 짙은 커피를 홀짝대다니? 마치 치질 수술 후 링거로 사나흘째 연명하는 술꾼을 문병한 짓궂은 친구들이, 갓 튀겨서 냄새 짙은 통닭을 찢어 들고 소주잔 부딪치며, 기름 번들거리는 입술로 "아무개 똥꼬의 안녕을 위하여!" 어쩌며 목청 높여 시시덕거리는 동네 병원 옥외 휴게실 광경과 무엇이 다르겠는가!

이 정도면 원장한테 '공복감으로 한껏 예민해진 검진자의 후각을 고문하는 인권 범죄자들을 당장 해고하라는 항의 요건이다!' 싶었지만, 당장은 막 뒤집히는 속을 다독이는 게 시급했다.

치미는 헛구역질 조짐을 다독일 방법이라야 아까 생각하던 헛구역질의 발단과 치료 여정을 다시 되짚어 보는 것이었다.

한동안 목사님과 신앙상담을 했다.

첫날, "안녕하세요?"라는 목사님의 인사가 뭔가에 딱 걸렸지만, 급한 대로 헛구역질 증상과 치료 경위를 대략 말씀드렸다.

"성도님, 제가 다른 일정 때문에 얘기를 더는 못 나누겠습니다. 말씀을 짚어 드릴 테니 묵상하면서 기도드리세요. 주님께서 응답 주실 겁니다. 마태복음 7장 13절과 14절입니다."

1차 신앙상담

⟨2021. 03. 깨달음에 장애가 되는 좁은 문⟩

"지난주에 짚어 주신 '좁은 문으로 들어가라.'라시는 말씀을 부여잡고 끙끙대다 제가 깡마른 게 다행이다 싶었습니다."

"?⋯ 성경을 신문이나 소설처럼 읽으니까 깨달음이 안 생기지요. 그런데 아무리 이해되지 않더라도, '뚱뚱하잖은 게 다행'이라는 생각은 배고파서 침 흘리며 막 따 먹으려고 펄쩍거리다 도저히 안 되니까, '덜 익어 시어서 못 먹을 포도야!'라며 돌아서는 여우 맘이 아닌가요? 결국, 성경 말씀이 성도님한테 이해되잖으니 익잖아서 시어 터진 포도처럼 쓸데없다는 거잖습니까?"

"그렇게 비틀고 뒤집기라도 해야 답답한 맘이 풀릴까 싶어서 튀어나온 생각이지요, 아무리 머릴 짜내도 이해가 안 될 때 얼마나 감질나겠습니까? 가령, 불치병 환자가 기도원에 갔을 때 여기저기서 방언 은사까지 받았다며 울고불고 기고만장인데, 아무리 간절하게 기도해도 성령의 영접이 없으면, 그 소외감에 얼마나 애타겠습니까? 끝내는, 정성 부족 탓이라고 자책하며 금식을 연장하고, 수면시간도 줄여서 과격해지는 기도는 독이 되겠지요. 건강한 마라토너도 과욕 부리다간 쓰러지기 일쑨데 쇠약한 환자가 금식기도 강도를 높이면 단박에 고꾸라지잖겠습니까? 천국 문의 크기도 부자에겐 좁은 규격을, 사회적 약자에겐 좀 넓은 규격을 적용해야 과정과 결과의 형평성이 그나마 보장된다는 겁니다. 주님도 약자를 먼저 챙기셨잖습니까? 하물며 마음의 짐이 있는 저에게 넓은 문은커녕 처음부터 굳이 '좁은 문으로 들어가라.'라는 말을 짚어 주느냐는 고까움이 일었던 겁니다."

〈권력과 돈이 천국 입장의 편법 개발에 이용된다면〉

"성경 말씀이 정의의 분배 차등 원칙에 어긋난다는 건가요?"

"왜 빈부와 강약 구분 없이 일괄적으로 '좁아터진 천국의 문으로 들어가라!'라고 하셨냐는 겁니다. 가난하든, 부자든, 병자든, 건강하든, 한꺼번에 바늘귀처럼 좁아터진 천국 문으로 들어가란다면 공정하고 정의로운 결과는커녕 천국 입장의 부익부 빈익빈을 부추기잖겠습니까?. 그런 판에, 헛구역질하는 저를 덥석 위로해 주실 줄 알았던 목사님은 성경 구절이나 짚어 주며 묵상이나 하라는 듯해서 '무심하시다.' 싶은 겁니다."

"허, 참! 성도님이 어린아입니까? 그리고 주님께서 빈부 강약 구분 없이 '좁은 문으로 들어가라.' 하심은, 천국 문 앞에 선 강자와 약자에게 '동시 입장하시오!'라는 선언과 같아서 기회균등은 보장하지만, 강자의 경쟁 주도권을 인정한 결과란 거지요? 가령, 우리나라 입시 제도도 기득권층에 유리한 거라서, 사회적 약자에겐 생색에 불과한 농어촌 특별전형과 복불복의 정원외 특별전형 따위가 고작이란 거지요? 그러나 주님은 이상과 현실 사이를 고민하셨지, 자유와 평등, 강자와 약자 모두를 만족시킬 두 마리 토끼를 잡아야 할 정치 지도자는 아니셨잖습니까?"

"언젠가, 고깃집 앞에서 기름진 풍채의 장로들과 이를 쑤시는 목사의 모습에 굶주린 난민이 겹쳐 보였고, '같은 품질의 신앙을 가진 부자와 가난한 사람의 천국 입장 자격 심사에선 헌금의 차이가 변별 기준일까?' 싶었는데, 목사님 생각은 어떠세요?"

"?… 또 무슨 말씀을 하려고 그러세요?"

〈기부 목적의 정당성을 의심받지 않으려면〉

"주님은 '부자가 천국 가기는 낙타가 바늘귀로 들어가기보다 어렵다.'라고도 하셨는데, 평생 모은 재산을 교회나 사회에 기부하는 분들이 부자이길 포기해서 천국에 가는 결과가 된다면, 천국 입장 자격 평가의 공정성 문제가 불거지잖겠습니까?"

"?… 계속 말씀하시지요?"

"인생 말년에 이른 부자의 기부가 순수한 것인지, 천국 입장권 매표 대금인지 어떻게 판명하냐는 겁니다. 가령, 죽을 때가 가까워 돈 쓰는 재미도, 쓸 시간도 없거니와, 어차피 저승에 못 가져갈 재산이라서 생색용이거나, 가라앉는 배에서 살려고 내던진 뱃짐이나, '당선되면 전 재산을 기부하겠다!'라던 MB의 다급한 약속 따위와 뭐가 다릅니까? 또, 혹시라도 재산 형성 과정에 숨긴 죄가 있다면, 죽기 직전에 재산을 기부하는 대가로 천국에 가는 결과가 되니, 법리적으론 명백한 '뇌물과 매표 행위' 아닙니까? 그러니 기부 목적과 절차적 정당성을 의심받지 않으려면 젊어서부터나, 출마 훨씬 이전부터 기부했어야 옳잖습니까?"

"성도님이 병원엘 갔는데 어쭙잖은 의학상식이나, 민간요법 따위를 들이대며, 이리저리 되물으면 의사가 뭐라 하겠습니까?"

"천국도 '유전 환영, 무전 박대'일까 싶어섭니다."

"정결하고, 겸손하고, 간절한 심령이면 바늘귀라도 통과한다는 말씀이지요. 재산이 많아서 기부할 성도님도 아니면서 그런 생각을 왜 합니까? 늘 겸손하며 정결하고 갈급한 마음으로 '헛구역질을 고쳐 달라.'고 주님을 꽉 부여잡고 기도하셔야지요."

〈목적과 수단을 뒤바꾸거나 뭉뚱그리기〉

"제가 갈급함이 없으면 왜 신앙상담을 하겠습니까?"

"성도님은 아직 덜 겸손하고, 덜 갈급해 뵙니다. 물에 빠진 사람이 닥치는 대로 아무거나 쥐어 잡지, 구명 튜브를 던져 주는 사람에게 '이거 KS 인증 제품입니까? 잡았다가 가라앉으면 책임은 누가 집니까?' 어쩌며, 여유 부리겠습니까? 또, 성도님은 헛구역질을 피하기 위한 수단으로 주님을 찾는 겁니다. 주님은 삶의 목적이어야지 수단으로 생각한다면 신앙의 목적과 수단이 뒤집혀서 길을 잃거나, 그야말로 기복신앙이 되는 겁니다."

"좀 전엔 물에 빠진 사람은 아무거나 붙잡는다고 하셨잖아요? 헛구역질이 힘들어 저도 모르게 수단을 먼저 생각한 나머지 신앙의 목적과 수단을 잠시 바꾼다고 무슨 문제가 됩니까?"

"예체능은 물론 학문과 기술 연마에서 기본자세가 중요한 것처럼 신앙에도 기본자세와 절차가 중요하다는 겁니다. 대통령만 해도 법무부 장관이 검찰총장을 능멸하는 걸 지켜보면서도 징계의 절차적 정당성만은 특별히 강조하지 않았습니까?"

"목사님이 짚어 주신 말씀을 묵상하다 생긴 의문점을 말씀드린 건데 덜 갈급하다느니, 목적과 수단이 전도됐다고 다그치면 제 입장은 뭐가 됩니까? 또, 저의 신앙 목적과 수단이 뒤바뀌었다고 핀잔하시는데, 그렇다면 성직자가 갖가지 부조리를 범하고, 조난을 겪던 공무원이 살해당하자 '사람이 먼저다!'라던 대통령의 존재 목적과 수단을 뭉뚱그려 뜬금없는 월북자로 규정하는 자가당착에 대해선 목사님이나 교계가 왜 침묵합니까?"

〈당장 가능한 것만 생각했다면 우린 지금도 원시인〉

"저의 얘기에 세상일을 결부시키진 마세요. 신앙의 목적과 수단이 뒤바뀌면 곁길로 빠지거나, 실족하기 쉽다는 겁니다. 또, 주님도 '의인은 하나도 없다.' 하셨듯이, 성도님도 늘 정의롭고, 정직하며, 점잖은 생각과 행동만 하는 게 아니잖습니까?"

"목사님이 먼저 대통령의 말을 결부시켰잖습니까? 그리고 제가 기부할 재산이 있는 것도, 또 기부할 사람도 아니라는 말씀은 상담 목적과 수단에 합당한 겁니까? 제가 당장은 기부할 재산이 없더라도 기부 목적과 방법을 생각해 봐야, 앞으로라도 기부할 기회를 만들 게 아닙니까? 가령, 지금 가지고 있는 능력으로 실천할 수 있는 것만 생각했다면 인류는 지금도 동굴 속의 원시인으로 살 게 아닙니까? 결국, 목사님 말씀은 '제가 기부할 재산이 없으니, 기부의 목적이나 방법을 아무리 생각해도 헛일이다.'라는 거잖습니까? 그 말은 불치 병자가 지푸라기라도 잡는 심정으로 찾아간 금식기도원 앞에서 '헛고생 말고 되돌아가라.'라는 피켓을 드는 것과 뭐가 다릅니까? 또, 목사님에게 '하나님도 천국도 증명하지 못하는 설교 그만두세요!'라는 것과 뭐가 다릅니까? 또, 제가 겸손하지 않다고 하시는데, 제 딴에는 채우는 과정을 거꾸로 해서 마음속 생각을 모두 말로 끄집어내면 겸손해지잖을까 싶어서, 헛구역질을 시작한 이후로 채워진 생각을 하나도 남김없이 말로 끄집어내는 겁니다. 그런 제 말을 되바라지게 여기고 자꾸 판잔하시면 제가 영영 마음을 비울 수도, 겸손해질 수도, 헛구역질을 고칠 수도 없잖습니까?"

〈말꼬리 잡지 말라〉

"참! 나, 생각을 모두 말로 끄집어내서 겸손해진다면 수다쟁이와 정치인은 겸손의 달인이겠네요? 옹달샘을 암만 퍼내 보세요. 물이 마를까요? 또, 모기 물린 델 암만 긁어보세요. 가려움이 가실까요? 퍼내고 긁을수록 샘물과 가려움증이 더 솟아나는 것처럼, 상대방의 말꼬리 잡기는 꼬리를 물기 때문에 성도님의 마음을 비울 수도 없고, 겸손해질 리도 없습니다. 성도님은 논쟁적으로 말꼬릴 잡아서 공격적으로 반문하는 겁니다. 그렇게 말꼬릴 잡으면 그 어떤 상담전문가라도 기분이 잡쳐서, 끝내는 좀비에 물린 사람처럼 성도님을 따라 헛구역질도 할 겁니다."

"그러는 목사님은 저의 성격 유형을 예단하고, 어떤 상담 결과에도 책임을 회피하려는 출구전략으로 저의 말꼬리를 자르거나, 선제적으로 핀잔하신다는 겁니까?"

"지금도 말꼬릴 잡아 반박하시네요? 성도님한텐 상대방의 언행이 모두 전략적으로 보여서 늙은 부자의 재산 기부가 인권운동과 환경운동, 위안부 돕기 따위로 공천받는 사람처럼 생색도 내고, 천국도 가려는 편법 전략이라고 의심한 거네요?"

"얍삽하고 거룩한 기부도 구분하지 못하나 싶어 확인하시나요? 그리고 좀비에 물린 사람이 좀비가 되는 것처럼 저를 치료하던 의사나 상담사가 되레 헛구역질한다는 건 무슨 의밉니까?"

"성도님을 좀비에 빗댄 게 아닙니다. 다만 인질이 인질범에게 감화받는 경우처럼 헛구역질 요인을 이해한 상담사가 성도님을 부정적으로만 생각하진 않을 거라는 말씀입니다."

〈좀비의 적용 범위 논란〉

"좀비에 빗댄 게 아니란 말씀이 자꾸 정반대로 들립니다."

"좀비란 주술사들의 노예가 된 사람이지요. 주술사가 입력한 일정 패턴의 행동만 하느라 자신의 의지대로 살지 못하는 좀비도 심령을 치료받으면 정상적인 사람이 된다고 하잖습니까?"

"늘 듣보고 싶은 것만을 듣보고, 늘 같은 깃발 따위를 들고 몰려다니고, 늘 같은 인터넷 댓글만 다는 사람들처럼 툭하면 세태가 못마땅해서 헛구역질하는 저를 좀비에 빗대시는 겁니까?"

"그럼, 종교나 정당이 잘못해도 죽도록 안 바꾸는 사람들도 좀빕니까? 헛구역질 원인을 알려면 다양하게 접근해야지요."

"그렇다면 저도 헛구역질 원인을 다양하게 파악하기 위한 질문을 드리겠습니다. 어떤 교회는 간증 전문가를 초빙해서 헌금과 하나님의 축복이 비례한 사업 성공 사례를 간증합니다. 그런데 기술개발이나 인력양성 등 경영상의 객관적인 성공 요소는 거의 안 다룹니다. 그런 간증을 들은 어느 사업가가 하나님의 축복을 구하는 헌금과 기도에만 자본과 시간을 집중한다면 되레 망할 확률이 커지잖겠습니까? 또, 어떤 목회자는 막대한 목회비에 대형 승용차와 명품 등의 풍요와 사치까지 누리고, 교회까지 통째로 세습도 합니다. 반면에 주님은 한 푼의 사례조차 만류하셨고, 제자들에게 '한 벌 이상의 옷과 신발을 갖지 말라.' 하셨잖습니까? 하물며, 설교 기술로 초대형 교회 일궈서 대를 이어 풍요를 누리는 어떤 목회자와 동네 편의점 규모의 교회에서 평생 가난을 무릅쓴 목회자 중에 누가 천국에 가야 옳습니까?"

〈완승이나 전멸로 불가능한 영구평화〉

"성도님은 일부 목회자의 문제를 교계 전체로 일반화시키는 겁니다. 또, 하나님의 축복이 신앙의 질과 양에 비례한다는 걸 간증 집회로 주장하지 말고, 믿음과 축복의 상관관계를 경영학적 통계와 같은 원리로 증명해 보라는 말로 들립니다. 그렇다고 제가 일일이 대꾸하다간 자칫 말씨름이 되겠지요. 하나님이나 천국의 존재와 부재처럼 객관적으로 검증할 수 없는 대상은 존재와 부재 각각을 합리화하는 주장만 남기 때문입니다."

"제가 교계에 불만이 없진 않지만, 왜 목사님께 말씨름을 걸겠습니까? 다만, 모든 대륙의 강줄기를 하나로 담아내는 바다처럼 생각의 범위를 최대로 확장해 보자는 겁니다. 그러면 선과 악, 거룩함과 비천, 희망과 절망, 극좌와 극우를 하나로 아우르는 인식의 범위가 드러나겠지요. 그렇게 드넓은 전체를 본다면 선과 악, 정의와 불의, 극좌와 극우의 어느 한쪽이 상대편을 전멸(全滅)시키는 완승(完勝)을 통한 영구평화가 불가능한 게 드러날 겁니다. 그렇게, 누구도 상대를 완전히 압제할 수 없는 서로가 저마다 다르게 추구하고 견지하는 가치와 이익의 조화를 꾀할 방법은 끊임없는 소통이지요. 그러나 소통이 어려워서 여야도 늘 싸우잖습니까? 저만 해도 신앙생활을 하면서 거룩함과 비천, 선과 악, 사랑과 미움, 정의와 불의의 경계와 갈피가 점점 뚜렷해졌습니다. 그러다 보니 주님의 가르침을 일일이 실천하지 못하는 일상생활 속의 제가 신앙인인 저를 속인다고 생각될 때마다 헛구역질이 일어서 신앙상담을 받으려는 겁니다."

〈스마트 신앙 도우미 챗봇 구상 목적과 작동 원리〉

"생각이 많으면 마음의 가시도, 거슬리는 것도 많겠지요."

"거슬리는 게 하도 많아서 '신앙적 가치를 실생활에 적용할 때 생기는 갈등을 최소화할 수 있는 스마트 신앙 도우미 챗봇을 사용한다면 얼마나 좋을까?' 싶은 생각을 달고 삽니다."

"?… 스마트 신앙 도우미 챗봇이라니요?"

"스마트 신앙 도우미 챗봇 구상 목적은 첫째, 주님의 가르침 실천, 둘째, 일상에서의 쓸모 찾깁니다. 구성 원리는 첫째, 종교가 인류에 미치는 순기능과 역기능 각각에 대하여 주님 이후 변화된 인간의 욕구, 의식, 수명 등의 변수를 빅데이터로 다중 상관분석 합니다. 국제 변수로는 노예제, 마녀사냥, 종교전쟁, 코페르니쿠스, 종의 기원, 마르크스, 세계대전, 홀로코스트, 원폭 등에 대한 빅데이터의 유엔 평가 지숩니다. 국내 변수로는 육이오, 이념 갈등, 한강의 기적, 5.18민주화운동, 월드컵, 대통령 탄핵, 광화문과 서초동 맞불 집회, 조국백서와 흑서에 대한 내로남불 상대평가 지숩니다. 둘째, 모든 상관 변수로부터 현대인이 일상에서 맞닥뜨릴 수 있는 상황별 경우의 수를 모두 추출해서 검색이나 아이콘에 대응하게 프로그래밍하며, 순기능과 역기능의 상관계수 평균값을 참조시킵니다. 셋째, '대접받고 싶은 대로 대접하기, 죄 없는 사람만 돌 던지기, 원수도 사랑하기'를 프로그래밍 알고리즘의 기본값(default)으로 하면, 누가 언제 어디서든 준비 없이 맞닥뜨린 상황 좌표 아이콘이나 검색어를 클릭할 때마다 '스마트 신앙 행동 모델'이 톡톡 튀어나올 겁니다."

〈종교의 효용을 현행 통화가치로 평가 반포하라〉

"거참! 그런 신앙 도우미 챗봇의 상황 좌표 아이콘이나, 검색어를 클릭하면 '똑떨어지는 행동 모델은커녕 십중팔구 멈추시오!'란 응답이 나올 텐데, 전쟁터 지휘관과 정치인이 신앙 챗봇에 의지한다면 전쟁 양상과 국가 경쟁력이 어떻게 되겠어요?"

"요즘처럼 여야가 사사건건 격하게 반발하기보단 일단 판단을 보류하고 멈칫하는 게 정치혁신의 키가 될 겁니다. 그런 면에서 기독교도 혁신의 한 방법으로 스마트 신앙 챗봇을 도입해야 할 겁니다. 주님은 활과 칼의 무기체계, 천동설과 노예제 시대의 정의를 가르치셨지만, 지금은 음속 이상의 운송 수단과 핵무기, 한껏 확장된 자유와 정의, 세균도 걸러내는 나노 규격의 마스크 따위가 일상용품이 될 줄을 전혀 모르셨던 겁니다. 가령, '개한텐 거룩한 것을 주지 말라.'라는 말씀만 해도 개나 고양이를 버리기만 해도 엄벌할 정도로 동물 복지가 만개한 요즘 세상을 예측하지 못한 결과잖습니까? 그런 마당에, 그 어떤 기업과 국가도 끊임없이 혁신하잖으면 도태되는 것처럼 '낙타가 바늘귀를 통과하려는 환골탈태 수준의 혁신' 없이, 노인만 남다시피 한 기독교의 미래가 있겠습니까? 적어도, '이웃을 사랑하고, 죄 없는 자만 돌을 던지고, 대접받으려는 대로 대접하라.'라는 주님 말씀을 정치, 경제, 사회, 문화적 활동의 기본 규범과 빅데이터로 버무려, 비전을 포함한 삶의 만족도 지표별 수치로 대응시킬 때 향상되는 삶의 질 현황과 추이를 스마트 신앙 도우미 챗봇에 연동하여 증시 현황처럼 실시간으로 보급해야 되잖겠습니까?"

〈종교의 진지전 전략〉

"성도님은 종교와 기업의 경제 활동을 혼동하시는 겁니다."

"종교와 기업의 목적에는 본질적인 차이가 있어도 수단은 인력과 자본 아닙니까? 그렇잖으면, 전도를 왜 하며, 헌금을 왜 노골적으로 종용하겠습니까? 또, 왜 어떤 목회자는 짧은 기간에 교회를 크게 성장시키는 반면에 어떤 목회자는 평생 동네 편의점 규모를 못 벗어나겠습니까? 전도 전략과 수단의 차이일 겁니다. 제가 전에 다니던 교회가 시가지 외곽 허허벌판에 덩그렇게 교회를 지어 이사했지요. 출석 신도는 사오십 명인데 사오백 명이 예배할 엄청난 규모여서 웬일인가 싶었는데, 5년쯤 후엔 교회 주위가 온통 아파트 단지로 변하면서 성도가 차고 넘쳤습니다. 택지개발 계획을 미리 알고, 교회를 먼저 지은 거였지요. 종교는 세속의 잇속과 다른 세계로 여겼었기에, 부당하게 입수했을 듯한 택지 개발 정보로 부지를 선점한 교회가 못마땅했지만, 교회도 진지 전략 차원의 주도권 선점이 경쟁력이라는 생각이 들었습니다. 그런저런 면에서 스마트 신앙 앱 개발 같은 실험적 혁신은 물론, 다른 종교와의 원가 경쟁력 확보를 위해 십일조의 세율 조정 등의 선제적 혁신도 필요하지 않겠습니까?"

"목회 활동에 기업경영과 정치적 패러다임을 적용하면 원시적 제정일치처럼 완전히 세속화한 교리와 형식이 되잖습니까?"

"그렇다면, 개발 정보 선점처럼 정치나 경제와 종교가 겹치는 사례뿐 아니라, 예상치 못한 상황에서 스마트 신앙 챗봇의 기능과 효용이 절실하게 아쉬웠던 사례를 말씀드리겠습니다."

〈목숨이 걸린 안전기준도 다수결로 정하자고?〉

"여행에서 겪은 일인데, K섬에 도착해서 B섬까지 두어 시간 해상관광 후 다시 K섬에 돌아와 예약된 식당에 갔을 때, 가이드가 '파랑 경보로 내일 출항이 금지됐다.'라고 했습니다. 우리는 '파랑 경보를 알았더라면 아까 떠난 막배로 나갔을 텐데, 어쩔 거냐!'라고 따졌지요. 예약된 식당과 숙소 매출 중 가이드 몫을 챙기려고 경보를 숨겼다는 이유였지요. 가이드는 '200만 원이면 해경 몰래 낚싯배로 나갈 수 있다.'라고 했고, 우리는 '밀항 하듯 나가다 사고 나면 보험적용도 안 되니 안 간다.' 했지요. 그러자 숙소와 식당 주인은 '낚싯배로 나가라. 이튿날엔 재워 주지도, 음식도 안 팔겠다.'라고 했지요. 게다가, 다른 일행은 '암 환자가 병원에 가야 하는데 다섯명이 낚싯배를 부르기엔 부담되니 동행해 달라.'고 사정했습니다. 숙소와 식당 주인의 교활한 언질, 딱한 환자를 내세워 조르는 사람, 우리 일행에도 나가겠다는 사람이 있어서, 목숨 걸린 안전을 다수결로 정하자는 황당한 주장이 부대끼는 이튿날 오전까진 작은 지옥이었습니다. 오후에 풍랑이 잦아져 돌아왔지만, 그때 핸드폰에 스마트 신앙 챗봇이 있었다면 타협이 쉬웠을 겁니다. 지금도 섬뜩한 것은 '낚싯배로 나가자!'라는 세력이 표결밖에 모르는 정권이어서 다수결로 낚싯배에 태워져 6m 파도 속에 내쫓겼다면 살아 돌아올 보장이 없었다는 생각이었습니다. 그런 면에서 생명과 직결되는 스마트 신앙 챗봇이고, 기능을 확장하면 정치보복 방지는 물론 국제전쟁 억제에도 핵무기 못잖은 효용이 있겠다.' 싶었습니다."

〈고달픈 성직자 역할과 신앙 챗봇 허가 요건〉

"참! 나, 원, AI 스마트 신앙 도우미 챗봇으로 암만 정밀하게 표준화된 신앙적 판단과 행위 기준이 있다고, 다양한 기질과 이해타산으로 치열하게 세상살이하는 사람들의 타협이 저절로 이뤄집니까? 그걸 모를 리 없는 성도님은 예상치 못했던 상황에서 우왕좌왕하는 사람들을 상황극 보듯 즐겼겠지요. 게다가 다수결의 맹목성이니, 정치보복 방지니, 핵무기급의 전쟁 억제 기능으로까지 과장할 정도면 성도님은 컵라면 같은 즉석식품으로 간편하게 끼니를 때우는 것처럼 신앙도 필요할 때마다 간단히 때우려는 편의적 발상을 무턱대고 확장하는 겁니다. 또, 그런 임시변통용 신앙 챗봇은 '만인 제사장 발상'이라서 교회도, 목회자도 필요 없어집니다. 그 전에, 신앙이 뭐 '휴대용 신앙 챗봇' 같은 도구로 완성됩니까? 목사인 저도 정신과 전문의보다 몇 배 많은 시간과 노력을 기울여야 겨우 흔들림을 면할 정돕니다."

"저는 첨단 의료 장비까지 사용해서 사람 몸을 속속들이 들여다보며 진료하는 의사에 반해서, 그 어떤 현미경과 탐지기로도 확인되지 않는 하나님과 천국을 이해시키며 병든 영혼을 고쳐야 하는 성직자의 역할이 얼마나 고차원적이고, 고달픈지 잘 압니다. 또, 아무려면 신앙 도우미 챗봇의 판매 허가가 나겠습니까? 성직자의 밥그릇을 확 쪼그라뜨릴 위험한 물건인데 많고 많은 성직자가 가만히 있겠으며, 신앙 챗봇이 보급되면 범죄가 확 줄어들어 검경이며 변호사, 법무부와 교정기관 등의 구조조정이 혁명적일 텐데, 그 누군들 나 몰라라 하겠습니까?"

〈중세기의 성직자가 겹쳐 뵈는 세태〉

"허! 참, 세상 이칠 다 알면서 상담은 왜 하시는 겁니까?"

"신앙적 판단기준을 익히면 헛구역질도 완화되잖겠습니까?"

"스마트 신앙 챗봇으로 암만 표준화된 즉석 판단기준이 있다고, 성도님의 헛구역질이 사라질 만큼 세상이 단순합니까? 가령, 준법 챗봇이 있으면 범죄가 예방됩니까? 세밀한 법과 시행규칙 따위가 없어 갖은 범죄가 일어나며, 대통령들과 대법원장까지 감방에 있습니까? 그런 판에 스마트 신앙 챗봇이라니요!"

"목사님이 짚어 주신 성경 말씀을 암만 묵상해도 깨달아지지 않아 감질 나는데, 그것도 못 깨닫냐고 무안이나 준다면, 마녀사냥을 주도하고 면죄부를 팔던 중세의 무지막지한 성직자와 목사님이 뭐가 다르겠습니까? 또, '살아있는 권력도 엄정히 대하라.'더니 정권 실세를 수사했다고 진영논리로 나라를 동강 내며 검찰을 겁박하는 정권과 뭐가 다르겠습니까? 목사님이 일러준 대로 묵상도, 기도도 했지만, 헛구역질이 가라앉지 않아서 드리는 질문인데 핀잔만 하시면 제 입장은 뭐가 됩니까? 그리고 정신과 전문의 얘기는 제가 정신과 진료가 필요하다는 겁니까?"

"그게 아니라, 성도님이 병원에 가면 의사를 믿고 맡기지, 성도님의 증상과 관련된 의학적 근거를 몽땅 설명하라거나, 진단과 처방의 근거자료를 내놓으라거나, 의사의 말끝마다 비틀고 뒤집으며 따지겠냐는 겁니다. 왜 의사는 믿고, 목사인 저는 못 믿느냐는 겁니다. 그러는 성도님은 은연중에 의사와 목사를 차별하는 게 아닙니까?"

⟨군림하되 통치하지 않는 하나님 ⟩

"아이고! 목사님, 의사의 과학적인 진단이나 처방과 달리 목사님의 진단과 처방은 교리를 적용한 주장이잖습니까? 그래서, 지난 이천여 년 동안 세계 곳곳에서 그 많은 성직자가 하나님과 천국을 설명했지만, 한 번도 속 시원하게 증명한 사례가 없잖습니까? 가령, 라면 한 개의 품질은 재료, 무게, 열량 등으로 10여 초면 간단히 설명되지만, 하나님과 천국은 수천 년을 설명했어도 라면 봉지의 품질표시 라벨만큼도 설득력이 없잖습니까? 그런 면에서 의사한테는 되묻거나 따질 일이 적겠지만, 목사님께는 부득이하게 되묻는 저를 이해해 달라는 말씀입니다."

"성도님은 애초부터 다른 목적을 가지고 상담을 핑계로 이것저것 말꼬투리 잡으며 어깃장 놓는 게 역력하게 짚어집니다."

"아이고! 제가 어깃장 놓으려고 작정했으면, '모든 제품의 품질과 내구연한과 A/S 보장은 제조자의 책임이듯 독단적으로 사람을 창조한 하나님도 인간수명과 삶에 대한 사후관리 의무와 책임이 있다. 그런데 왜 하나님은 기아, 질병, 전쟁, 범죄, 재해로 희생되는 인명과 삶의 질을 방관하느냐? 창조주의 의무와 책임 위반이다! 결국, 군림하되 통치는 안 하니 책임도 없다는 식의 하나님 때문에 기독교는 미래와 죽음에 대한 불안과 공포를 선행 보상 기대심리의 집단적 자기기만으로 해결할 듯이 전도에 목매잖느냐? 결국, 많이 전도할수록 진리요, 정의롭다는 주장이요, 보상도 클 테니, 정통 교단과 이단 전도사와 다단계 판매원과 촛불집회 선동꾼의 무엇이 다르냐?'라고 따졌잖겠습니까?"

〈가장 손쉬운 월북과 가장 어려운 월북〉

"참, 지금도 어깃장이 아니라며 어깃장 놓는 거잖습니까!"

"헛구역질이 힘들어 상담을 요청했는데 목사님은 집에 가서 '좁은 문으로 들어가라.'라는 말씀을 묵상하라 하셨잖습니까?"

"?… 제가 다른 일정이 있다고, 양해를 구하지 않았습니까?"

"목사님이 다른 일정이 있으니, 주님한테 직접 물어보라는 떠넘기기와 무엇이 다르냐는 생각이 들었다는 말씀입니다."

"성도님 말대로라면, 학교에서 숙제를 낸 선생님들은 모조리 떠넘기기와 직무 유기겠네요? 그러면 자율학습은 왜 합니까?"

"시간이 중요하다는 겁니다. 가령, 조난 공무원에게 총 겨누고 심문하는 북한군을 지켜볼 여유가 어딨습니까? 상황 확인 즉시 핫라인으로 '조난된 우리 국민의 구조를 긴급 요청한다!'라고 바짝 대응했어야지요. 하물며 심문당하다 총살되어 불태워지는 천인공노할 상황을 지켜만 보다니요? 게다가, 월북자라는 면피 프레임을 내거는데, 설령 조난자가 월북 의사를 밝혔더라도, '간첩 새끼가 어디를!'이라며 방아쇠 딸각거리는 북한군한테서 살아나려면, '월북입니다!'라는 임기응변밖에 더 있겠습니까? 꼭 월북목적이면 중국 여행 가서 북한 대사관엘 찾아가지, 미쳤다고 파도와 상어를 무릅쓰고 39km를 헤엄칩니까? 말씀인즉, 언제 헛구역질이 나올지 몰라 늘 조마조마해서 신앙적 처방을 요청한 저를 강 건너 불구경하듯 '집에 가서 좁은 문으로 들어가라는 말씀 붙들고 묵상하라.'라는 목사님과 피살 위기에 놓인 조난 공무원을 바라보며 감청만 한 국가의 뭐가 다르냐는 겁니다."

〈세상살이의 엄중함을 보라〉

"거참! 성도님은 어쩌면 그렇게 과장된 비유를 합니까?"

"그런 목사님은 왜 상담 첫날부터 저의 기를 팍 죽였습니까?"

"제가 성도님의 기를 죽이다니요?"

"헛구역질이 괴로워서 상담을 요청했는데, 목사님은 첫날부터 대뜸 '좁은 문으로 들어가라.'라는 말씀을 짚어 주셨습니다. 그것도 모자라, 둘째 날엔 '낙타를 바늘귀로 집어넣고, 산을 옮길 정도로 죽을 고생을 해야 깨달음이 온다.'라고 하셨잖습니까?"

"네, 그런 성경 말씀을 짚어서 설명해 드렸지요."

"그 말씀을 들으며, 주님은 '수고하고 무거운 짐 진 자들은 다 내게로 오라.' 하셨는데, 목사님은 제 짐을 덥석 받아 주긴커녕 '아직 시험의 고통을 덜 겪었네!'라는 냉소가 삐져나오는 핀잔을 성경 말씀에 얹어서 툭 던지는 듯해서, 마치 저의 신앙 동냥 그릇에 마지못해 툭 던져지는 동전 소리처럼 들렸습니다.

"아이고! 성도님 심정이 엔간히 이해는 되지만, 고생 없이 신앙이 영글겠어요? 그리고, 성도님은 헛구역질의 괴로움과 다른 분들이 겪는 고통을 비교해 보셨나요? 가령, 5.18 민주화운동, 연평해전과 천안함 희생 장병의 묘지에서 울부짖는 유족들을 보셨잖습니까? 또, 세상엔 우리가 상상도 못 할 기막힌 아픔과 슬픔과 분노가 얼마나 많습니까? 그에 비하면 성도님이 헛구역질로 겪는 괴로움은 새 발의 피만도 못하잖습니까? 게다가, 성도님은 헛구역질의 어느 정도는 즐길 겁니다. 한마디로, 너무 한가해서 생기는 사치스러운 헛구역질일 겁니다."

〈가상화폐 투자 매력과 잘 여물은 겨자씨의 억울함〉

"목사님 말씀이 전부 틀리진 않습니다. 그러나 2천 년 전의 성경 구절을 툭 던져 주며 '묵상하면 응답하실 것'이라는 목사님과 상담하고 나면, 일주일 내내 '부자가 천국 가기는 낙타가 바늘귀 통과하기보다 어렵고, 겨자씨만 한 믿음은 산을 옮길 수 있다고 하신 그 바늘귀와 낙타와 겨자씨 크기는 각각 어느 정도일까? 황우석 박사가 낙타를 겨자씨만 하게 만든다면 주님은 뭐라고 하실까? 그리고 부자의 재산을 부동산, 금괴, 현금 따위가 아닌 디지털화폐로 바꾸면 아무리 작은 바늘귀도 통과할 테니, 비트코인 투자가 머잖아 반드시 대박 나잖을까? 반면에, 물질에 대한 집착을 버리라는 의미라면 석가의 가르침을 벤치마킹한 말씀일까? 또, 겨자씨만 한 믿음이 천국에 간다고 하셨으나, 스스로 힘써서 굵고 단단하게 여물은 겨자씨는 바늘귀를 통과하지 못할 수도 있는 반면에, 유유상종 알음알이 품앗이 따위로 위조한 포트폴리오로 입시 바늘귀를 쏙 빠져나가는 쭉정이 겨자씨보다 못한 결과에 그 얼마나 황당하고 억울할까? 그러니 선악 양단 (善惡兩端)의 전체 구간에서 천국 입장 허용한계의 합리적 기준 설정이 절실하다. 검사와 변호사는 최대 구형량과 최소 선고형량의 양단에 자리한 사람들이고, 그 최대와 최소 형량의 절충이 재판인 것처럼 천국 입장 자격 심사도 최적의 절충점을 알 수 있다면 신앙생활의 갈등을 최소화할 수 있겠다. 그렇게 숙달된 신앙을 가진다면 시도 때도 없는 내 헛구역질도 떨어질 것.'이라는 생각으로 스마트 신앙 도우미 챗봇을 구상한 겁니다."

〈편법은 제아무리 정교해도 불법〉

"허! 참, 그건 숙달된 신앙이 아니라 천국 입장 자격 심사 기준을 곁눈질해서 맞춤형으로 살려는 얍삽한 신앙이나, 갖은 편법으로 스펙 따위를 위조하는 화이트칼라 범죄 발상이겠지요."

"신앙을 제대로 알자는 겁니다. 컴퓨터의 원리를 알면서 사용하는 어른과 작동 방법만 알고 쓰는 유아의 차이 같은 거지요."

"그렇다면 '천릿길도 한 걸음부터'라는 마음가짐으로 신앙을 키워야지, 왜 생뚱맞기 짝이 없는 신앙 챗봇 타령입니까?"

"병원에 응급실을 왜 따로 둡니까? 신앙 도우미 목사님이 헛구역질로 할딱거리는 저를 응급 신도로 구분해 달라는 겁니다."

"성도님의 논리대로라면 몇 끼 정도 굶주린 생계형 범법자는 전부 무죄겠네요? 성도님은 헛구역질이 날 때 얼른 진정시키려고 신앙 챗봇을 생각하곤, 툭하면 그 적용 범위를 확장하는 겁니다. 부고나 청첩을 받고 '장례식과 결혼식에 가? 말아? 부의금과 축의금은 얼마나? 촛불을 들어? 말아? 광화문과 서초동 어디로 갈까?' 따위를 망설이는 중도층이나, 지하철에서 자리 양보 따위를 주저하는 좀생이의 결정 용도나, 헛구역질 날 때 가라앉힐 멀미약 따위의 비상용이라서, 결국은 편법적인 신앙 챗봇에 불과한 겁니다. 편법은 제아무리 정교해도 불법인 것처럼 그런 발상은 기껏해야 '신앙을 날로 먹으려는 얄미운 무임승차 신앙이나, 새치기 얌체 신앙' 아닙니까? 물론 헛구역질이 괴로워서 별의별 생각이 다 들었겠지만, 성도님 얘기를 처음부터 짚어 보면 암만해도 말장난으로 들립니다."

⟨말장난 부재 증명 한계⟩

"안 그래도 신앙을 날로 먹지 않으려고 스마트 신앙 챗봇을 구상한 건데 화이트칼라 범죄 발상이니, 좀생이 망설임 해결용이니, 무임승차니, 새치기니, 말장난이라니 수모스럽습니다."

"성도님이 수모를 느꼈다면 제 말을 모욕이라고 생각하기 때문이지, 제가 모욕적인 말을 해서가 아닙니다."

"목사님은 제가 신앙 챗봇으로 말장난했다고 단정하곤 저를 회색분자나 좀생이에 빗대서 보복하시는 거잖습니까? 그러나 목사님이 보복한 게 아니라, 원수를 사랑하려는 목사님도 저한테는 보복할 수도 있다고 생각하는 저한테 문제가 있겠지요."

"왜 그렇게 자꾸만 빙빙 돌리며 꼬아서 말씀하세요?"

"제가 애초에 상담을 요청한 게 잘못이고, 신앙 챗봇도 좀생이 용도라고 단정할 빌미를 제공한 제 잘못이라는 겁니다."

"저는 그렇게 복잡한 생각도, 말도 안 합니다. 그런데 왜 같은 말을 계속 빙빙 돌려서 헷갈리게 하십니까? 한 말 또 하며 횡설수설하는 '제 발 저린 도둑'의 몸짓이 떠오릅니다."

"목사님이 저를 모욕하지 않았다는 걸 증명하기 어려운 것처럼, 제가 말장난하지 않았다는 걸 입증하기가 그만큼 어렵다는 생각은 왜 못하십니까?"

"왜 신앙 챗봇이라는 뚱딴지같은 얘길 계속하시냐는 겁니다."

"참, 목사님은 저를 못 믿어서 화이트칼라 범죄 발상이나 좀생이의 얄팍한 새치기 신앙 따위로 규정하시니, 무슨 말을 해도 정치할 거 아니냐고 추궁받는 검찰총장처럼 답답합니다."

〈거짓 덮는 기술 발전으로 어려워지는 거짓 판별〉

"대통령이 '광화문과 서초동 모두 옳다.'라고 했으면 나라가 조용했겠습니까? 마찬가지로, 제가 성도님의 주장마다 옳다고 맞장구 쳐도 성도님의 헛구역질이 낫는 건 아니잖습니까?"

"그럼, 목사님께서 제가 말장난했다는 의심을 거두지 않는 한, 저에 대한 목사님의 불쾌와 의심이 말끔히 가서지겠습니까?"

"성도님, 가능하면 직설적으로 간략하게 설명하시지요?"

"제가 말장난을 안 했다는 증명도 어려운 판에, 거짓말의 판별은 더 어렵잖겠습니까?"

"그건 또 무슨 말입니까?"

"명백한 선의의 거짓말도 있고, 명백히 악의적인 거짓말도 판결은 어렵다는 겁니다. 가령, 어떤 젊은이가 사법고시를 치르고 스스로 채점하니 불합격이었지요. 마침 임종을 앞둔 할아버지께 합격했다고 거짓말했는데, 장례 후 합격 발표가 났습니다. 반면에 악의적으로 계획적인 거짓말을 하는 사람은 발각될 경우를 대비해서 몇 단계의 알리바이를 미리 준비하기 때문에 판별이 어려워서 정치인들의 범죄혐의 수사가 영 지지부진하잖습니까? 게다가, 거짓을 덮는 기술도 나날이 발전하니 진위 판별이 더 어렵지요. 울산시장 부정선거로 기소되고도 국회의원이 된 사람들만 봐도, 수사와 재판팀을 능가하는 변호팀을 선임하여 최종 판결까지 질질 끌면 임기를 채우고도 남겠지요. 오죽하면 그 머리 좋다는 검사들이 여럿 달라붙어도 '장관 아들 휴가 특혜 혐의'처럼 간단하다는 수사가 9개월이나 걸리겠어요?"

〈거짓도 생명을 살리고, 열불 나는 사람들 천지〉

"성도님 얘기에서 자꾸만 '제 발 저린 도둑'이 떠오릅니다."

"말장난하곤 허수아비 때리기로 둘러대지 말고, 말장난이 아니란 걸 단박에 증명하라는 말씀이지요? 그러나 말장난한다는 의심은 음모론과 같아서, 말장난이 아니라는 증거로 내밀기 위해 사전에 몇 단계의 알리바이를 준비할 거라는 확신과 한 켤레잖습니까? 그래서 제가 덜컥 말장난이 아니라는 진실을 증명한다면, 목사님도 대뜸 제가 말장난 알리바이를 준비한 증거로 단정할 테니, 제가 말장난했다는 목사님의 신념은 한층 강화됩니다. 결국, 제 입으로 '말장난 알리바이를 준비해서 말장난했습니다.' 라고 자백한 결과가 되기 때문에, 목사님이 의심을 거두기 전에는 제가 어떤 말을 해도 말장난이 되잖습니까? 그런 목사님이 마녀를 사냥한 중세의 무지막지한 성직자나, 검찰총장을 찍어 내려는 정권이라면, 다수는 보편적 정의라고 선동하고 다수로 밀어붙이는 순환논법 외통수와 같은 목사님의 의심을 제가 피할 길이 없는 겁니다."

"지금 하는 얘기도 말장난을 위한 말장난이 아닙니까?"

"목사님은 역설과 말장난이 전혀 구분되지 않으십니까?"

"이건, 암만해도 망상이 끄집어내는 헛구역질을 미끼로 정통 목사의 말꼬투리를 잡으려는 이단의 말틉니다! 또, 성도님은 말장난이 아니라는 정직함을 증명하려고 목숨이라도 걸 태센데, 때론 거짓이 생명을 살립니다. 또, 요즘엔 무던히 참고 내색을 안 해서 그렇지, 헛구역질과 중상만 다를 뿐 성도님처럼 열불 나는 사람들 천집니다. 상담 접겠습니다. 안녕히 가세요!"

운암거사(雲巖居士)를 찾아서

〈2006. 07. 애먼 사람들의 수난〉

목사님한테 내쫓기며 운암거사가 그리워져 더듬은 일기

벌써 수요일, 어떻게든 이번 주말까지 결단해야 한다. 마음 약한 아내에겐 일박이일 출장을 핑계 대고, 인제 읍내를 막 벗어나자 길이 끊겼다. 되돌아서 주차하고 거사의 암자로 향했다.

기록적인 폭우가 휩쓴 자리는 절망적이었다. 여기저기서 수해복구에 바동거리는 이재민에겐 한가한 등산객으로 보일까 봐 죄인 된 생각이 들면서, 머리와 허리가 저절로 푹 수그러졌다.

'졸지에 집이며 논밭을 잃은 이재민이 겪는 황망함이나, 느닷없는 명퇴 압력으로 허둥대는 내가 무엇이 다르겠는가? 이상기후와 회사 경영 악화의 원인은 딴 데 있는데, 왜 이렇게 애먼 사람들이 허우적대야 하는가? 집터와 논밭을 흔적도 안 남긴다면 집은 어디에 짓고, 농사는 어디서 지으란 말인가? 회사 또한, 나도 모르게 모범사원으로 표창할 때처럼 느닷없이 내쫓으면 어느 장단에 춤을 추며, 처자식은 어떻게 부양하란 말인가!'

회사와 이상기후를 싸잡아 비난하면서, 불쑥거리는 헛구역질을 참느라, '운암거사'를 찾아가는 이유를 잠시 잊고 있었다.

'운암거사', 흰 구름 맴도는 봉우리 바로 밑에 자리한 암자에서 수행 구도하는 거사, 그야말로 신선(神仙)이 아니던가?

군 복무 시절 수색 훈련 중 조그만 암자 입구에서 '雲巖居士'란 푯말을 보았다. 그날 차 한 잔 대접받은 인연으로 제대 후 세상살이에 부대끼다 헛구역질이 심할 때면 거사를 찾곤 했다.

어느덧 거사의 암자에 이르렀다.

〈시간이 있으나 많지 않다〉

암자 옆엔 전에 없던 별채가 보였다. 크기라야 음료수나 복권 따위의 판매 부츠 정도여서 별도의 참선이나, 간이접견실 용도려니 생각되었다. 면벽 수행엔 앉을 자리만으로 족할 터이니 눕기엔 불편한 공간이야말로 수행 목적에 제격일 터였다.

문득 이 좁은 별채에서 거사처럼 세속의 번뇌를 잊고 면벽 좌선으로 밤을 새우고 싶었다. 그러나 '별채를 숙소로 내달라고 말씀드리자.'라는 생각에 이르자, 면벽 좌선은 핑계인가 싶었다. 숙박비 따위의 비용을 앞질러 헤아리고 절약하는 좀스러운 발상이 산속까지 따라왔다는 생각에, '나이를 따라온 지혜가 아니라 늘 여유 없이 사느라 산에서까지 궁상을 떠는 건 아닌가?' 싶어, 울컥 치미는 나를 향한 연민이 가슴을 싸하게 스쳤다.

출입문엔 막 써 놓은 듯 선명한 빨간색으로 '多不有時(다불유시)'라고 쓰여 있었다. '한자는 오른쪽에서 왼쪽으로 쓰고 읽으니까, 時有不多(시유불다)라? 시간은 있는데 많지 않다?…'

뭔가 머릿속을 탁 스치며 이곳에 온 이유가 새삼스러웠다.

'그래! 명퇴를 결정하기 전에 거사의 말씀을 듣기 위해 온 게 아닌가? 그런데 거사께서는 시간은 좀 있으나 많지 않은 내가 올 줄을 어찌 알고 시유불다(時有不多)라는 안성맞춤의 법어(法語)를 준비하셨단 말인가? 남은 시간은 나흘뿐이다. 회사와 맞서 싸우자면 그 나흘 안에 내가 승리할 수 있는 결정구(決定球)를 찾아야 한다. 거사의 법어처럼 내게 시간은 있으나 많은 게 아니니, 거사의 고견을 잘 듣고 명퇴 여부를 결정하자!'

〈몸을 낮추라〉

'時有不多'를 바라보며 나도 모르게 바위에 걸터앉았다.

말이 명퇴 희망이지, 대상자를 몰아내려고 전문 노무사와 사외 변호사까지 섭외한 회사를 상대하자면 세도정치로 서슬 퍼런 정적(政敵)이 술자리에서 토한 오물까지 핥아먹는 비굴함까지도 기꺼이 연출했던 대원군의 냉철함이 필요할 것이다. 또, 시정잡배의 가랑이 밑을 기어간 한신 정도의 혜안이 있어야 할 것이다(고아로 불우했던 한신에게 시장바닥의 건달이 싸움을 걸었다. "야! 겁쟁이야, 쓰지도 않을 칼은 왜 차고 있냐? 나를 찔러봐. 그럴 용기 없으면 내 가랑이 아래로 기어가든지?"라며 놀렸다. 한신은 잠시 후 빙그레 웃으며 그의 가랑이 밑으로 기었다. 훗날 한신은 한고조 유방의 최고 장군이 되어 금의환향했다. 한신에게 불려 온 건달은 '삭풍 앞의 사시나무'처럼 떨면서 팍 고꾸라졌다. 한신은 "그때 너를 죽일 수도 있었지만, 너를 죽이면 내가 도망 다니느라 내 꿈을 못 이룰 것이기에 참았다."라며, 수치를 안고 치욕을 참아야만 큰일을 이룰 수 있다고 말했다. 한신은 반송장이 된 건달에게 동네 치안 담당을 맡겼다).

어느덧 내 마음이 명퇴 거부 쪽으로 기울고 있었다. '그래! 자존심이 밥 먹여 주냐! 또, 못 나가겠다는데 회사인들 어쩔 것이냐? 열심히 일한 내가 내쫓겨야 할 이유가 무엇이며, 또 회사가 무슨 권리로 나를 내쫓는단 말인가? 그 이전에, 처자식을 위해서라면 한여름의 아스팔트에 녹아 붙은 껌처럼 밟히고 짓이겨지는 굴욕이라도 기꺼이 견디지 못할 이유가 없잖은가!'

〈적어도 적지 않으며 많아도 많지 않은 시간〉

'그렇다면 한신과 대원군 같은 처세술로 한껏 몸을 낮춰야겠다. 또, 한 번에 그칠 명퇴 압력이 아닐 테니, 지구전에서 버티려면 술 담배를 끊고, 접었던 마라톤도 다시 해야겠다.'

회사에 대한 적개심을 불태우던 끝에 거사의 법어(法語)를 만나 마음을 한껏 비워 내니, 한줄기 생각이 뇌리를 스치며 수 주일째 이어지던 헛구역질이 차츰 누그러들었다.

'생각하면, 그 누구의 인생도 시간은 있으나 많지 않은(時有不多) 게 아닌가? 예수는 30여 년을 사셨으니, 생애가 짧아서 시유불다(時有不多)라 하겠으며, 석가모니는 80여 년을 사셨다고 긴 생애라 하겠는가? 예수와 석가가 30여 년과 80여 평생에 보통 사람이 천 년을 이뤄도 못할 업적을 이루셨으니, 그분들한테는 주어진 시간의 많고 적음이 업적과 상관없었던 것처럼 누구든 마음먹기에 따라 적은 시간으로도 많은 시간을 경영한 성과를 낼 게 아닌가? 하물며, 회사를 탓하기 전에 거사의 법어 '시유불다'를 좌우명 삼아서, 원인과 결과를 떠나 내 인생의 주인으로서의 하루하루를 힘껏 경영할 바가 아니겠는가! 아! 일찍이 거사를 만난 것도, 또 중대 결정을 앞둔 지금 '시유불다'라는 법어를 내리시어 미련한 중생의 짐을 덜어주심도, 거사가 모시는 부처님이 예비하신 은공이 아닌가? 얼른 거사께 큰절을 올리며, 큰 깨우침에 대한 감사를 온몸으로 전해야겠다!'

나도 모르게 벌떡 일어나 본채를 향해 목청껏 외쳤다.

"거사님!"

〈일체유심조(一切唯心造)〉

"어! 아니! 네놈이, 또 느닷없이 웬일인 게야?"

"거사님의 법어처럼 시간이 많지 않아서 뵈러 왔습니다."

"법어라니? 난데없이 법어가 웬 소리며, 시간이 많지 않다니? 설마, 네놈이 뒈질 병에 걸렸다는 건 아닐 테지!…"

"저, 저기 쓰신, '시유불다'라는 법어(法語) 말씀입니다."

"시유불다가 법어라니, 그 무슨 귀신 씻나락 까먹는 소린 게야? 늘 실성한 놈 흉내를 내더니, 여전히 엉뚱하기는, 쯧쯧쯧!"

"저기 별채에, 이렇게 '시유불다(時有不多)'라고 쓰신?…"

"암자 한 칸도 버거운 내게 별채라니? 또, '시유불다'가 아니라, 다불유시(多不有時)라고 쓴 건데, 무슨 헛소릴 하는 게야?"

"다불유시라면?…"

"야! 이놈아, 양늠덜이 똥간을 다불유시라고 안 하더냐?"

'아! 변소! Water Closet, W.C. 한자로 '多不有時!'

"멍퇴냐, 마냐, 결정할 시간은 있는데 많진 않다? '똥간'이 신묘한 법어처럼 눈꾸녕이 확 뒤집힐 깨달음을 일으켰다? 그런데 법어가 아니라 '똥간'이라니까, 똥 밟고 미끄러진 맘이렷다?…"

"네, 무언가 짚일 듯도 하고요."

"?… 원효를 떠올린 게냐?"

"?… 시유불다는 다불유시였으니, 일체유심조라는 말씀을!"

어느샌가 휘몰아친 한 무리의 세찬 바람에 계곡을 채웠던 안개구름이 걷히듯이 머릿속이 개운해졌고, "자고 가거라."라는 거사의 뜻을 거슬러 하산한 뒤, 한동안 헛구역질을 잊었었다.

운암거사의 질책

〈2007. 12. 집단최면〉

MB가 대통령 된 즈음의 일기 더듬기

"연락도 없이, 엉뚱하기는! 지난번엔 똥간을 보고도 성불한 원효라도 된 듯 내빼더니 오늘은 또 무슨 난린 게야?"

"온 나라가 최면에 걸린 것처럼, BBK가 제 것이 아니라던 거짓말쟁이를 대통령으로 뽑는 통에, 또 헛구역질이 도졌습니다."

"네놈의 코빼기를 확 도려내면 될 게 아니냐! 아직도 비린내 나는 코빼기를 보니, 돼지기 전에 평정을 얻기는 글렀구나!"

"무슨 말씀이신지?…"

"네놈의 성미(性味)가 아직 살아 있다고! 말인즉슨, 네놈이 뒷간(多不有時)을 보고도 신묘한 '법어(法語)'라고 환장했다가, 똥간임을 알고는 원효라도 된 듯이 한껏 기고만장하더니, 어느새 그만 그 똥간 득도(得道)의 시효가 끝났다는 말이렷다?"

"그런 것 같습니다."

"그런 것 같다니! 네놈은 언제까지 '어떨 것 같다.'라는 말투로 판단을 유보하여 면피와 면책의 여지를 남기는 치사한 말버릇을 달고 살겠다는 게냐? '뭣뭣 같다.'라는 판단과 말버릇은 옆 차가 끼어들 기미가 보이거나, 앞차가 급브레이크라도 밟을 듯도 해서 방어 운전할 때나 써먹어야 할 게 아니냐고!"

"네, 제가 아직 부족한 것 같부족합니다."

"어이구! 뭣뭣 같다는 말투가 아주 입에 배었구나? 지금도 '부족한 것 같다'라고 하려다가 얼떨결에 '같부족하다.'라는 얼간이의 말투로 둘러댄 게 아니냐고!"

〈주전자보다 큰 찻잔과 불만보다 큰 감사의 그릇〉

"'어떨 것 같다.'라는 말은 네놈의 판단을 온전히 신뢰하지 못해서 은연중에 상대방의 동의를 구걸하는 말투가 아니더냐?"

"겸양을 담은 표현이라고 생각했는데, 그렇게 잘못인 줄은…"

"자칫하면, 상대한텐 겸양인지 의뭉스러움인지 헷갈리게 하는 무례한 말투란 게야! 성품이 온유하고 정중해지면 말투 따위가 아니라 온몸을 타고 저절로 상대방에게 전달되는 겸양인 게야. '어떨 것 같다.'라는 얼간이처럼 제 판단도 확신할 수 없는 네놈의 기준으로 세상을 해석하고 평가하려니까 시도 때도 없이 찌질한 부아통이 부풀어 욕지기가 나올 수밖에 더 있겠냐고!"

"네, 어? 거사님, 찻잔이 넘칩니다!"

"잘도 아는구나! 이렇게 넘치는 찻잔이 이 주전자보다 크면 암만 쏟아부어도 넘칠 리 없겠지? 마찬가지로, 불만이 담긴 주전자보다 감사의 그릇이 크면 불만이 넘치겠느냐? 결국, 네놈의 마음 그릇이 이 찻잔처럼 옹졸한 탓에 욕지기가 나오는 게야! 차제에, 이 찻잔에서 넘치는 물맛이 내가 따르는 주전자 속의 물맛이겠느냐? 아니면, 이 잔 속의 찻잎에서 우러난 맛이겠느냐? 네놈 말투처럼 찻잔 속의 찻잎에서 우러난 맛도 같고, 주전자의 물맛과도 같겠구나? 마찬가지로, 비위가 거슬리는 현상은 저마다 맡아 대는 세상의 냄새에 반응한 저마다의 속낸 게야. 네놈의 마음 그릇이 이 찻종지만 한 데다, 정보의 통로마저 확증편향이라 소통이 부족해서, 네놈이 뀐 방귀 똥내 같은 네놈의 설익은 역정의 트림 내에 네놈 스스로 욕지기하는 게라고!"

⟨소통은 정의의 최소필요충분조건⟩

"겨울날 바깥에서 방으로 들어오면 안경이 뿌옇게 되잖더냐? 왜 안경이 뿌예지겠느냐?"

"바깥에 있는 동안 안경 온도가 실내공기의 노점온도보다 낮아졌기 때문에 방에 들어왔을 때 실내공기 중의 수분이 렌즈에 닿아서 안개처럼 작은 물방울로 맺히기 때문입니다."

"알고는 있구나? 결국, 안팎을 소통하는 환기가 모자란 게지? 렌즈에 서린 김이 가시길 기다리려면 짜증이 안 나더냐?"

"네, 김을 닦아내도 자꾸 서리면 헛구역질도 나옵니다."

"네놈의 욕지기는 네 비위를 거스르는 세상에 대한 짜증이나, 어쭙잖은 참견이야. 나는 왠지 '알 없는 안경테를 걸친 사람은 세상과 적극적으로 소통하겠다.' 싶어서, 아고라를 지나는 사람들의 소매를 잡던 소크라테스가 겹쳐 뵈더구나. '소통이란 살아 움직이는 최소한의 정의'인 게야. 정의란 '너와 내가 똑같아서 널 위함이 곧 날 위함이니, 대접받으려 대로 대접하고, 동정과 시혜일지라도 합의를 구하라.'라는 평등 의지인 게야. 비록 희생과 봉사일지라도 상대가 원치 않으면 시혜자의 허영 찌끼와 수혜자의 예속적 모욕감이 앙금으로 가라앉기도 하는 것처럼, 강자가 약자를, 다수가 소수를 동등하게 아우르잖으면 강제와 굴복의 앙금이 남는 게야. 서로가 견지하는 상식과 정의의 영역에서 교집합을 찾는 과정이 소통인데, 네놈도 정치판처럼 소통이 젬병이라 욕지길 하는 게야. 게다가 교횔 다닌다니, 하나님과 소통해야 할 네놈이 세상과의 소통조차 젬병이라니, 쯧쯧쯧!"

〈음모론에 매몰된 세태가 그 어떤 진리인들 신뢰하랴〉

"BBK가 자기 게 아니라고 거짓말한 MB한테든, 그를 지지한 사람들한 테든 - 네놈이 욕지기를 느낀다면 - 네놈의 덜 삭은 역정이 그들에게서 반 사되어 되돌아온 게야. 경제만 키운다면 그 정도의 거짓말은 용납하고 대 통령 삼겠다는 '천민자본주의적 발상'이라고 부아가 치밀어 욕지기가 나 는 게지? 그러나 MB를 지지한 사람들의 속내를 네놈 멋대로 헤아린 결과 일 터에, 또 설령 네놈의 평가가 옳은들 저마다 세상의 주인인 그들이 뭘 생각하든, 보수든, 진보든 네놈과 무슨 상관이란 게야?"

"저는 중립적이고, 정치 따위엔 관심이 없는 편인데 그런…"

"중립적이라고 관심이 없다는 게냐? 어느 편에 서든 말든, 네놈의 관심 과 판단이 이끈 행위이고, 그런 널 박쥐로 보는 사람들이 늘 있는 게야. 그 이전에 네놈이 박쥐 프레임을 뒤집어쓸 빌미를 보였겠지. '아니 땐 굴뚝 에 연기가 나랴?'더라고, 엔간하면 아궁이 근처엔 얼씬거리지 말라는 게 야. 해방과 6.25 전후의 이념 갈등이 빚은 애먼 죽음이 그 얼마더냐? 중국 에선 공산당에 희생된 사람이 팔천만 명이라 하잖더냐? 말인즉슨, 어쩌다 음모론에 흠뻑 잠긴 세태가 그 어떤 진리와 정의인들 신뢰하겠느냐? 하물 며 툭하면 욕지기하는 네놈이 얼마나 위태하겠느냐?"

"제가 무슨 조직원이나 정치인이라고 위태하다는 말씀을?"

"좌우를 의식하며 좋아하고 싫어하는 마음이 네놈 자신을 스스로 가두 고 감시하는 게야. 중간에 선대도 포위된 것이니, 네놈이 만든 인식의 우 리에 갇혀 자유를 잃은 수인인 게라고!"

〈정적의 거룩함과 현명함은 위선과 교활일 뿐〉

"네놈의 욕지기는 싫어하는 것에 대한 거부반응일 테니, 네놈에게 익숙해진 냄새만 쫓느라 확증편향에 찌든 코빼기를 확 도려내던지, 코빼기를 세상에 콱 처박든지 해야 할 게야!"

"저의 어디가 그렇게 확증편향이라고 나무라시는지요?"

"늘 옳다고 믿어온 것도 의심하라는 게야. 발상을 바꿔서 비틀고, 거꾸로 보면, 나름 보편적이고 합리적이라고 착각하기 일쑤인 네놈이 얼마나 편향적이겠느냐? 차제에, 네놈이 혐오스러워하는 대상에 대한 거부반응인 욕지기의 정도와 빈도가 바로 확증편향의 척도와 정도가 아니더냐?"

"거사님도 좋아하고 싫어하시는 게 있지 않은가요?"

"못난 놈하고는! 엔간히 좋아하고, 엔간히 싫어하라는 게야! 달리 보면 네놈의 욕지기는 세상의 주인행세를 하려는 욕구 때문에 생기는 게야. 너 나없이 우주의 주인인 때문이지. 그러니, 네놈이 누군가에게 욕지기한다면, 그런 널 보면서 욕지기하는 누군가가 있는 게야. 소크라테스나 예수의 죽음만 보더라도 경쟁자나 정적에게는 상대방이 '현명할수록 교활한 사람으로, 성인군자일수록 위선자'라는 프레임으로 선동하기도 쉽고, 군중이 현혹되기도 쉬운 게야. 하물며 네놈의 상대가 자기한테 욕지기하는 사실을 안다면 얼마나 큰 모욕을 느끼겠느냐? 모욕당하고도 보복하지 않는 사람은 드문 게야. 저마다 세상의 주인인 사람들에 대해 어쭙잖은 욕지기 따위로 감히 '감 놔라, 배 놔라.' 참견하지 말라는 게야!"

〈정 참견하고 싶으면 비유로 말하라〉

"네놈이 세상을 주무를 권세를 가졌다면 세상이 네놈의 비위를 맞추려 들겠지만, 힘이 없는 까닭에 네놈이 욕지기로 세상에 참견하는 게야. 차제에, 참견엔 보복이 따른다는 게야. 역사 이래 세상에 참견하다 비명에 간 사람이 좀 많으냐? 예수는 미남이기라도 했지만, 당시엔 소크라테스를 닮았다는 말보다 큰 욕이 없을 만큼 못생긴 데다 지질하게 가난하고, 마누라조차 미인이 아녀서 시기할 사람이나 적이라곤 전혀 없어 뵈던 소크라테스가 왜 사약을 받았겠느냐? '너 자신을 알라.'며 오지랖 넓게 참견하고, 귀찮게 따지다가 죽임당한 게야. 참수된 키케로의 혀에까지 풀비아의 펜이 꽂혔고, 예수도 예루살렘 성전 강단을 무단 점령하곤 '독사의 새끼들'이라고 기성 종파의 위선을 깊숙이 지적한 바람에, 제사장과 그 종파가 격렬한 모욕감으로 보복한 게야. 자신을 향한 비판에 모욕을 느낀 모택동은 '나의 통치를 자유롭게 비판해 달라!'고 공개적으로 부추기곤, 가뭄 끝에 단비 맞은 죽순처럼 치솟은 순진한 비평가들을 한꺼번에 단칼로 베어 내잖았더냐? 권력자에게 참견했던 사람 중에 '알렉산더의 스승이라는 공식직함'을 가진 아리스토텔레스 말고는 죄다 목숨을 잃거나, 사마천처럼 궁형을 겪잖았더냐고? 정 참견하려면 비유로 하려무나. 요한이 헤롯의 불륜을 직설적으로 비난한 모욕과 불경죄로 참수당한 걸 아는 예수는 위정자와 반대파에게 트집 잡힐 빌미를 최소화하려고 비유로 말하는 습관이 생겼겠다 싶은 게야, 점점 과격한 발언을 하다가 나중엔 그렇게 되었지만."

〈틀어막기 힘든 구멍〉

"'틀어막기 어려운 구멍은 말하고 싶고, 말 끼어들고 싶어서 근질거리는 입이다.'라는 말을 한 친구가 있단다. 시골에서 자란 그 친구가 어렸을 때 한번은 읍내 장에 가는 엄마들을 따라가는데, 두어 시간을 걸어가는 내내 한 엄마가 자꾸만 자기 입을 손으로 쥐어 훑으며 '나는, 나는' 하더래. 그 엄마가 뭔가 말하려고 '나는' 하면 - 틈만 나면 잽싸게 끼어드는 얄미운 운전자처럼 - 다른 엄마들이 재빨리 그 엄마의 말 차례를 가로채더란 게야. 그 엄마의 '나는'이라는 말투가 곧 끼어들 틈이라는 자충수 신호가 됐던 게지. 결국, 그 엄마는 20여 리 장터에 도착할 때까지 말 끼어들 틈을 찾으려고 '나는, 나는' 안달만 하더래. 그걸 본 그 친구는 '말하고 싶어 근질거리는 입은 틀어막기 어렵다.'라는 걸 깨달았대. 소크라테스만 해도 참견에 길든 입을 못 막아서, 자신의 목숨을 쥔 배심원들에게까지 아니꼽게 들릴 게 뻔한 훈계조의 변명을 하잖않았더냐? 예수도 세상에 참견한 죄목으로 십자가에서 죽어가면서도, '자기가 무엇을 하는지조차 모르는 저들의 죄를 용서해 달라.'고, 남의 인생에 아주 깊숙이 참견한 사례도 욕구 가운데 '참견 욕구'가 생존본능보다 더 강렬할 수도 있다는 방증일 게야."

"제 아내만 해도 참견이 심한데, 일부러 흘려듣는 편입니다."

"아니! 네놈이 감히 아내의 잔소리를 무시한단 말이냐?"

"어떻게 무시하겠습니까? 다만 잔소리가 대부분 쓸모없다는 것을 설명하곤 '앞으로는 잔소리를 선별해서 듣겠다.'라는 저의 과감한 선언에 아내가 묵시적인 합의를 한 정돕니다."

〈작지만 커다란 효도 방법 하나〉

"?… 쯧쯧쯧! 네놈이 아내의 약점이라도 잡았더란 말이냐?"

"아이, 참! 거사님도, 제가 누구의 약점을 잡아서 협상 주도권 따위를 잡을 만큼 치사해 보이십니까?"

"그럼 무슨 재주로 아내의 잔소리를 무시한단 말이냐?"

"제가 얼마 전 출장을 다녀와서, '한 달 동안 당신의 잔소리 없이도 이렇게 멀쩡하게 돌아왔으니, 평소의 당신 잔소리가 쓸데없다는 확실한 반증 아니냐? 그러니 앞으로는 잔소리를 선별해서 듣겠다.'라고 점잖게 말했더니, 그 후론 잔소리를 엔간히 무시해도 이전처럼 발끈하거나, 밥상을 안 차리거나, 저녁에 안방 문을 잠그는 따위의 감정적 대응은 안 하더란 말씀입니다."

"허허! 굼벵이도 구르는 재주는 있다더니, 하여튼 아테네와 유대 사람들이 잔소리나 참견이 얼마나 성가셨으면 소크라테스와 예수를 죽이기까지 했겠느냐? 동서고금을 막론하고 평소에 입바른 소리를 한 사람들이 정권이 바뀌면 사라지거나, 숨죽이지 않더냐? 그런 면에서, 세상에서 큰 효도는 부모의 참견이나 잔소리를 끝까지 들어드리는 게야. 부모는 순종을 바라는 게 아니라 무한한 축복의 소망을 전할 뿐인데도, 엔간한 자식들은 노파심과 간섭으로 여겨서 부모의 말머리부터 자르거나, 마지못해 건성으로 듣기 일쑤지? 부모의 말을 진득이 들으며 고개를 끄덕이기만 해도 엄청나게 큰 효도라는 걸 모르기 때문이겠지."

"네, 저만 해도 오직 자식에 대한 사랑과 염려인 줄 알면서도 어머니의 전화 말씀조차 5분을 넘겨 듣기가 힘듭니다,"

〈남 탓하기는 남의 불행으로 제 불행 위안하기〉

"쯧쯧, 주례를 서며 네놈의 눈빛을 보니 짜증 반 호소 반이더구나? 제발 얼른 주례사를 끝내 달라는 거였지? 네놈의 참을성이 그 정도니까 툭하면 찌질한 욕지기나 하는 게야."

"네, 기억납니다. 거사님."

"네놈만 해도 5분 남짓한 주례사도 못 견디고, 어머니의 축복기도 같은 통화조차 5분을 못 넘길 정돈데, 세상의 그 누군들 간섭이나 잔소리를 좋아하겠느냐?"

"꼰대 소릴 들을까 봐 잔소리나, 지적질은 거의 안 합니다."

"참견은 꼭 말로만 하는 게 아니야. 네놈은 참견 욕구를 억누르느라 욕지기하는 게야! 네놈 같은 작자가 엄청난 권력을 잡으면 세상이 흉흉해지는 게야. 성인군자라도 절대적인 권력을 쥐면 저도 모르게 기질과 감정으로 다스리려 들기 때문이야. 그러니 참견을 좋아하는 네놈은 늘 위태로운 게야."

"제가 참견 같은 건 거의 안 한다고 말씀드렸는데요?"

"네놈은 힘이 없어 욕지기로 세상을 탓하며 참견하는 게야. 명대로 살고 싶으면 세상일에 주제넘게 참견하지 말라는 게야."

"제가 무슨 암살의 대상이라도 된다는 말씀을?…"

"거슬리는 사물이나 세태에 집착하여 습관적으로 분석하고, 평가하며, 남의 탓으로 규정하는 욕지기로 네놈의 생명 에너지를 과소비한다는 게야! 남 탓하는 인간을 뒤집으면 남의 불행으로 제 불행을 위안받는 멍청인 게야. 평생을 남 탓해도 헛구역질하는 네놈처럼 귀한 생명 에너지만 낭비하는 게라고!"

〈훈장(선생)은 참견과 잔소리를 할 공식 자격〉

"이것저것 한다더니, 훈장 일은 제대로 하는 게냐?"

"네, 공학도 가르치고, 자기 계발의 동기를 부여하려고 직업 진로 강의도 했지만, 기대했던 성과는 얻지 못했습니다."

"네놈의 에너지로 강의 일을 했는데 결과가 신통찮았다는 말이렷다? 그렇다면 툭하면 헛구역질하느라 네놈의 생명 에너지를 낭비하는 것도 잘 알겠구나? 일이란 유익한 성과를 만들기 위한 행위지? 일의 단위가 [N·m]이니, 뉴톤 단위의 힘으로 원하는 방향의 거리를 이동하는 게지? 걷거나 탈것으로 목적지로 가는 건 물리적 일이고, 네놈의 강의는 학생들의 마음을 움직이는 정신적 일이지? 차제에, 원치 않는 방향과 속도로 움직여 자동차가 어딜 들이박거나, 낭떠러지로 가면 사고인 것처럼 아이들이 잘못 배우면 얼마나 큰 사고냐? 그러니 교육을 놓고 진보와 보수가 결사적인 게야. 교육 방향을 선점하여 A. 그람시의 진지 전략적으로 장기 집권 발판을 삼겠다는 게지. 네놈이 강의한다기에, '과거는 못 바꿔도 미래는 바꿀 수 있으니, 아이들이 장래를 잘 그리게 도와주라.' 이르잖았더냐?"

"네, 거사님은 '제 명대로 살고 싶으면 훈장을 해라. 훈장이란 참견이나, 잔소리할 공식적인 자격이기 때문이다.'라고도 하셨지요. 그 말씀이 늘 생각나서 학생들에게 바람직한 동기를 부여한답시고 도움이 될 말들을 준비해서 강의했는데, 기대했던 만큼 반응이 없는 데다, 상대평가 학점을 배분하는 스트레스가 많아서 별 성과 없이 접었습니다."

⟨엔간히 거룩해지면 엔간한 욕지기는 사그라진다⟩

"학생들의 반응만큼만 준빌 하고는 학점 배분 스트레스를 핑계로 강의를 접은 게지. 결국, 가르치고 나무랄 자격도, 축복할 자격도, 네놈이 걷어찬 게야. 그런 면에서, 남이 알아주잖아도 맡은 일에 최선을 다하기 위해 감정적 희생을 무릅쓰는 행위는 거룩한 게야. 세상의 스승들이 네놈이 겪은 무력감은 물론, 모욕감인들 없겠느냐? 오죽하면 선생 똥은 개도 안 먹는다고 했겠느냐? 선생뿐 아니라, 자신의 생명이 되는 시간과 비용을 바쳐 봉사하는 분들이 부지기수란다. 어떤 분들은 평생을 수도승처럼 최소 생활비로 살면서, 불쌍한 이웃에게 더 퍼주지 못해서 안달하며 봉사한단다. 성인(聖人) 수준의 거룩함을 실천하는 분들이지. 차제에, 석가모니와 소크라테스, 공맹과 묵자, 예수 같은 스승들이 언제 당신들을 알아 달라고 한 적이 있으며, 알아주지 않는다고 속상하거나 삐쳐서 가던 길을 접었더냐? 나아가, 왜 소크라테스와 예수는 자기 몸을 내주기까지 했겠느냐?"

"네, 거사님. 그렇게 자신을 드러내지 않고 곳곳에서 이모저모로 자신의 생명과 같은 시간과 비용으로 봉사하는 분들이 곧 부처요, 이 시대에 부활한 주님이라는 생각이 들어서, 작은 봉사라도 해야겠다는 마음뿐인 저 자신이 늘 부끄럽습니다."

"그런 분들 덕택에 세상이 그나마 견디는 게야. 네놈도 예수나 부처 같은 스승들의 덕목을 늘 마음에 담고 공부하면 길가의 풀 한 포기나, 개 한 마리에도 조물주가 어른거릴 게야. 네놈의 마음눈이 그만큼 트일 때쯤엔 욕지기도 사그라질 게다."

〈대통령 가격과 부조리에 대한 분노의 통화가치〉

"MB한테 투표한 젊은이들한테 일어나는 욕지기는 왠지 이제까지의 헛구역질과 달라서 더 부담스럽습니다."

"참견 말라고 일렀건만, 이제껏 귓구멍을 막고 있었던 게냐?"

"유세 기간 내내 BBK가 자기 게 아니라던 거짓말이 들통났는데도 규탄에 앞장서야 할 학생들이 취업 문이 넓어지길 바라고 MB를 지지한 게 자꾸만 마음에 걸려서 드린 말씀입니다."

"제아무리 국가 경제를 키울 능력이 있어 보일지라도 거짓말하는 사람을 대통령으로 뽑아선 안 된다는 말이렷다?"

"네, 영국에선 '정직이 최선의 정책이다.'라고 하는데, 어째서 우리나라는 뻔뻔한 거짓말쟁이를 대통령으로까지 뽑습니까? 게다가, '당선되면 전 재산을 헌납하겠다.'라고 했으니 고작 331억 원의 똥값으로 대한민국 대통령직(職)을 사들인 셈이고, 그에 대한 선관위나 한국감정원의 침묵은 '대한민국 대통령 가격을 331억 원으로 공중한다.'라는 묵시적 성명이 된 게 아닙니까?"

"듣고 보니, 네놈의 비위가 뒤틀릴 만도 하구나?"

"젊은 대학생들이 정직과 정의보다 취업의 통화가치를 선택할 만큼 영악하면서도, 젊은 날의 훈장(勳章)으로 길이 남을 '거짓과 부조리에 대한 분노의 통화가치'는 왜 모르냐는 겁니다."

"어리석은 네놈이니, '하면 된다.'라는 낭만을 부여잡고 허덕이면서도 고된 줄 몰랐겠지만, 요즘 젊은이들은 네놈처럼 미련하지 못해서 '희망 고문' 대신 직업적 통화가치를 선택했겠지. 그래도 그들 나름의 시대정신쯤은 있을 테니 지켜보려무나."

〈2019.11. 담론거린커녕 구더기가 된 종교와 정치〉

광화문과 서초동의 맞불 집회가 결렬하던 즈음의 기억

"이번엔 또 무슨 일로 욕지기가 나서 날 찾았단 말이냐?"

"언제부턴가 엔간한 모임에선 종교와 정치 얘길 꺼내지 않습니다. 종교와 정치를 인격의 척도쯤으로 여겨서, 자신의 종교나 정파에 대한 비판을 자신에 대한 비난으로 여기는 듯합니다. 저마다의 종교나 정파적 이념을 선호하는 서로를 거스를까 염려돼서 - '구더기 무서워 장 못 담그는 사람'처럼 종교와 정치 얘길 회피하는 - 쩨쩨하고 소극적인 통념으로 생각됩니다."

"근원을 따지자면, 약자를 제물로 바치는 원시 제정일치처럼 무지로 키운 공포를 정치적으로 이용해서 생긴 금기적 통념일 게야. 성 바르톨로메오 축일의 대학살이나, 종교전쟁과 정치보복 학살에서 보듯 종교와 정치만큼 야만적인 목적과 수단은 없는 게지. 반면에, 여러 단계의 혁신과 희생으로 야만을 극복한 성숙한 민주주의에선 종교와 정치가 사람 사이를 풍요롭게 하지, 거북하게 할 리는 없는 게야. 하물며 종교나 정파가 다르다고 꺼리는 행위는 '회식하는데 너는 왜 내가 싫어하는 메뉴를 골라와서 내 입맛을 떨어지게 하느냐!'는 수준의 난센스 게야."

"친구들 사이에서마저 종교나 정파가 다른 걸 의식하는 분위기가 옹졸하게 여겨져서, '저마다 골라 온 뷔페 접시를 테이블에 늘어놓고 서로 권하듯 종교와 정치도 네 것과 내 것을 풀어놓고 풍성한 담론(談論)으로 누려보자.'라고 했지만, 처음부터 게거품을 무는 친구도 있어서 숨이 턱 막혔습니다."

⟨종교와 정치의 목적과 수단의 이면(裏面)⟩

"우리의 정치적 대화 회피는 해방과 6.25 전후에 거듭된 이념 충돌과 보복의 국가적인 참사 때문에 통념화된 트라우말 게야."

"종교와 정치가 뭔지 점점 헷갈리기만 합니다."

"종교와 정치란 누구에겐 일생일대의 목적이나, 직업, 사교 수단과 명예 따위의 장식품, 애향심과 내집단 편향 자긍심 따위를 캐는 광산, 도망자의 소도, 사기 칠 사람 물색 장소 따위겠지."

"종교와 정치를 삶의 주된 이유와 목적으로 생각하는 사람들일수록 종파와 정파의 호불호에 민감하지 않겠습니까?"

"자기가 신봉하는 것만이 진리와 정의라고 규정하곤 내 것과 다르면 외면할 테지. 반면에 사기꾼은 누구한테도 같은 편임을 강조할 테니, 진영 논리 따위에 흠뻑 잠긴 이 나라가 사기꾼이 준동하기에 얼마나 좋겠느냐? 그러니 정권이 바뀔 때마다 금융 사기꾼들이 분탕질 쳐서 라임과 옵티머스 사태도 났을 게다."

"같은 종교나 정파끼리도 왜 다투거나 척질까요?"

"종교나 정치 목적으로 너나없이 정의를 내세우나, 양고기 간판을 내걸고 권력과 경제적 점유욕의 개고길 파는 장삿속인 게지."

"종파와 정파가 나뉘어 척지거나, 심지어 부모 형제지간의 반목도 영향력과 경제적 점유욕 따위 때문이라는 말씀이지요?"

"종파나 정파끼리 분열하고 척질수록 그 이념이 저질이란 게지. 스탈린과 모택동, 북한의 정적 숙청이나, 교회나 사찰 신도끼리 척지거나, 당론과 다르다고 제명하는 행태도 종교와 정치이념을 목적 아닌 수단으로 삼는 반증인 게야."

〈탄핵해서 죄인을 만들고, 탄핵당해서 죄인〉

"거사님, 광화문과 서초로 나라가 두 동강 났습니다."

"자업자득이자, 자승자박이지. 광화문과 서초에서 서로 마주 보며 네놈처럼 욕지기하느라 가관이잖으냐? 탄핵 주도권을 쥔 야당이 통찰력을 발휘해서 하야를 청한 대통령을 모양새 갖춰 배웅했더라면 국론통합의 발판이 될 절호의 기회였는데, 되레 탄핵이라는 극단적인 정치보복을 선택했기에 격렬히 분열 반응한 게야. '대역죄인이라서 탄핵했다.'라는 진보와 '통진당 추종 세력을 부추긴 야당의 촛불 흉계로 탄핵해서 대역죄인을 만들었다!'라는 보수가 극렬하게 반발하며 대립하는 게지. 그러니 탄핵 이후의 사법 절차 집행에도 진보와 보수가 상반된 평가를 하는 게야. 일반적인 헌법 제·개정에도 억울한 편이 생기는 판에, 극단적 정치보복을 당했다고 여기는 편에서야 오죽하겠느냐? 결국, 정치적 능력이 모자란 여당과 야당의 자업자득이지."

"당시의 여야가 냉정한 통찰력으로 탄핵이 몰고 올 극심한 진영 대결과 국격(國格) 훼손을 막아야 했다는 말씀이지요?"

"이스라엘이 남북으로 갈렸다 망해서 이천 년을 유랑하면서도, 예수교와 유대교로 갈려서 반목 끝에 히틀러에게 600만여 명이 희생되잖았더냐? 유대교 제사장이 로마 총독을 부추겨 예수를 죽였듯이 제국교회 예수교도가 유대인을 증오하는 히틀러를 은연중에 부추긴 영향이 큰 게야. 결국, '예수의 피에 대한 책임은 우리와 자식들이 감당할 테니 예수를 죽여라!'라고 사납게 외쳐댄 유대교도의 언약이 자업자득처럼 이뤄진 셈이지."

〈서로가 나처럼 귀한 너와 나 자신임을 깨달았어야〉

"광화문의 촛불 속에 '예수를 죽이라!'라며 빌라도를 윽박지르던 사나운 군중이 어른거렸다는 말씀이지요? 광화문과 서초 거리를 아우르지 못하면 6.25 전후처럼 한국판 유대교와 예수교의 반목과 보복의 악순환이 재현될 수 있다는 말씀이고요?"

"대통령을 싫어할 순 있지만 진영논리의 색안경으로 바라본 나머지 북한과 일본 수장보다 우리 대통령을 더 증오하며 이를 가는 국민이 적잖아서야 어찌 정상적인 나라라 하겠느냐?"

"극좌는 보수 대통령을 북한 지도자보다 증오하고, 극우는 진보 대통령을 일본 총리보다 더 증오한다는 말씀이지요?"

"관용이 모자란 극우나, 극좌 어느 한쪽은 늘 부아통이 부풀어 집단 울화병을 겪는 나라가 된 게지. 해방과 육이오 전후의 모진 세월에 좌우의 증오와 보복으로 이어진 투쟁이 빚어낸 참담함이 얼마더냐? 그 호된 시행착오를 겪었으면 보수와 진보는 서로가 나처럼 귀한 너와 나 자신임을 깨달았어야 마땅하고, 온 국민이 부처나 예수가 됐어도 모자랄 판에, 상당수가 '앙갚음 유전자'로 잠복하다 탄핵정국이 제 세상이란 듯해서 암담했다."

"거사님! 촛불 중에는 아이들의 손을 잡고 나온 선량한 사람도 많습니다. 그런 부분은 구분하셔야 옳지 않겠습니까?"

"때와 장소를 분별하라는 게야. 부부싸움도 아이들을 피해서 해야 하거늘, 잘못을 인정하고 용서를 비는 초라한 대통령에게 증오와 적개심을 풀무질하는 야만의 광장을 '민주주의 교육장'이라며, 천진난만한 아이들을 데려갈 곳은 정녕 아니었던 게야."

〈관용 대신 보복을 택한 국민주권 남용의 씁쓸함〉

"당시, '박근혜 대통령을 루이 16세에 비유하며 등장시킨 단두대, 목 잘려 피 흘리는 대통령 모형, 대통령의 시체를 메고 가는 장의행렬, 대통령이 그려진 대형 축구공을 발로 차는 아이들, 포승줄에 묶여 끌려가는 대통령과 기업인들을 무덤에 파묻는 의식, 어린 학생들이 펼쳐 든 혁명정권 이뤄내자는 플래카드 등등, 프랑스혁명, 문화혁명, 킬링필드의 광기가 가득한 잔혹한 광장에 던져진 천진한 아이들'이라는 칼럼을 읽다가, 중동에서 자폭테러에 이용되는 아이들이 떠올라 가슴이 미어졌다."

"그 시절, 차선 하나를 당당히 차지하며 탄핵과 이석기 석방을 외치는 선동 행렬로 막히는 퇴근길에서, '저들은 왜 탄핵에 목을 맬까? 촛불 숫자와 정의가 무슨 상관일까?' 싶었습니다."

"하나의 물증이 백 사람의 주장을 잠재울 테니, 국가적 물의와 비용을 무릅쓰며 촛불 수를 늘리려는 선동은 탄핵 근거가 빈약한 반증이자, 해체된 통진당의 보복 선동을 운동권이 부추겨 사납게 격앙된 군중심리를 탄핵의 정당성으로 둔갑시키려는 절차였겠지. 마치, '촛불집회가 커지는 것은 촛불이 정의라는 증거다. 그러니 촛불집회에 참석하지 않으면 사람 축에도 못 든다!'라는 투의 대국민 가스라이팅을 통한 정의 왜곡 프레임이지. 차제에, 이미 정치적 시체가 된 대통령을 국가 규모의 촛불로 탄핵한 세태는 관용 대신 보복을 택한 국민주권 남용으로 보여서, 탄핵 인용에 환호하는 함성은 마치 항복한 적을 사살하거나, 탱크로 지렁일 깔아뭉개고 의기양양한 듯해서 퍽 씁쓸했다."

〈사납게 부추긴 정의를 혁명으로 왜곡시킨 세태〉

"사나운 정의는 정의가 아니라는 말씀이지요? 저의 맘속에도 촛불이 넘실대는 광화문광장에 빌라도 법정의 광기가 겹쳐 보였습니다. '예수가 죽어야 유대민족에게 이롭다!'라는 가야파의 충동질에 발광한 군중이 '예수를 죽인 책임은 우리와 자손들이 질 테니 어서 죽여라!'라며, 제 새끼들까지 내세워 빌라도를 윽박지르자, '너희가 원했으니 내 책임은 없다.'라며 예수를 넘겨주고 손을 씻는 빌라도와 헌재 판관들이 겹쳐 보여서, 군중심리와 익명성에 증폭되는 폭력성과 대세 추종 본능이 느껴졌습니다."

"야당과 언론은 대통령의 실정을 선동의 빌미로 삼아 정치 보복적 탄핵으로 이끈 책임이 부담되었기에 촛불혁명이라 왜곡시킨 게지. 차제에, 그 촛불혁명 플래카드엔 '부르주아와 그 하수인이 세계를 향해 외치고 있는 우리의 오류 100에 대하여, 위대한 영웅적 행위는 1,000에 달한다.'라던 마르크스의 선동 구호가 얼비치더구나. 반면에, 군중심리는 원시 정글의 생존 투쟁에서부터 면면한 희생으로 습득된 '대세 추종 유전자'일 테니 나무랄 일만은 아니야. 문제는, 강자가 전쟁을 대체할 수단으로 선동한 군중을 내세운 정치와 재판을 통해 왜곡시킨 '다수는 정의'라는 통념인 게야. 개인이나 군소정당이 헌법을 제·개정한 사례가 없다는 것은, 곧 헌재 판관들의 탄핵 인용도 강자에 의한 다수결이란 반증인 게야. 차제에 '정의엔 강자와 약자도, 종교와 정파와 개인차도 없어야 한다.'라는 어리숙한 정의감에 길든 네놈이기에 탄핵 촛불에 어른거리는 광기가 섬뜩했던 게야."

〈탄핵과 맞바꾼 길이 존경받을 기회〉

"거사님은 그 들끓던 탄핵정국에 어디서 무얼 하셨나요?"

"그 시절에 어디서 뭘 했느냐고? 한창 기고만장한 주사파 친구에게 '꼭 탄핵해야겠느냐?'라고 하소연했지. 씨알도 안 먹히더구나. 나는 애타서 울었다. 그때가 백범이 꿈꿨던 '국격을 높여 문화강국을 이룰' 절호의 기회였기 때문이었다. 국격이란 정치, 경제, 사회, 문화 모든 면에서 돌발한 국정 변수의 통제 능력이자, 관용의 척도인 게야. 실정을 인정하고 하야를 청해 이미 정치적 시체가 된 대통령을 군이 탄핵하여, 동족상쟁의 참담한 질곡을 딛고 4.19와 5.18의 희생까지 치르며 허덕허덕 이뤄 온 국격의 시계를 후지게 되돌릴 이유는 없기 때문이었다. 통진당의 극렬한 보복 선동을 운동권이 기다렸다는 듯이 촛불혁명으로 추켜세운 결과, 용서를 비는 대통령을 마치 항복한 적을 사살하듯 탄핵한 사람들은 퍽 고소하겠지만, 그 대통령을 지지한 국민의 개탄과 반발로 인한 극심한 진영 대결을 헤아리면, 야당의 품격이 두고두고 아쉬웠다."

"저도, 대통령 견제와 통합 기능의 국정 한 축을 담당한 제1 야당이 자업자득이 될 탄핵을 주도할 줄은 몰랐습니다."

"실정을 사과하고 스스로 손발 묶어 하야를 청한 대통령을 탄핵하라는 야당을 지켜보자니. '우리가 어떻게 여기까지 왔는데, 대승적 관용 한판으로 크나큰 화합을 이뤄 국격을 성큼 성숙시킬 절호의 기회로 왜 허접한 정치보복의 허기를 채우냐! 야당 대표는 왜? 길이 존경받을 대통령이 될 떼어놓은 당상을 걷어차는 옹졸한 탄핵에 앞장서느냐!'는 탄식이 절로 나오더구나."

〈미필적 고의의 역할 착오, 또는 역할 유기의 결과〉

"탄핵과 이석기 석방!'을 외치는 선동 그룹과 달리, 순수하게 촛불을 든 국민에겐 거사님 말씀이 모욕적이지 않겠습니까?"

"나도 가족이 오손도손 촛불을 들고나온 광화문광장을 보면서 처음엔 2002년 거리 응원이 떠올랐다. 그런데 듣자니, 내가 빠져나갈 구멍도 없이 촛불 들었던 군중을 비난한단 말이렷다?"

"모욕당한 사람은 보복을 생각한다고 하시잖았습니까?"

"예수는 끝없이 용서하라 이르잖았더냐? 그런데 실정을 인정한 대통령에겐 어찌 단 한 번의 용서도 못 한단 말이냐?"

"예수교도가 아닌 사람들의 노여움과 항의는 어찌시게요?"

"촛불을 든 불교도가 있었다고 해도 내 말에 발끈할 명분은 없는 게야. 불교의 근간이 미물조차도 해치잖으려는 자비가 아니더냐? 하야를 청한 대통령을 군이 탄핵한다면 과도한 정의나, 옹졸한 한풀이의 찌끼가 남는다는 면에서, 기독교면 예수의 가르침을, 불교면 석가의 가르침을 따르라는 게야. 그 이전에, 용서를 비는 초라한 대통령쯤 포용하지 못할 정도로 후진 나라냔 게야. 다시 말하면, 작금의 격렬한 진영 대결은 탄핵 정국을 미래지향적으로 공글리고도 남을 주도권을 거머쥐고도 되레 탄핵으로 정치보복을 주도한 당시 야당 대표의 미필적 고의의 역할 착오나, 역할 유기 결과인 게야. 그런 터에, 되레 맞불 집회가 '대의정치를 보완할 직접민주주의'라며, 진영논릴 부추긴 대통령은 탄핵정국의 책임을 도통 모르거나, 끝내 회피한 게야."

"지금 우리나라는 왜 여기에 있을까요?"

〈애물단지 같은 진영논리 격화(激化)의 책임 소재〉

"탄핵정국에서 속절없이 떨어진 풋과일 같은 정권을 줍다시피 하곤, '20년 집권과 헌법 수정'을 떠벌리니 보수의 반발이 격한 게지. 그런 참에 사회주의자를 자처하며 헌법 개정을 주도한 장관 지명자의 본색이 드러났으니, 탄핵당한 보수는 배알이 뒤집히고, 진보는 제 발 저린 도둑처럼 과잉 방어 태세가 된 게지. 여야 정치력이 얼마나 형편없으면 아이들 손에까지 촛불을 들렸겠느냐! 그런 정치력 부재와 내로남불 장관이 촉발한 광화문과 서초동의 격렬한 맞불 집회를 바라보니, 마치 두 개의 옹색한 진영논리 항아리에 뿌리는 선동꾼의 소금을 처맞고 발광하는 미꾸라지가 떠올라, '저 진영논리 애물단지를 어쩌랴!' 싶었다."

"죽은 아이의 묘를 쓰기도, 안 쓰기도, 마음에 걸려 단지에 담아 묻었다던 애물단지의 유래가 생각나서 가슴이 저립니다."

"작금의 사태 책임은 당시의 야당 대표에게도 있지만, 가장 큰 책임은 대통령의 실정에 대해 국민의 용서를 빌긴커녕 탄핵을 거든 여당 의원인 게야. 그들은 대통령을 향한 고까움으로 탄핵을 거들곤 의거를 빙자했으나, 탄핵이 불거지기 전에 탈당 따위의 공식 절차'를 밟지 않았기에 - 불쑥 총질하곤 혁명이라던 '김재규의 직무 규범과 절차적 정당성 결여'처럼 - 찌질한 배신의 낙인이 역사에 남을 게야. 둘째는, '너희가 원하니 예수를 죽이되 내 책임은 없다.'라던 빌라도처럼 대세 추종 더듬이로 촛불 개수를 탄핵 인용의 갈피로 삼아, 작금의 격렬한 진영 대결의 도화선에 성냥을 그어댄 결과를 만든 헌재 판관인 게야."

〈종교보다 거룩해야 할 사회주의자 흉내 내기〉

"저도 '수를 셀 줄만 알면 헌재 판관 하겠다.' 싶었습니다. 그런데 장관 지명자는 왜 사회주의자를 흉내 냈는지 의아합니다."

"사회주의자를 선망했으나, 언감생심 종교보다 거룩한 사회주의자가 될 능력이 없기 때문이었겠지. 게다가, 운동권 정치인들에게 뒤지는 투쟁 이력 핸디캡의 반동으로 보수를 집요하게 질타하며, '사회주의자'라는 분에 넘친 브랜드를 내걸었을 듯싶구나."

"마르크스조차 부르주아처럼 살면서 사생아까지 낳았다니, 위조사회주의자쯤이야 사과하며 사퇴했으면 금방 용서했을 겁니다."

"차제에, 네놈 또한 위조사회주의자와 그를 역성드는 자들과 다르잖다. 그들이 주제넘은 이념적 허영으로 사회주의자를 자처하며 구린내 풍겼듯이 네놈의 욕지기도 설익은 정의감이 북받친 트림인 게야. 차제에, 제대로 삭아 배설되는 똥은 역겹지 않고, 좋은 거름일 테니, 네놈의 역정을 제대로 삭이려무나."

"제 헛구역질이 설익은 정의감의 역정이란 말씀은?…"

"자비와 희생도, 사랑과 봉사도, 종교도, 사회주의도, 정의의 분노도, 협잡물이 섞이면 기획 투자나, 상대적 우월감이나, 분에 넘치게 고상해지려는 관념적 사치와 허영의 찌꺼기가 남는 게야. 하물며 네놈의 의견을 묻지 않은 세상에 감히 욕지기로 참견하는 게냐고! 욕지기를 면하려면 네놈이 거룩해지거나, 세상이 변하거나, 최소한 네놈과 세상이 제대로 소통해야 되잖겠느냐!"

"거사님, 소통은커녕 진영논리 따위로 상식과 정의와 나라를 동강 내는 사람들이 정녕 덤덤하게만 보이십니까?"

〈께름칙하고 조마조마한 진영논리 원심력의 끄트머리〉

"어허! 잘만 쓰면 독도 약이 되는 게야! 장관 지명자의 내로남불이 없었다면, 순진한 국민이 어찌 '번지르르한 사회주의 환상'에서 깨어날 수 있었겠느냐? 가령, 장관 지명자가 헌법 전문가인 터에, 기득권층이 정교한 편법으로 지어낸 로스쿨과 의학전문대학원이 현대판 음서제란 걸 몰랐겠느냐? '음서제를 교육법으로 버젓이 시행하는 나라에서 입시 스펙 위조쯤이 죄가 되랴?' 싶었겠지만, 공인이라서 용서 안 된 게지. 차제에, 네놈한테 똥이 되라는 말은 악도, 부조리도 인간의 속성이라는 걸 깨치라는 게야. 진선미와 추악이 상호대비로 선명해지는 것처럼, 세상의 구성요소를 아우를 줄 알아야 욕지기가 그치는 게야."

"진영논리에 북받쳐 격렬한 증오를 내뿜는 사람들 귓가에 고요한 산 속에서 수행하시는 거사님의 말씀이 들리겠습니까?"

"아니! 이놈이 어째서 감히, 전에 없던 말투를 내뱉는 게야?"

"똥이 되라 하심은 저의 성미(性味)를 인간의 온갖 속성과 버무려 삭혀서 중용(中庸)을 건지라는 말씀이요? 그러시는 거사님은 광화문과 서초동의 진영 대치를 구심력으로 아울러야 할 대통령이 지지 진영만 바라보다 나라를 동강 낸 원심력의 끄트머리가 께름칙하지 않으신지요? 가령, 한일 축구 경기를 관람할 때처럼 격한 내집단(內集團) 의식으로 장관 지명자 청문회에 임하던 친북 성향 의원들이, 자신들의 전력을 들어 종북주의자라는 친미 의원들에게 발끈해서, '시나브로 북한을 우리로 착각하는 친북한 내집단 의식'이 강화되잖을까 조마조마해서 드린 말씀입니다."

2차 신앙상담

〈2021. 05. 역설적 말투의 말장난 부재 증명〉

상담을 중단한 이후로 주일 예배 때나 출입 동선의 거리를 두고 마주치며 덤덤한 목인사만 하고 지냈으나, 언젠가는 꼭 할 말이 있다는 기색이던 목사님이 주일 예배 후에 찾으셨다.

"지난번에 상담을 중단한 뒤로 성도님 얼굴이 편안해 보였습니다. 헛구역질은 좀 어떤가요?"

"늘 고만고만하고, 참자니 목젖이 늘 간질간질합니다."

"그래서 간간이 큼큼거리시는군요? 지난번엔 성도님 얘기가 말장난으로 들려서 상담을 접은 뒤로 많은 생각을 했습니다."

"역설적인 저의 말투를 깐족댄다느니, 말장난이니, 이단이니 하서서 놀랐고, 되짚어 보니 오해하실 만도 하다 싶었습니다."

"성도님이 의도적일 리도 없을 테고, 설령 말장난인들 무슨 문제가 되겠습니까? 가령, 격조 있는 말장난은 격해지는 감정을 곧잘 누그러뜨리기도 하지요. 요즘 TV에서 보수와 진보 논객들이 격의 없는 말장난을 곁들여 유쾌하게 토론하잖습니까? 다만 논점을 이해하는 차이가 크면 모욕적으로 들릴 수도 있어서, 이심전심으로 통하는 사이가 아니면 섣불리 권장할 말장난은 아니지만, 성도님과 저 사이에 그럴 염려야 있겠습니까?"

"그러니까, 목사님 말씀은 말장난의 긍정적인 효과도 있으니, 제가 말장난했어도 잘못이 아니라는 거지요? 뒤집어 들으면 말장난을 솔직하게 인정하라는 회유나, 유도신문이 아니겠습니까? 아직도 목사님이 그렇게까지 오해하시니 말장난이 아녔다는 걸 증명해야만 저도, 목사님도 편하시잖겠습니까?"

〈말장난 여부 판별 기준〉

"그동안 적잖이 서운하셨나 봅니다. 어쨌든 말씀하시지요?"

"서양도, 우리나라도, 신도 수가 팍팍 줄어들잖습니까?"

"신도 감소가 성도님의 말장난 여부와 무슨 상관이 있나요?"

"저의 얘기가 기독교와 정치 현안에 대한 보편적인 목적과 수단으로서의 적용성과 효용성이 없으면 말장난입니다. 이를테면, 보편적 정의는 균등한 기회, 공정한 과정, 정의로운 결과 여부로 판명될 테니, 대통령 취임사로까지 공약했을 겁니다."

"아니? 이미 헌법으로 규정된 보편적 자유와 정의를 가지고 대통령이 말장난했다는 겁니까? 그리고 대통령의 공약과 성도님이 말장난하지 않은 것이 또 무슨 상관입니까?"

"신도가 확 쪼그라드는 심각한 위기에도 한목소리를 내긴커녕 분열하며 반목하는 교계가 어쩌면 그렇게 대통령과 빼닮았냐는 겁니다. 이를테면, '지지하지 않은 국민과 야당도 끌어안고 아울러서 온전한 화합을 이루겠다.'라던 공약은커녕 본래 하나인 상식과 정의를 광화문과 서초로 두 동강 낸 대통령과 요즘의 교계가 자꾸만 겹쳐 보인다는 겁니다."

"정치 참여로 분열된 교계와 대통령에 대한 불만이세요?"

"보편적인 정의 실현을 공약한 대통령이 되레 특별한 정의를 실행하려했다는 게 말장난인 듯해서 퍽 께름칙한 겁니다."

"대통령이 보편적이잖은 정의를 실행하려고 했다니요?"

"주사파가 정권을 쥐자, 보편적인 대한민국 헌법 전문을 특별하게 수정하려 했잖습니까?

〈생계형 노점상 관리 서울특별시 조례(條例) 위반〉

"헌법의 보편성을 확장하자는 거겠지요. 설마, 헌법을 야금야금 수정해서 시나브로 사회주의독재를 하자는 수작이겠습니까?"

"잘못을 사과하며 하야하겠다는 대통령을 군이 탄핵했고, 정권을 잡자마자 20년 집권 계획을 떠벌였습니다. 의회 독재는 다수결이라는 수단의 정당성과 헌법의 제·개정과 삭제와 증보 절차로 기획될 테니, 아이들은 물론 엔간한 국민은 미세먼지와 코로나로 마스크 착용이 일상화되듯, 20년이면 쥐도 새도 모르게 운동권 이념으로 길들이기엔 충분한 진지전 전략인 거지요."

"전광훈 목사가 과도한 염려로 만든 정치적 프레임이겠지요."

"전 목사는 '압도적 다수의 주사파가 개헌하여 북한처럼 되면 다수결로 희생된 주님이 재림하실 곳도, 성직도 없어진다.'라는 직업 사수 본능의 투쟁일 수도 있으니, 군이 죄목을 붙인다면 '생계형 노점상 관리 조례 위반'쯤 될 겁니다. 그러나 서울특별시 조례에 그런 처벌 규정이 없을 테니 당연히 무죄일 테지요."

"목사와 노점상을 비교하는 건 부자연스럽잖습니까?"

"목사와 노점상 비교가 부자연스럽단 말씀을 뒤집으면 '직업엔 귀천이 있다.'라는 말이 되잖습니까?"

"아무리 직업에 귀천이 없더라도, 뜬금없이 성직과 노점상을 비교하는 의도가 뭐냐는 의구심이 인다는 겁니다."

"제가 의사한텐 고분고분할 텐데, 목사님한텐 따지듯이 되묻는다며 불쾌해하셨습니다. 그렇다면 성직과 의사나 판사 같은 직업을 비교하면 괜찮고, 노점상은 안 된다는 말씀이네요?"

〈'더러운 세상, 전쟁이나 나서 확 뒤집혀야지!'〉

"성직과 일반 직업을 비교하는 특별한 이유라도 있으세요?"

"직업의 귀천 의식이 인권의 귀천 의식으로 이어지지 않을까 싶은 겁니다. 제가 다섯 교회에 갔었는데, 3명의 목사가 설교 중에 자신을 '목사님'이라 했습니다. 서양의 기독교가 바싹 사그라든 것처럼, 노인만 남은 우리나라 교회의 위기도 일부 성직자가 - 성도의 신앙 도우미 본분을 망각한 채 하나님께 예배드리는 자신을 '목사님'으로 칭하는 - 경어법에도 안 맞는 셀프 존칭'이나 할 정도로 권위적이고, 고리타분한 탓이 크잖습니까?"

"그러는 성도님은 기독교의 위기 극복 수단을 아십니까?"

"기독교의 위기와 부흥기를 이끈 성직자와 요즘 성직자의 품격을 비교하면 위기 극복 수단이 보일 겁니다. 그리고, 제가 구상한 스마트 신앙 챗봇과 요즘의 성직자와 대통령 중 어느 편이 혁신적이겠습니까? 가령, 노점상 단속에 맞서다 입원한 분들의 얘길 들으니, '더러운 세상, 전쟁 나서 확 뒤집혀야 해!'였습니다. 그렇게 악에 받쳐 바짝 성난 분들이 목사님이 성직과 노점상을 비교한다고 언짢아한 것을 안다면, '어째서 목사마저 우리를 업신여기느냐!'라고 이를 갈잖겠습니까? 그분들한테 '네 이웃을 네 몸처럼 사랑하라.'라는 주님의 말씀을 전하는 성직자와 '사람이 먼저'라는 대통령 말이 무슨 쓸모가 있겠습니까? 차라리 노점상 생존권 보호 규정에 연동하는 스마트 신앙 챗봇을 단속 공무원에게 지급하여 활용하는 시책이 성직자의 고리타분한 설교와 대통령 공약보다 훨씬 실용적이잖겠습니까?"

〈정치적 다수결로 쟁취한 전리품이 된 정의〉

"억지스러운 신앙 챗봇 얘긴 그만하시죠? 그리고 정치와 종교의 목적과 수단이 다른데, 싸잡아 비난하면 말이 됩니까?"

"종교와 정치가 정의를 문패처럼 내걸고, 서로 이용하고 의지하는데, 목적과 수단이 뭐가 다릅니까? 가령, 잃어버린 양을 찾으신 주님처럼 사회적 소수의 인권을 들어, '사람이 먼저'라던 대통령이 되레 조난 중에 참혹하게 희생된 공무원을 월북자로 몰아도, 쥐 죽은 듯한 교계가 바로 그 반증 아닙니까?"

"대의정치에서 최소의 희생으로 다수의 욕구를 채우면 그 또한 정의 아닙니까? 다수결 선거로 당선된 대통령의 지지도가 역대 최곤데, 정책에 반대한들 무슨 의미가 있을까요? 어차피 대통령을 좋아하고, 싫어할 사람 따로따로고, 하다 하다 나중엔 선거로 결판내는 거잖습니까? 그런 판에 정치와 종교가 성도님의 헛구역질과 무슨 상관이어서 황당한 얘길 계속하십니까?"

"정의는 정치적 다수결로 쟁취한 전리품이 아니라, 승자와 패자의 공동자산이지요. 목사님 논리대로라면, 다수가 원하니 '예수를 죽이자.'라는 제사장과 '다수당이 바라는 북한과의 유대를 위해 조난 공무원은 월북했어야 한다.'라는 투로 얼버무리는 대통령이 같은 겁니다. 그런저런 이유를 떠나, 그 어떤 종교와 이념도, 현금조차도, 주님의 보혈마저도, 관심 없는 사람한텐 돼지에게 던져진 진주인 것처럼 교회가 교통 신호만큼의 공익적 효용도 보이지 못해서 신도가 팍팍 줄어드는 판에, 제가 구상한 신앙 챗봇을 굳이 말장난으로 몰아가실 이유는 없잖습니까?"

〈신앙 도우미 본분을 망각한 성직자〉

"성도님은 주님을 따르는 성돕니까? 아니면 신앙 챗봇 영업 사원입니까? 그리고, 그렇게 대단한 물건이면 직접 사용해서 헛구역질을 고치거나, 얼른 특허 내고 사업해서 돈 벌지, 신앙상담은 왜 합니까? 또, 상담을 요청했으면 제 얘기를 듣긴커녕 왜 되레 저를 가르치려고 듭니까? 제가 언제 성도님한테 교계가 혁신할 방향과 수단을 물었으며, 정치적 질문을 했습니까? 또, 성도님이 그런 말을 할 자격이 있나요? 저는 정교분리 원칙을 따르는 목삽니다. 가뜩이나 일부 목사의 반정부 투쟁과 코로나로 신경 쓰이는 판에 왜 자꾸 저한테 스트레스를 얹습니까?"

"정신과 의사는 환자 얘기를 끝까지 들어주며 공감하는데, 정작 신앙 도우미인 목사님은 핀잔만 하니 섭섭한 겁니다. 신앙 도우미로서 저의 헛구역질 원인과 대책을 찾아 주실 일이지, 목사님의 신앙 수준으로 다그친다고 낫겠습니까? 그런데도 목사님은 신앙 챗봇 외판원 프레임까지 씌워서 기어이 저를 굴복시키려는 거잖습니까? 그런 목사님이라면 실정을 하고도 늘 '국정을 발목 잡는 야당이 문제'라는 정권의 논리와 뭐가 다릅니까?"

"신앙상담 하면서 왜 말끝마다 정치판을 끼워서 맞추냐는 겁니다. 얘기의 본질을 흐리려는 허수아비 때리기가 아닙니까?"

"참! 목사님께 말장난했다고 핀잔하시는 바람에 입에 올리기 싫은 정치판까지 끌어다가 설명하는데도 얘기의 본질을 흐린다고 하시면, 저에 대한 불신이 주님을 향한 신앙만큼이나 굳건해 뵈는 목사님의 의심을 풀어 드릴 방법이 없잖습니까?"

〈원죄론 프레임으로 뒷걸음질하는 종교와 정치〉

"참! 정 그렇게 말장난이 아니라는 어깃장 놓길 계속하시겠다면, '말장난'했다는 말을 취소할 테니, 얼른 마무리해 주세요!"

"맹물로 포도주를 만들고, 오병이어의 이적을 이룬 주님이 청중의 반응이 못마땅해서, 선포한 말씀을 역정스럽게 취소하셨다는 말은 못 들었습니다. 그런데 목사님은 제 설명이 거슬린다고 '말장난했다는 말을 취소하겠다.'니 아이러니합니다."

"성도님! 자꾸만 그렇게 간족거릴 거면 끝까지 말씀하세요!"

"간족대는 게 아니라, 기독교는 원죄론의 교리에 매달려 버둥거리고, 진보는 탄핵도 모자라 '보수는 친일 독재'라는 원죄론 프레임의 적폐 청산에 매달려 뒷걸음질만 친다는 겁니다."

"교계와 정치판이 교리와 프레임의 오류에 버둥댄다니요?"

"기독교는 원죄론의 오류에 버둥대잖습니까? 원죄론을 뒤집으면 '회개하잖으면 지옥 간다.'라는 세뇌용 언질입니다. 다시 뒤집으면 '모두가 회개하고, 새로운 죄를 짓는 사람이 없다면 교회도 목회자도 필요 없다.'입니다. 또다시 뒤집으면 '교회와 목회자가 살아남으려면 어떻게든 죄인을 조달해야 한다.'입니다. 결국, '회개하라거나, 죄짓지 말라.'는 목회자의 설교는 죄인의 수요와 공급의 선순환 원칙에 반하는 자가당착적 위선입니다. 그래서, '기독교가 자가당착의 위선을 회피하며 살아남으려면, 죄지으면 지옥 간다는 설교로 범죄를 예방하는 성직자와 사기와 성범죄 따위의 갖은 범죄 시범을 보여서 사람들이 따라 죄를 짓게 하는 성직자로, 역할 분담할 수밖에 없겠다.' 싶은 겁니다."

〈원죄론과 적폐 청산의 무한 순환 프레임〉

"참! 나, 성도님 논리대로라면 '사람은 조상한테서 병의 유전자를 물려받은 잠재적인 환자다. 그래서 환자는 물론 건강한 사람도 주기적 검진이 필요하다.'라는 원병(原病) 프레임이네요? 그 건강관리론을 뒤집으면 '환자가 없다면 검진도 의사도 필요 없다. 그런데 의사 직업을 유지하려면 반드시 환자가 필요하다. 그런데도 의사들이 의술을 혁신하고, 건강관리와 검진을 권장하는 것은 명백한 자가당착적 위선이다. 의사 업종을 유지하려면 환자의 수요와 공급 선순환을 위한 적정 수효의 환자가 필요하기 때문이다. 그래서 일부 의사가 음주와 흡연은 물론, 직접 암과 같은 중병에도 걸리는 등의 역할 분담으로 시범을 보여, 사람들이 의사를 따라 병들게 한다.'라는 얘기잖습니까? 결국, 말장난이 아니라는 해명을 핑계로 말장난을 지어내고, 그 말장난도 말장난이 아니라는 변명을 또 지어내는 성도님의 변명이 끝나겠습니까? 결국, 탄핵도 모자라 '적폐 청산 무한 순환 프레임 사이클'을 내내 가동하는 정권과 뭐가 다릅니까? 이참에, 다시 한번 성도님이 말장난했다는 말을 확실하게 취소할 테니, 말장난도 끝내시지요?"

"목사님은 원죄론을 두고도 성직자와 의사를 비교하시는데, 상식적으로 이해되는 의학과 검증이 곤란한 교리는 차원이 달라서 의사와 목사를 단순 비교할 순 없습니다. 또, 말장난이 아니란 설명을 핑계로 말장난을 지어내는 저의 변명이 지겨워서, '제가 목사님한테 말장난했다.'라는 말을 확실히 취소해서, 변명할 필요를 없앤다는 건 병 주고 약 주는 경우가 아닌가요?"

목사님의 처방전

〈2021. 09. 종교와 정치의 존재 이유〉

"성도님의 말투가 하도 짓궂게 들려서 저도 모르게 말장난이니, 깐족댄다고 해서 유감입니다. 더 하실 말씀 있으세요?"

"깐족댄다는 목사님의 말이 환청처럼 맴돌았습니다. 물론, 사람마다 생각이 다를 테니, 목사님이 저의 역설적인 말투를 깐족댄다고 오해하실 순 있습니다. 그러나 상담을 요청한 사람이 만족 못 하면 상담사의 의미가 없잖습니까? 가령, 교회나 성당이 신도를 위한 것이지, 하나님과 성직자를 위한 겁니까? 마찬가지로 국가와 정치인이 국민을 위한 것이지, 국민이 국가나 정치인을 위해 있는 겁니까? 하물며, 목사님은 어떻게 제가 덜 다급하고, 목적과 수단이 전도됐느니, 말장난이니, 이단 같으니, 깐족댄다고까지 하십니까? 그런 목사님 말에 제 맘에 생채기 나면 목사님은 편하겠습니까? 가령, 치료하다 병을 키웠다는 소문이 나면 그 병원에 누가 가겠습니까? 안 그래도 목사님과 상담하는 걸 제 아내가 알고 있는데 소문 안 나겠습니까? 그런저런 이유로, 제가 불순한 의도로 정치를 빗대며 말장난할 이유가 없다는 걸 설명하느라 제 얘기가 길어진 거잖습니까?"

"성도님은 말끝마다 말꼬투릴 잡고도 모자라 이젠 협박까지 합니까? 제가 언제 성도님의 헛구역질 원인을 제공했습니까? 성도님은 제가 목사라는 이유로 교계의 잘못을 연좌제처럼 덤터기씌우는 거잖습니까? 게다가, 성도님이 말장난이 아니란 설명을 핑계로 저를 붙잡아서 다른 성도의 상담 시간을 뺏는 걸 왜 모르십니까?"

〈하고 싶은 말 다 하면 언어폭력〉

"아이고! 목사님, 제가 목사님이 살펴야 할 다른 성도들을 돌볼 시간까지 뺐다니요? 게다가, 교회 앞에서 '이 교회에 와서 마음의 병이 도졌다. 능력 없는 목사는 짐을 싸라!'라는 플래카드라도 들겠다는 투로 목사님을 협박한다는 거잖습니까? 그렇다면 대통령 물러나라는 플래카드를 든 목사를 고발하는 청와대와 뭐가 다릅니까? 그리고 연좌제를 말씀하시는데, 사회적 문제를 일으키는 사이비 이단이나, 정통 교단 소속이면서도 흉측한 성범죄까지 일으키는 성직자 따위에 대한 적극적인 대책을 촉구해야 할 연대적 책임이 목사님께 있지 않은가요?"

"꼭, 협박이라는 게 아니라, 좋은 말도 일일이 다 못 하는 거지요. 착하다는 칭찬도 자꾸 하면 '계속 착하잖으면 안 좋을 거야!'라는 협박성 언질로 들릴 수 있고, 상대에 대한 배려도 지나치면 어깃장으로 들리잖습니까? 너무 솔직한 건지, 저의 입장을 전혀 생각하지 않는 듯한 성도님 예길 듣다 보면, 꼭 어디선가는 저도 모르게 기분 상하는 겁니다."

"제 생각이 다소 모자랐거나, 과했습니다."

"그동안 성도님과 얘기하면서 제가 불편했던 것처럼 성도님도 저만큼 속상하셨겠지요. 그러나 병원에 가면 의사를 믿고 처방과 지시를 따르는 것처럼 신앙상담을 하려는 성도님이 저나 주님을 믿고 따라야지, 자꾸만 성도님의 생각만 여과 없이 들이대며 되짚고, 비틀어 반박하면 제대로 상담할 수 있겠습니까?"

"제가 다소 감정에 치우쳤던 점은 유감입니다."

⟨과민성 기질 굴절 증후군과 음모론⟩

"성도님의 십일조 액수로 봐서 헛구역질 원인이 경제적 문제 때문만은 아닐 겁니다. 그러나 성도님이 큰 부자라면 비위에 거슬리는 환경은 꽤 피할 수도 있을 테니, 경제력과 헛구역질의 상관성도 없진 않을 겁니다. 다른 원인으로는, 성도님이 마주하는 대상에 대한 호불호와 수용과 거부의 판단기준에 거슬리는 기질적 굴절이 헛구역질을 유발한다고 생각됩니다. 왜, 물속에 손을 넣으면 손가락이 구부러져 보이잖습니까?"

"제 기질이나 성격이 비틀렸거나, 꼬부라졌다는 말씀인가요? 그래서 처음부터 끝까지 말꼬투리 잡는다는 말씀이지요?"

"그냥 예를 드는데도 발끈하시니, 너무 예민해서 생기는 '과민성 기질 굴절 증후군' 같은 헛구역질이 아닐까도 싶습니다."

"목사님! 물속에 넣은 손가락처럼 굽어져 보인다는 말은 제 심보가 뒤틀렸다는 말이잖습니까? 또, 그 말을 듣고 발끈하는 것도 성격과 기질이 예민한 탓이란 말은 제가 헛구역질할 생각만 골라서 한다는 말과 무엇이 다릅니까?"

"성도님! 제발, 진정하세요. 헛구역질 원인 중 하나가 예민한 성격이라는 건데, 무슨 말만 하면 삐딱하게 확장해석하곤, 흥분해서 비틀리고 뒤집힌 생각으로 대들면, 정치판의 음모론 치고받기와 뭐가 다릅니까? 가령, 성도님이 병원에 가면 의사한테 진단과 처치를 맡기듯이 제 말을 좀 진득하게 들으시란 겁니다. 아무려면 의사가 환자를 임상 논문 작성용 실험 대상이나, 값비싼 의료 장비 대금을 헌납하는 호갱으로 여기겠습니까?"

⟨파블로프의 개⟩

"십일조 액수까지 들어서 '부자라면 거슬리는 환경을 피할 수 있다.'라는 말씀은 제가 부자가 아니란 걸 강조하신 겁니까?"

"그렇게 앞지르고 확장해석하니 예민하다는 겁니다. 성도님의 헛구역질 원인을 두루 살피려고 그런저런 추정을 한 거지요. 부자라고 모두 행복하지 않은 건 성도님도 잘 아시잖습니까?

"그럼, 그렇게 예민하다는 저에게 주실 처방은 있습니까?"

"처방을 찾으려는데 성도님이 발끈하는 바람에 얘기가 길어지는 겁니다. 그러니 이제부터는 제가 무슨 말을 해도 고깝게 여기거나 반박하지 말고, 듣기만 하겠다는 약속을 하시지요?"

"아, 네, 그렇게 해보겠습니다."

"헛구역질은 성도님의 예민한 성격적 기질과 부조리라고 여겨지는 사회적 문제가 서로 거슬려서 생기는 겁니다. 지난번에도 말했듯이, 오늘의 성도님은 어제의 성도님이 살아온 결과잖습니까? 그 어제의 결과로 만들어진 성도님의 좋고 싫은 기준에 거슬리는 사회적 현상에 대한 조건반사가 곧 헛구역질이라는 겁니다. 파블로프의 개를 떠올리면 금방 이해될 겁니다. 잠깐만요! 여기서 짚고 넘어갈 것은 혹시라도 성도님을 개에 비유했다고, '내가 개냐!'라고 또 발끈하거나, 깐족거리면 안 됩니다?"

"아이고! 안 그럽니다. 저는 개를 엄청나게 좋아합니다. 평소에도 개가 사람보다 더 정겹고 편합니다. 그런데 물속에서 굽어져 보이는 손가락 같은 제 마음을 어떻게 치료해야 파블로프의 개 같은 조건반사 헛구역질을 면할 수 있다는 말씀인가요?"

〈 나의 성미를 주님 말씀과 버무려 삭히면 거듭난다 〉

"성도님은 사람이기 때문에 파블로프의 개보다 엄청나게 복잡한 조건반응 체계를 가지고 있어서 치료가 어려운 겁니다. 파블로프의 개는 먹이를 줄 때마다 울렸던 종소리에만 침을 흘리지만, 성도님의 비위가 거슬리는 조건은 다양할뿐더러 연관성만 있어도 헛구역질이 나오기 때문에 헛구역질의 연쇄적 발생빈도가 기하급수적입니다. 가령, 어떤 여성이 헛구역질을 일으켰다면 그 여성의 인상, 말투, 옷차림 따위의 어느 하나만 닮은 여성을 만나도 헛구역질이 나올 겁니다. 또, 헛구역질 요소를 받아들이는 채널이 확증 편향성이라서, 극우와 극좌가 서로를 생각만 해도 기분이 잡치는 것처럼, 성도님한텐 거슬리는 게 천지라서 헛구역질을 달고 사느라 몸이 이렇게 깡마른 겁니다."

"그렇게 잘 아시는 목사님이 위로는커녕 첫날부터 바늘귀처럼 좁아터진 문으로 들어가라고 들이밀 듯 재촉하고, 상담하면서 고분고분하긴커녕 말장난한다고 핀잔한 진짜 이유가 뭡니까?"

"성도님의 반응에서 잠재의식 속의 헛구역질 요인을 찾으려고 그런 거지요. 헛구역질을 떨구려면 바늘귀를 기필코 통과하겠다는 낙타의 심정과 각오로, 성도님의 성미를 주님의 말씀으로 버무려서 온전히 삭히듯이 거듭나야 한다는 겁니다."

"그 회개와 거듭남의 본말(本末)이 잘 연결되지 않습니다."

"성도님은 회개와 거듭남에 대한 이해는 엔간히 하시는데, 현실과 신앙 사이의 어정쩡한 경계인으로 살아가는 상식의 관성에 휩쓸려 신앙의 궤도에 이르지도, 안착도, 못하는 겁니다."

〈과거를 청산 못 해 일어나는 헛구역질〉

"제가 늘 신앙과 상식(현실) 사이를 오락가락하긴 합니다."

"?… 낙타가 바늘귀를 통과하려면 '차원 전환'이 필요한 것처럼 성도님이 상식의 관성을 벗어나기 위해 한번 죽어보시죠?"

"죽어보다니요? 그러는 목사님은 죽어보셨습니까?"

"물론입니다. 성도님의 헛구역질은 상식적으로 불편한 기억에서 헤어나지 못하는 현상입니다. 스스로 만든 적폐 청산 프레임에 갇혀 꼼짝 못하는 진보정권의 퇴행적 행보와 다름없지요. 나라 체질을 바꾸려면 일단 정권을 확 교체해야 하듯이 헛구역질을 떨구려면 이전의 성도님을 콱 죽여야 하는 겁니다."

"제가 소돔을 자꾸만 뒤돌아보는 롯의 아내라는 말씀인가요?"

"저의 경험으로 보아 성도님의 헛구역질은 그다지 고통스러운 게 아니라는 겁니다. 제가 군 복무 시절에 도로 작업을 나갔다가 야생 더덕을 캐먹었더니 엄청난 위경련 복통이 일었습니다. 트럭 타고 의무대로 가는데 어찌나 아프던지 문을 확 열고 뛰어내리려는 충동이 치솟았습니다. 산악 군사 도로 옆 천 길 벼랑으로 몸을 던져 고통에서 벗어나고 싶을 뿐, 일상의 의식을 구성하는 군인복무규율, 부모 형제, 친구, 애인, 싫고 좋은 사람 따위는 전혀 생각나지 않았습니다. 결국, 그때까지의 삶의 의미가 전부 무의미해졌다는 방증이니, 일종의 임사(臨死) 직전 체험이 아니겠습니까? 그런 면에서, 성도님의 헛구역질이 괴로워 죽고 싶은 충동을 느꼈거나, 자살을 진지하게 검토해 보지 않았다면 아직 참을 만하고, 노력하면 고칠 수 있다는 얘깁니다."

〈삶이란 죽음과 부활과 천국과 지옥의 연속된 중첩〉

"제가 신앙적 시험과 고난을 덜 겪었다는 말씀인데, 그러는 목사님은 시
도 때도 없이 진저리나고, 울컥거려서, 언제 튀어나올지 몰라 불안불안한
헛구역질 강박증을 겪어 보셨나요?"

"아, 네, 성도님이 공학을 전공했으니 이해하실 줄 믿고, 말씀드리겠습
니다. 성도님은 일단 과감하게 과거의 성도님을 콱 죽여야만 헛구역질 마
귀한테서 단박에 벗어날 수 있습니다."

"죽으라는 건, 제가 더 살 만한 가치가 없다는 거잖습니까?"

"화해와 포용을 실천한 DJ를 닮긴커녕 적폐 청산에 매진하는 진보처럼
과거에만 옭맨 삶이 무슨 가치가 있겠습니까? 가령, 인생은 자신의 의지
와 무관하게 되돌이킬 수 없는 시간의 편도 열차에 실려 있어서 - 오늘의
나는 소멸한 어제의 내세에 부활한 삶이고, 내일의 나는 오늘의 내세에
오늘 죽은 내가 업데이트된 거라서 - 삶이란 죽음과 부활과 천국과 지옥
의 연속된 중첩(重疊)이지요. 결국, 우린 늘 어제의 내세인 오늘에 살면서,
어제 잘 살았으면 천국을, 아니면 지옥을 체험하는 터이니, 어제에 옭매여
오늘을 살면 내일도 어제와 같은 겁니다. 그렇게 우리가 일상에서 실제로
체험하는 어제의 내세인 오늘의 천국이나 지옥이 이어지는 그 어느 내일
은 죽음일 테니, 죽어서 간다는 천국과 지옥은 그저 우리가 체험하는 일
상의 연장(延長)이지요."

"논리적으로야 이해되지만, 내일과 그렇게 똑같은 내세(來世)의 의미를
일상에서 깨쳐가며 적용하기 어려워서 실감 나지 않거나, 아예 그런 의미
부여도 없이 사는 게 문제잖겠습니까?"

〈신앙생활은 지난한 천국행 궤도 부설 토목공사〉

"논리적으로 실현이 가능한 이상을 실제로 이루려는 삶이 신앙이지요. 신앙을 실천하려면 가난한 심령을 유지해야 합니다."

"현실적으로 세력의 수효만 불리면 가능한 정권 교체 따위의 격한 열망과 가난한 심령이라야 이룬다는 신앙이 대비됩니다."

"자꾸만 제 말에 정치 얘길 끼워 맞추지 말고, 제발 좀 진득하게 들으세요. 누굴 원망할 겨를도 없이 허덕이는 분들이 얼마나 많은데, 뭘 그리 중뿔나게 세상일에 참견합니까? '거듭나야 고치는 병'이지요. 기도가 왜 감사, 회개, 믿음, 소망으로 구성되는지 헤아리면 거듭남의 뜻이 짚일 겁니다. 주님이 대속하신 은혜를 이미 입은 성도일지라도, 십자가에 못 박힌 고통을 실제로 체험하듯 뼈저리게 회개해야 비로소 성령의 마중을 맞아, 전자껍질을 벗어나는 자유전자처럼 상식의 껍질을 관통해서 '거듭'나는 겁니다. 그러나 하루 즐겁다고 행복한 인생이 아니듯 진정한 신앙은 기도라는 장비를 운전해서 죽는 날까지 현실의 밀림을 헤치고 터널을 뚫으며 천국에 이르는 믿음의 궤도를 부설하는 지난한 장기 토목공사와 같은 겁니다."

"저도 목사님 말씀처럼 물리적이고 생물학적인 삶의 의미에 신앙을 접목하려고 나름의 묵상과 기도를 했지만, 많이들 경험한다는 성령 체험 같은 감화 계기가 없어서 늘 아쉬운 겁니다."

"신앙적 감화가 외부로부터만 오겠습니까? 성도님이 신앙의 원리와 형식과 절차를 따라 죽을 각오로 회개하지도 않고, 작은 깨달음도 실천하지 않아서 거듭나지 못하는 겁니다. 한꺼번에 거듭나려고 하기보다 매일 하나씩만 변화를 실천해 보시지요?"

⟨죽는 날까지 거듭나야 천국에 이른다⟩

"주님의 십자가 고통을 체험하듯 뼈저리게 거듭나라면서, 매일 하나씩 변하라는 말씀의 앞뒤가 잘 연결되지 않습니다."

"사람이면 죽는 날까지 인품을 갈고 닦아야 하듯 신앙으로 거듭나더라도 죽는 날까지 거듭나야 하고, 또 본의 아니게도 거듭나는 겁니다. 가령, 우리는 매 순간 죽어가면서 좀전의 내세인 지금을 살잖습니까? 그리고 불교의 업보(業報)처럼 지금 죄를 지으면 잠시 후의 나는 불안한 지옥에, 참되게 살면 천국에 있는 거지요. 그런 면에서, 언제부턴가 성도님은 자신도 모르게 불편한 헛구역질의 경험을 모자이크 조각처럼 모았을 겁니다. 그런 모자이크 기억의 거울에는 정상적인 사물도 왜곡되기 때문에 성도님의 오감(五感)에 걸려드는 사물은 웬만하면 죄다 헛구역질 거리가 되는 겁니다. 결국, 이미 죽어서 돌이킬 수 없는 어제의 기억 때문에 새롭게 일궈야 할 성도님의 귀한 오늘을 자해하듯 왜곡하는 자가면역질환이 된 거지요. 문제는, 성도님의 기억과 상관없는 오늘 만난 애먼 사람이나, 종교와 정치적 세태에 화살을 돌리는 남 탓 용도의 헛구역질이라는 겁니다."

"제가 남에게 화살을 돌리다뇨? 비위가 거슬려서 헛구역질이 나오는 불편을 겪을 뿐이지, 상대방을 바라보며 토할 듯이 울컥대거나, 가래침이라도 뱉으며 혐오감을 드러내거나, 부러진 화살의 주인공처럼 비싼 석궁도 없고, 화살 같은 무기를 사용한 적도 없습니다. 제가 화살 같은 무기나, 주먹 따위의 폭력을 사용했다면 전과가 천 번도 넘었을 겁니다."

〈폭력만큼 더러운 다수결의 소통 단절〉

"참! 나, 원, 물론 평생을 헛구역질하는 성도님도 괴롭겠지만, 구역질을 참느라고 울컥거리는 성도님을 바라보는 가족이나, 주위 사람은 그 무슨 곤욕이랍니까? 상대방 탓으로 화살을 돌린다는 말인데, 영화까지 빗대며 어깃장 놓네요? 하다 하다 이젠 성도님이 '부러진 화살'의 기괴한 주인공이라도 된 듯합니까?"

"헛구역질을 떨굴 수만 있다면 헛구역질 거리를 향해서 '부러진 화살'의 주인공처럼 석궁이라도 날리고 싶을 정도로 지긋지긋하단 말씀입니다. 음식을 먹다가도 헛구역질이 일면 숟가락이 저절로 툭 떨어질 정도니까요."

"상대방의 입장으로 성도님 자신을 바라보셔야지요. 무기를 들거나, 쌍욕이라도 날려야만 상대방에 화살을 돌리는 겁니까? 간접적 혐오 표현이 폭력보다 훨씬 곤욕스럽다는 겁니다. 비위에 거슬리면 헛구역질로 진저리를 치거나, 눈을 감거나, 이를 악무는 성도님이 상대방에겐 얼마나 황당하겠습니까? 가령, 다수결의 기능만 남은 비폭력의 옷을 걸친 의회 독재가 왜 폭력만큼이나 더러운 소통 단절을 낳겠습니까? 헛구역질은 석궁 따위의 무기보다 더 고약한 심리적 폭력이지요. 성도님은 저와 얘길 하다가도 못마땅하면 눈감고, 입술에 힘주거나, 이맛살을 찌푸려서 저를 압박하는 심리적 폭력을 행사하는 거잖습니까?"

"아! 네, 제가 누구한테 드러내 놓고 헛구역질한 적은 없지만, 못마땅한 기색을 감추지 못했던 제가 상대방에겐 곤욕스러웠겠습니다. 또, 제가 얘길 나누다 눈을 감거나, 입술에 힘주어 마뜩잖은 속내를 내색하는 버릇이 있는 줄은 몰랐습니다."

〈헛구역질도 순환논증 프레임〉

"성도님은 은연중에 헛구역질이 부조리에 대한 보편적 반응이라고 주장하는 겁니다. 성도님은 아무 문제가 없는데 이 나라의 종교와 정치가 부조리해서 헛구역질 난다는 결론을 내놓고, 그 결론에서 헛구역질의 원인을 찾는 순환논증 도식에 갇혔기 때문에, 헛구역질을 부조리에 대한 비폭력 저항쯤으로 규정하는 겁니다. 그래서 '폭력을 사용했다면 전과가 천 번도 넘었다.'라는 액자 같은 핑계가 필요한 겁니다. 결국, 성도님의 헛구역질은 비폭력을 가장한 심리적 폭력이자, 예단 수사로 억울한 죄인을 만드는 검경이나, 이념 편향 언론이나, 다수는 정의라는 결론을 내놓고 검찰 개혁 따위의 당위성을 주장하는 절대 다수당의 동어반복(同語反覆)적 순환논증 프레임과 같은 겁니다."

"저의 헛구역질을 비폭력의 폭력성을 합리화하는 순환논법이라는 목사님은 비폭력 저항을 이중적으로 평가하는 겁니다."

"제가 비폭력 저항을 선택적으로 평가하다니요?"

"주님은 로마와 가야파의 폭력에 대응하기 위해 제자나 추종자들을 동원하실 수도 있었지만 '칼을 든 자는 칼로 망한다.'라시며 비폭력을 택하셨습니다. 강자에 대한 약자의 폭력적인 대항은 죽음을 각오한 저항이지만 비폭력 저항은 최소의 피해로 후일을 도모하는 지혜일 겁니다. 그러한 주님의 비폭력적 대응에 목사님이 제게 적용한 순환논증 도식을 적용하면 비폭력을 택하신 주님의 희생은 전략적이라서 거룩하지 않다는 주장도 될 수 있는 양날의 검이 되기 때문입니다."

〈행복을 추구하는 한 행복할 만큼 성숙하지 않다〉

"참! 나, 성도님은 어떻게 해서라도 제 말에 어깃장을 놓자는 거잖습니까? 어깃장도 습관일 테니, 이참에 눈 딱 감고, 안 좋은 기억을 모두 지우면서 신앙적인 패러다임으로 갈아타시죠?"

"충고는 감사합니다. 그러나 목사님은 이론적으로 타당한 것은 현실적으로 타당하며, 구체적으로 실천할 수 있다고 단정하시는 겁니다. 이를테면, '헛구역질을 떨구려면 저의 인식 체계를 포맷하듯 회개한 다음 온전한 신앙 원리로 프로그래밍한 마이크로칩을 저의 뇌에 심듯이 거듭나거나, 생존의 필수 욕구 최소화로 만족을 극대화하듯 헛구역질 요인을 찾아 처분해라.'라는 말씀이잖습니까? 안 그래도, 채워지지 않는 세속의 욕구 탓에 헛구역질이 나오나 싶어서 여러 번 산으로 가려고도 했습니다."

"?… 또, 무슨 말씀을 하시려고요?"

"그동안의 목사님 말씀을 정리하면, 신앙으로 헛구역질을 면하려면 낙타가 바늘귀로 들어가려는 각오로 회개하라. 가령, 오늘은 어제 죽은 나의 내세다. 어제 저지른 자녀 입시 따위의 비리 업보로 오늘의 지옥을 겪는 전임 장관처럼 저의 헛구역질 또한 어제의 업보로 작동하는 절차적 반응이다. 반면에, '행복을 추구하는 한 행복할 만큼 성숙하지 않다.'라던 헤르만 헤세의 말을 거울삼으면, '헛구역질을 피하려는 의욕이 앞서면 되레 치료에 장애가 된다. 그러니 어쭙잖은 생각으로 헛구역질이 안 나오도록 성숙해져라.'라는 객체 지향적 프로그래밍 원리로 회개하여 신앙적으로 거듭나라는 얘기가 아니십니까?"

〈여기서 불만인 놈은 저기서도 불평거릴 찾는다〉

"저의 얘기를 꼭 성도님 생각의 틀에 맞춰 해석하시네요?

"기억을 지우라는 말씀은 세속적인 욕구와 정보를 일체 처분하라는 거잖습니까? 수도승처럼 일상의 욕구를 최소화해서 만족을 얻는 고육지책이자 견물생심일 테니, 헛구역질을 떨구기엔 산속이나 무인도가 딱 좋겠네요. 게다가 관능적 욕구도 수도를 망칠 테니, 비혼이나 이혼이 제격이겠지요. 그러나 저처럼 울컥대는 사람이 적잖을 텐데, 그 많은 인구가 본능과 관능적 욕구와 결별하면 가뜩이나 인구절벽인 이 나라는 어찌 되겠습니까?"

"허! 참, 농담 마시고, 하던 얘기나 계속하시지요?"

"저의 개성적 기질로 왜곡된 기억의 거울에 반사되는 헛구역질을 떨치려면 정치, 종교, 경제 등의 세속 요인과 온전히 격리된 중세의 수도승처럼 주님만 바라보는 신앙의 궤도에 올라타라는 거잖습니까? 그러나 관능과 세속적 욕구를 죄다 처분하면 동굴 속 면벽참선이나, 개구리 따위의 동면이나, 저온 치료로 연명하는 식물인간일 터라서, 개똥밭이라도 이승이 낫다는 생각으로 버텨 왔습니다. 설악에 있는 스승 곁으로 가려고도 했지만, 매번 '같잖은 주둥이 닥쳐라! 욕지기가 당장 뒈질 병도 아니고, 당적 옮긴 정치인은 어딜 가도 불평거릴 찾듯 저잣거리서 불만인 놈은 산속에서도 불평거릴 찾는다. 네놈이 세상에 당당하게 욕지기할 자격을 갖추면 어쭙잖은 욕지기는 저절로 떨어질 테니, 번듯한 욕지기 자격을 갖추기 전엔 내 근처에 얼씬도 말라!'고 진노하셔서, 몇 번이나 출가하려다 접었다는 말씀입니다."

〈인생 별것 없으니 사람 낚는 어부나 하자〉

"신앙과 현실 사이에 끼인 경계인이 짊어진 숙명과도 같은 갈등의 짐이지요. 주님께선 경계인의 숙명 같은 고단함을 잘 아셨기에, 이미 이천여 년 전에 물고기를 잡던 베드로 형제에게 '조로아스터나, 석가모니, 공자, 소크라테스, 플라톤이 찾아 헤매던 진리도, 또 물고기 잡아 연명하는 인생의 의미도 별것 없으니, 나만 믿고 따라와서 사람 낚는 어부나 하자!'라고 하셨을 겁니다. 신앙은 동력을 자급자족하는 주관적 신념의 결정 체계이지 공산품처럼 과학적 원리로 구성하여 구매력과 가성비 따위로 평가할 대상이 아니지요. 공산품 관리법으로 재료와 성능이 검증되고, A/S까지 보증된 자동차 따위에 대한 소비 만족도 같은 과학과 경제 원리로는 하나님에 대한 믿음의 원리와 효용을 이해도, 검증도 할 수 없고, 그럴 필요도 없는 겁니다. 무신론자가 누리는 공산품 같은 소비재의 경제적 효용과 기독교인이 누리는 하나님과 천국의 효용은 차원이 다릅니다. 가령, 불치병을 진단받은 무신론자는 지레 체념하고 포기하겠지만, 기독교인은 하나님께 의지하는 신앙적 위약효과와 함께 장차 개발될 신약 치료의 기회를 위한 시간을 버는 실제적 효용의 차이가 있지요."

"그 정도의 신앙적 효용만으로 신도가 급감하는 위기를 극복하겠습니까? 가령, 왕권신수설을 들어 개혁을 거부하는 영국을 떠나 신대륙을 향했던 청교도의 개척정신으로 혁신하지 않는다면 머잖아 신천지에도 뒤처지잖겠습니까?"

"그러는 성도님이 생각하는 신앙의 효용은 어떤 겁니까?"

〈신앙의 스크린에 비친 배려와 사랑의 실루엣〉

"신앙의 효용을 생각하니, 제가 신앙의 효용을 처음 깨달은 곳은 꽃동네였습니다. 호스피스 병동에 봉사하러 갔던 20대의 저는 병실에 들어가면서, 삶의 끝자락에 이른 분들과 시선을 어떻게 맞출지 몹시 슬프고 난감했습니다. 걱정과 달리, 안에 계시던 분들은 '젊은이 우리는 주님의 은총으로 평안을 누리니, 행여 우리 맘이 얼마나 처연할까 애처로워 말아요.'라는 듯 맑고 담담한 얼굴로 맞으셨지요. 나중에야, 그분들은 이미 신앙의 효용을 누리고 있었으며, 그분들의 해맑은 표정은 신앙의 스크린에 비치는 영혼의 실루엣이라는 생각이 들었습니다."

"성도님 얘길 들으니, 삭막한 유물론에 지배되던 시절의 소련, 중공, 북한 사람들의 무표정한 얼굴과 자유주의 진영 사람들의 온유한 얼굴이 대비되던 기억이 떠오릅니다. 무신론과 유신론의 실루엣처럼 그들의 표정에 얼비친 영혼일 겁니다."

"표정은 마음의 거울이란 말이 생각납니다. 또, 살아있는 사람에게서 느끼는 사랑과 배려의 감동이 죽은 사람한테서 느껴지는 게 영혼의 속성과 형용일 듯합니다. 저의 어머니 임종만 해도 '나는 하나님 계시는 천국으로 간다. 사는 동안 늘 감사했다. 너희도 늘 감사하며 살아라.'라시던 평소의 모습이었습니다. 돌아가신 후에도 살아생전 오롯이 감사 기도만 드리던 어머니 모습이 늘 제 마음에 잔영으로 일렁이지요. 생각해 보니, 잔잔한 그리움의 파동에 일렁이는 홀로그램 같은 어머니의 살아생전 실루엣은 어머니가 평생 일구신 신앙의 효용이라고 생각됩니다."

〈지성적인 포기보다 허접한 미신의 희망이 낫다〉

"성도님은 신앙 간증에 상당히 부정적이지요?"

"개인적 신앙 체험이라도 그 수가 많으면 통계적 의미가 있다는 면에서, 객관적이지 않다는 이유만으로 부정하진 않습니다."

"간증 사례의 통계적 의미라는 말씀은, 신앙 체험의 표본들이 유의미한 분포를 이룰 때, 신앙 체험의 모집단을 발생시킨 하나님의 사랑을 정성 정량적으로 추정할 수 있다는 의민가요?"

"종교를 떠나, 간절한 염원과 신념이 생산하는 효용을 방증하는 사례를 부정할 이유는 없습니다. 오래전, 동생이 불치병이라 5년밖에 못 산다고 진단받았지요. 집안에 절망감이 가득했지만, 어머니는 온 가족을 금식 기도원으로 데려갔습니다. 동생도 하나님을 부여잡고 신학교에 가서 목사가 되고, 남매를 낳아 하버드와 에모리대학교에서 각각 의사와 간호사로 키웠으니, 우리 가족의 절박한 울부짖음에 대한 하나님의 응답이며, 하나님께 맞닿은 간절한 염원의 결실이라고 판단된 겁니다. 가령, 살아있는 똥개가 용맹하게 싸우다 죽은 사자보다 나은 것처럼, 미신으로 평가되는 신념의 열매 같은 희망일지라도 지성적인 체념보단 유익함을 입증한 사례지요. 그때 어머니가 포기했다면 동생도 덩달아서 5년도 못 살았을 겁니다. 그런 어머니와 동생의 신앙 사례에서 하나님은 우리 가족의 구원자였기 때문에, 그런 하나님의 효용을 확장하고 검증해야 할 부채 의식 같은 신앙을 갖게 되었습니다."

"성도님은 하나님의 존재가 아닌 하나님의 필요성을 믿는 겁니다. 이번 주엔 요한복음 1장 29절을 묵상해 보시지요"

〈내세가 없는 현세의 행복은 사형수의 특식 만찬〉

"보라! 세상 죄를 지고 가는 하나님의 어린양이로다.'라는 말씀을 묵상하니, '주님은 맹물을 포도주로 만들고, 오병이어의 이적과 죽은 자를 살리는 능력으로 세상의 문제를 단박에 해결하시지, 왜 그 로마의 압제로 신음하는 애처로운 사람들을 저버리듯 홀연히 십자가를 지고 세상을 뜨셨냐는 생각이 들었습니다."

"주님께서 결단만 하셨다면 현세의 문제를 완벽히 해결하는 전능 왕 역할을 하셨을 겁니다. 그러나 현세의 왕 역할로는 인류 복지와 영생 문제를 해결할 순 없다고 생각하셨을 겁니다. 내세와 같은 의미로서의 내일이 없는 오늘의 만족은 사형수의 휴가나 특식과 같기 때문이지요. 오늘의 내세인 내일과 우리의 내세인 다음 세대로 이어지는 인류의 영속을 위해 인간의 욕망을 통제할 원리를 깊이 생각하셨을 겁니다. 신을 자처하는 로마 황제처럼 무한 권력과 욕망이 온 세상을 결딴낼 위험을 통제할 안전장치가 절실하셨기 때문이지요. 그래서 현세의 업보에 대한 보상과 처벌의 원리를 들어, 천국과 지옥 모델을 비유로 성직자들의 잘못을 지적하셨지요. 그러나 유대교 수장들은 기득권에 도전하는 이단의 씨앗으로, 로마 총독은 식민지 지배에 성가신 분란의 씨앗으로 여겨서 처형했지요. 그런 면에서 주님이 스스로 십자가를 지지 않고, 당신을 따르던 민중 집단을 키워서 유대와 로마의 위정자와 투쟁했다면, 한갓 세상의 정의와 공정을 내세우며 정치이념이나 교리를 팔아 잇속을 챙기려는 허접한 종교와 정치적 시위 주동자에 그쳤을 겁니다."

⟨주님이 설계(Modelling)하신 현세의 천국⟩

"저도 주님의 공생애 이전의 수행 여정을 궁금해하다가, '주님께서는 수 난의 연속인 이스라엘의 역사(구약)를 속속들이 연구하셨을 것이다. 그리 고 로마와 아테네를 거쳐 알렉산더의 행로를 따라 중동과 인도를 거쳐 알 렉산드리아를 여행하셨을 것이다. 그리스와 로마의 역사와 철학을, 페르 시아권에선 조로아스터를, 인도에 이르는 여정에선 석가모니와 공맹을 만났으며, 알렉산드리아의 도서관에선 그 방대한 기록물을 살펴셨을 것 이다. 그 주님에겐 약육강식 의지가 지배하는 인류의 장래는 전쟁의 살육 과 압제와 투쟁이 반복될 것이 빤히 보였을 것이다. 가령, 소수의 강자만 누리는 현세의 천국과 대다수 약자가 허우적대는 현세의 지옥이 반복될 것이니, 그 악순환을 이끄는 권위주의를 통제할 안전장치는 사랑과 용서, 죄 없는 자만 돌 던지기, 받으려는 대로 대접하기, 약자를 배려하는 자유 와 평등을 이루는 사회정의라고 여기셨을 것이다. 그런 정의를 이루려면 주님 마음에 하나님이 계시는 것처럼, 권력층을 비롯한 모든 이의 마음에 하나님이 늘 살도록 거듭나라고 가르치다, 끝내는 몸소 모범을 보일 수밖 에 없어서 십자가를 지셨겠다.' 싶었습니다. 한편으론, 그 주님은 비참한 민중의 삶을 바라보기가 하도 애처로워 차라리 돌아가시는 게 편하셨겠 다.' 싶어서 마음이 저렸습니다."

"헛구역질이 괴로워 주님을 이해하려고 바동대는 성도님 마음은 이해 됩니다. 그러나 헛구역질이 왜 나오는지를 몰라서 못 떨구는 게 아니듯이 신앙이 교리 이해만으로 완성되겠습니까?"

〈상식으로 바라보는 오병이어 이적〉

"신앙은 이해가 아닌 믿음이라는 말씀인 듯한데, '중세의 신학적 화두도 신앙과 이성의 조화'였다는 마당에, 교리와 상식의 연결고리인 이해 없이도 요즘 사람들이 믿음에 다가갈 수 있을까요? 제 친구에게 오병이어 이적을 말했더니, '고래도 아닌 쬐끄만 물고기 두 마리와 떡 몇 개로 어떻게 오천 명을 먹이냐? 어떤 스님이 자기네 절 해우소가 깊어서 똥 눈 지 사흘 후에야 바닥에 떨어진다고 하니, 다른 스님은 자기네 절에선 팥죽 쑬 때 바닥에 눌어붙잖게 저으려고 솥에 서너 척의 배를 띄운다고 했다는데, 성경에도 그런 과장된 유머가 있느냐?'라며 웃길래, 이적의 본질은 주님이 가르친 사랑과 정의라고 말했습니다."

"그 친구분은 뭐라고 하던가요?"

"사랑과 정의를 가르치는 데 이적이 왜 필요하냐? 이를테면, 교리의 진선미와 타당성과 효용이 이해되고, 예측될 때 신앙 의지가 생길 터인데, '맹물로 포도주 만들고, 오병이어로 오천 명을 먹였다는 등의 비현실적인 말은 수긍하기도, 부정하기도 부담스러운 군더더기라서, 되레 기독교를 꺼림칙하게 하는 자충수가 되잖겠느냐? 그리고, 떡 다섯 개로 오천 명 먹이고, 죽은 사람 살리고, 불치병을 고치고, 죽어서 부활한 전지전능한 예수였다면, 못된 놈들을 즉결처분하며 세상을 직접 통치하여 지상천국을 이뤘어야잖아? 그런데도 자청해서 죽었다면, 결국 사후의 저승이 이승보다 백번 낫다는 결론만 덩그렇게 남네?'라고 되물었습니다."

"?⋯ 계속, 얘기하시지요?"

〈종교의 한계효용 체감과 공인의 자격〉

"대접받으려는 대로 대접하라는 만고의 상호적 평등과 자유를 가르치고, 기득권층의 혁신을 주문하다 돌아가신 주님은 인류 사랑과 헌신의 표상이지요. 그러나 그런 주님의 이적에 대한 상식적인 의문에 교계가 공식적 답변을 안 하거나, '이적은 신의 은총이라서 상식으로 설명할 수 없다.'라고 한다면, 주님과 기독교의 한계효용을 반드시 체감시키지 않겠느냐는 말씀입니다."

"성도님은 어쩌면 그렇게 이단 같은 생각만 합니까? 종교적 신앙은 상식과 과학적 원리나, 경제법칙 따위의 실험과 통계적 검증 결과를 근거로 성립되는 게 아니잖습니까?"

"상식으로 이해되지 않는 교리나 성경을 무조건 믿으라면 되레 불신만 키우잖겠습니까? 가령 장관 지명자가 기자간담횔 자청해 혐의를 뭉뚱그려 설명하고, 윤미향이 이용수 할머니 말씀을 뭉뚱그렸기에 잘못을 인정한 결과가 된 것처럼, 당연한 의문에 대한 교계의 침묵은 답변의 궁색함만 방증하지 않겠습니까?"

"아니, 성경 얘기에 왜 불결한 사람들까지 끌어들입니까!"

"이단을 비롯해 개만도 못한 성직자들이 종교의 환상으로 성도를 길거리 전도 삐끼나, 앵벌이로 내몰아 제 배를 불린 것처럼 위안부 할머니를 앵벌이 삼은 혐의를 받는 사람이 국회의원이 되고, 종교보다 거룩해야 할 사회주의자를 자처하면서 천민자본주의자의 속내로 살고도 장관 지명을 받았기 때문입니다. 그러나, 성직자도, 국회의원도, 장관도 공인이라서 그 공인(公人)의 자격을 말하는 거지, 개인을 평가하자는 건 아닙니다."

〈주님이 재림하기 어려운 우리나라〉

"성도님 말대로면 성경의 이적 내용을 고쳐 써야 할 텐데, 신앙의 본질도 아니고, 그럴 필요도 없는 겁니다. 이를테면, 성도님이 간증한 것처럼 불치병 앞에서 하나님과 주님을 향한 신앙으로 절망을 희망으로 바꾸면 일단 시간을 버는 것이고, 시간을 벌수록 신약 개발 등을 통한 치유 기회를 얻을 확률이 커지니, 과학이나 상식으로 이해되지 않는다고 배척하기보다는 일단 무조건 믿는대도 손해 될 까닭은 없잖습니까?"

"물 위를 걷고, 죽은 사람을 살리고, 오병이어로 오천 명을 먹였다면 미신이라고 여길 수밖에 없는 사람들에 대한 배려가 필요하다는 말씀입니다. 더구나, 주님의 이적이 사실이더라도, 주님께서 우리나라에 재림하시려면 교계와 정계가 사전에 법리적으로 정리할 내용이 복잡합니다. 가령, 주님께서 그런 절차를 놓치고 재림하신다면, 사이비 성직자들이 가야바처럼 군중을 선동해서 주님을 배척할 겁니다. 세무서와 주류협회와 의사협회를 부추겨 맹물을 포도주로 만든 주세법 위반으로 단박에 고발하고, 불치 병자를 고친 무면허 의료행위를 고발할 겁니다. 죽은 사람을 자꾸만 살리는 주님을 만난 상조회사와 장묘업자는 간신히 낚아 어망에 넣은 물고기를 풀어준 사람을 대하는 생계형 낚시꾼처럼 사납게 날뛸 겁니다. 학계조차도 오병이어로 인한 질량과 에너지 보존 법칙 따위의 대혼란을 우려할 테고, 식량 생산도, 물고기 양식 따위도 필요 없을 테니 농축 수산 사업자들은 물론, 투기꾼, 정계, 법조계 등이 벌집을 쑤신 듯할 겁니다."

〈갈릴리호숫가의 예수님〉

"그 정도면 성경을 말장난 소재로 삼는 거잖습니까?"

"성경 내용과 교리며, 설교 형식과 내용을 시대의 변화와 요구에 맞추지 않고서 어떻게 기독교의 미래가 있겠습니까?"

"무엇을 어떤 변화와 요구에 맞추라는 건가요?"

"오병이어의 이적만 해도 상식으로 접근할 필요가 있다는 겁니다. 이를테면, 사오천 명의 군중들이 몰려든 갈릴리호숫가 집회는 사나흘째 이어졌으며, 사람들은 주님을 따라다니며 좀처럼 쉴 틈을 주지 않았습니다. 저마다의 문제가 해결될 때까지 주님께 매달렸을 테니까요. 마치 공연을 마친 가수의 다음 일정은 아랑곳없이 냅다 앙코르를 외치는 청중과도 같았을 겁니다. 다만, 주님을 따라다닌 사람들은 여러 사정으로 절박했을 테니, 무료 초대권으로 입장한 게 아니라는 듯이 마구 앙코르를 외쳐대는 속된 청중과는 달랐을 겁니다. 저마다 아픈 몸의 이곳저곳을 내보이며 하소연했기에 주님께서는 그 불쌍한 사람들을 외면할 수도, 피곤함을 느낄 겨를도 없으셨을 겁니다. 어느덧 저녁 무렵이 되었고, 주님은 가련한 사람들의 끼니가 걱정되어 제자들에게 군중의 식량 휴대 현황을 물어보셨지요. 제자들은 군중 속을 비집고 다니며 식량이 얼마나 있는지를 물었지요. 그러나 너도나도 눈치를 살피며 대답을 회피하거나, 고개를 가로저었을 겁니다. 식량이 목숨만큼이나 중요하던 시절이었기 때문이지요. 우리나라의 '식사하셨냐?'라는 인사처럼, 주님의 기도문에까지 '우리에게 일용할 양식을 주시고.'라고 하셨을 정도니까요."

〈가진 것 전부를 내놓은 아이〉

"뭐, 그렇기도 했을 겁니다. 혹독한 기근에 곡식을 구하러 애굽에 가서 수백 년을 제법 족속을 이루며 살다 노예가 되자, 모세의 영도로 가나안에 귀향하는 45년 동안 황량한 광야를 떠돌며 고난을 겪은 유대인들은 식량을 목숨처럼 귀하게 여기는 유전자를 만들어서 후손에게 물려주기도 했을 겁니다."

"그래서 평소에도 양식을 쉽게 나누는 인심은 아녔을 겁니다. 나아가, 혹시라도 배낭 속의 비상식량을 뺏기잖을까 경계하는 강박증도 있었을 겁니다. 그러니 누군들 선뜻 자기가 가진 먹을거리를 정직하게 밝히겠습니까? 식량이 없다는 제자들의 난감한 표정에 주님의 얼굴엔 걱정이 가득했습니다. 특히 병들고 굶주린 사람들의 사정이 절박했으니까요. 주님께서 안타까운 얼굴로 사람들을 둘러보시며 '여러분이 가진 음식을 흔들어 보세요!'라고 했을 때, 주위의 눈치를 살피며 쥐 죽은 듯했을 겁니다. 그때 어린아이 하나가 가지고 있던 마른 빵 다섯 쪽과 물고기 두 마리를 들어 보입니다. 주님께선 군중 가운데 웬만한 사람들의 배낭 속엔 상당한 양식이 있음을 알고 계셨지요. 갈릴리 이외의 지역에 살던 유대인들은 유목도 꽤 했을 터라서, 유목 채비로 여분의 식량을 늘 휴대하는 습관도 있었을 테니까요. 그걸 아시는 주님께서는 오병이어를 들고 있는 어린아이를 불러 무릎에 앉히시고, 머리를 쓰다듬으며 극진한 사랑을 담아 축복하셨지요. 그리곤 군중을 향해서 얼굴 가득 인자한 웃음을 머금고, 천천히 한마디씩 집어 가듯 말씀하셨을 겁니다."

〈목숨처럼 귀한 식량을 기꺼이 나눈 사람들〉

"야곱의 막내 요셉이 애굽에 팔렸던 일이며, 혹독한 기근에 양식을 구하러 아들들을 애굽으로 보낸 야곱이 요셉을 만나 족속을 이루고 제법 살다 노예로 전락한 일이며, 모세의 인도로 가나안에 이르기까지, 또 바빌론 유수처럼 참담한 고난의 역사를 설명하셨을 겁니다. 잠시 말씀을 멈춘 뒤, '그 누구도 이 귀한 아이처럼 순결해지지 않으면 천국에 못 갑니다. 또, 로마의 압제를 겪는 참담한 처지의 우리는 서로 돕지 않으면 미래가 없습니다. 지금 여러분 곁의 굶주린 분들을 바라보십시오. 그분들은 여러분이 가진 식량을 나눠주잖으면 당장 쓰러집니다. 또, 요행히 오늘 저녁은 견디더라도, 내일 집으로 돌아가는 길에서 쓰러져 죽을 겁니다.'라시며, 어린아이가 내놓은 오병이어에 축사하셨지요. 주님이 말씀을 마치자, 잠시 후 너도나도 주섬주섬 배낭 속 깊이 넣어 두었던 비상식량을 내놓았지요. 요즘도 어려운 일이 생기면 자발적인 모금과 봉사 운동이 일어나지 않습니까? 주님은 휴대식량을 가진 사람들에게 굶는 이웃에 대한 배려를 권유하신 거지요. 저마다의 먹거리를 챙기고 숨기기보다는 어려운 사람과 더불어 나누는 보람이 더 크다는 발상 전환의 뇌관을 살짝 건드리신 겁니다. 그러자 그 뇌관은 연쇄적으로 점화되어 도미노처럼 앞다투어 등에 지고 있던 배낭을 뒤집어 식량을 내놓았지요. 그러니 잠시 후에 여기저기 쌓인 음식 무더기는 오천여 명이 먹고도 남지 않았겠습니까?"

"계속하시지요?"

〈주님의 명품 강연이 이룬 오병이어 이적〉

"오병이어의 이적은 천사가 빵 광주리며, 구운 생선을 가져다주었다기보다는 - 비록 식량을 목숨처럼 귀하게 여기던 시절의 유대인들이었지만 - 주님 말씀에 감동하여 배낭 깊숙이 감췄던 비상식량까지 기꺼이 내놓은 나눔의 잔치라고 여겨지는 겁니다. 성경에도, 로마 역사에도, '천사들이 하늘에서 떡과 고기를 가져왔다.'라는 기록은 없습니다. 또, 당시의 상식으로 천사는 달과 태양 사이의 공간에 거주했기 때문에 주님의 축사가 끝났을 때 천사들이 떡 광주리를 운반하려면 로켓으로도 여남은 시간이 걸립니다. 게다가, 천사들이 양식을 운반한다면 대기권에 진입할 때의 마찰열로 떡 광주리도, 천사의 날개도 남아날 수 없습니다. 또, 천사의 음식 운반이 불가능했다면 땅에서 조달했을 터인데 '축사를 마치자, 호수 물고기들이 일제히 뛰쳐나와 튀김가루에 한 번 뒹굴고는, 냅다 튕기듯 솟구쳐서 기름 끓는 튀김 솥으로 다이빙했다거나, 밀밭에 웬 섬광이 번쩍이더니 밀알이 팝콘처럼 튀겨져 날아와 쌓였다.'라는 기록도 없으니만큼, 오병이어의 이적에 대한 저의 해석은 보편성을 충족하잖습니까?"

"성도님 생각이 보편성을 충족하면 결과도 모두 타당할까요? 또, 성도님이 말하는 교리의 보편성은 어떤 겁니까?"

"목사님은 오병이어에 대한 저의 해석이 상식을 충족한다고 해서 종교적 본질도 충족하는 것은 아니니, 제가 생각하는 종교의 본질적 보편성이 뭐냐는 말씀이지요?"

"그렇습니다."

⟨억울한 빌라도와 교리의 모순 극복 수단⟩

"주님이 죽은 사람을 살리고, 맹물을 포도주로 만들고, 오병이어의 이적을 이룬 초능력자이셨다면 단박에 가야파와 헤롯, 빌라도 따위를 처단하고, 세상을 천국으로 바꾸셨을 겁니다. 그런데도 주님은 되레 그들한테 죽임당하면서 '다 이루었다.'라고 하셨습니다. 인류를 구원할 신앙 원리를 완성하셨다는 뜻일 겁니다. 그러나, 주님을 죽이려는 자들과 주님을 배반한 유다와 사형을 집행할 지위에 있던 빌라도가 없었다면, 주님은 십자가에서 죽을 수 없었을 테니 부활도 불가능할 터라서, '교리를 다 이루었다.'라고 하실 요건이 성립되지 않습니다. 바꿔 말하면, 주님의 사업을 완성하는 죽음에서 부활에 이르는 과정과 결과는 배신자 유다와 주님을 죽이려는 제사장 가야파와 사형을 집행한 빌라도의 합작품인 겁니다. 결국 유다와 가야파와 빌라도는 하나님이 맡긴 악역(惡役)을 성실히 수행한 겁니다. 나아가, 빌라도는 주님이 죄가 없다고 판단했으나 '직접민주주의 다수결 원칙으로 판결하라!'는 군중의 요구를 들어줬습니다. 그런데 칭찬은커녕 사도신경에 왜 저주스럽게 불러야 합니까? 그런저런 면에서 상식과 교리의 엄청난 괴리를 극복하려고 오병이어의 이적이나, 부활 같은 신화적 무대와 소품을 사용했다는 추정이 합리적인 때문입니다. 그런 마당에 성직자들이 바늘귀를 통과하려는 낙타의 발상과 각오로 혁신하고, 성경도 실용적인 버전으로 실시간 업데이트하지 않으면 기독교의 장래가 어떻겠습니까?"

"성도님이 생각하는 교리의 보편성 평가 목적은 뭡니까?"

〈성경과 상식의 괴리 최소화 목적과 수단〉

"제가 생각하는 교리의 보편성 평가 목적은 하나님의 존재나, 주님의 부활이나, 오병이어 이적이나 부활과 같은 초현실적인 교리와 상식 사이의 괴리를 극복할 목적과 수단의 당위성 찾깁니다. 가령, 불과 백여 년 전만 해도 산신령이나 염라대왕쯤 돼야 산 너머에 사는 아무개가 착한지, 못된 놈인지 안다고 여기고, 권선징악으로 다스리길 바랐습니다. 그러나 지금은 지구 반대편 사람을 실시간으로 바라보며 일상 업무도 합니다. 결국, 오늘의 우리 자신은 100년 전의 사람들이 상상한 염라대왕보다 더 진화된 초능력으로 일상생활을 누리니, 우리는 100년 전 사람이 생각한 신(神)을 뛰어넘는 신이 된 겁니다. 이런 사실을 기독교 역사에 대입할 때, 천동설이 바뀌고, 종교개혁과 르네상스를 거치며 중세에 보편화된 신학적 상식이 깨진 경위의 필름을 창세기까지 되돌려 소급하면, 사람이 하나님을 만들었다는 앙금이 남잖습니까? 결국, 처음엔 하나님이 인간을 만들었더라도 이후로는 인간이 되레 하나님을 혁신해 온 반증이라는 면에서 주님은 몸을 던져 하나님을 혁신하셨다고 판단해야만 교리의 보편성 평가 목적에 가까워지기 때문입니다."

"성도님은 기독교가 혁신을 통해서 교리와 상식의 괴리를 최소화하라는 거지요? 그런데, 누가 성도님의 생각과 주장에 동의할 땐 헛구역질을 거의 안 하시지요? 안 그런가요?"

"생각해 보니 그런 경향이 있습니다."

"역시, 성도님은 듣보고 싶은 것만 듣보기 때문에 눈만 뜨면 거슬리는 게 천지라서 툭하면 헛구역질하는 겁니다."

〈교리와 상식의 괴리는 성직자들의 모범으로 좁히라〉

"듣보고 싶은 것이 아니라 상식을 좇는 겁니다. 그래서 주님의 이적을 해석하는 패러다임도 신화나 미신이 아닌 상식적 보편성을 충족해야 한다는 생각을 말씀드린 겁니다."

"신앙의 완성 여부는 여느 공산품의 품질분석이나, 여론조사처럼 검증이 가능한 실험이나, 통계적으로 평가되는 게 아니잖습니까? 오병이어 이적도 질량보존법칙 따위의 과학적 공리로 따질 게 아니라, 주님이 가르치고 실천하신 사랑과 정의라는 인류 보편적 가치와 효용으로 평가할 대상이잖습니까?"

"그렇다면 더더욱 평소에 성직자들이 신앙적 모범을 실천해서 인류 공통의 보편적 효용이 될 공신력을 키우라는 겁니다. 가령, 김수환 추기경이나 한경직 목사 같은 분이 '가나 혼인 잔치에서 포도주가 동났으나 근처에서 구할 수 없어 주인이 안절부절못할 때, 주님께서 손님들에게 주인의 딱한 사정을 설명하셨다. 그러자 손님들은 너도나도 포도주가 좀 싱거우면 어떠냐? 남은 포도주에 물을 타서 내오라고 하더니, 이 집은 어째서 좋은 술을 나중에 내오냐며 목청 높여 자신들의 아량을 뽐냈다. 또, 갈릴리호숫가에서 식량을 전부 내놓은 순진한 아이를 통해 식량을 감춘 어른들의 부끄러움을 살짝 건드리셨다. 그러자 아이보다 못한 어른으로 보일까 봐 감췄던 식량을 앞다퉈 내놓으니, 군중이 배불리 먹고도 남았다.'라고 설교하셨더라도, '이적의 신비를 상식으로 걷어낸 이단의 궤변이다!'라고 분개할 사람도, 기독교의 본질이 훼손되는 일도 없었을 거라는 말씀입니다."

〈상식에 대한 확증편향이 헛구역질을 부른다〉

"성직자에 대한 신뢰가 신앙의 지름길이라는 말씀이 이해는 됩니다. 그러나 성도님은 상식적 원리에 갇혔기 때문에 주님의 이적을 불신하고, 종교 문제가 불거질 때마다 만만한 성직자를 탓하며 헛구역질하는 겁니다. 저도 한때는 성도님보다 더 도마에 가까웠습니다. 그러나 사도행전을 읽으면서 이성만으로도 주님의 부활을 확신할 수 있었습니다. 의심 많은 도마까지 열한 명의 제자와 바울이 기꺼이 순교한 목적과 이유가 뭐겠습니까?"

"주님을 배신한 유다처럼 주님을 세상의 왕으로 따랐던 제자들이기에 수제자 베드로마저 닭이 울기 전에 세 번이나 주님을 모른다고 했으며, 빌라도가 주님의 유죄 여부를 판결하기도 전에 뿔뿔이 줄행랑쳐서 골고다 언덕엔 그림자도 안 보이던 비겁한 제자들이 왜 어떻게 다시 모여 목숨 걸고 전도했겠으며, 끝내 기꺼이 순교할 수 있었겠냐는 말씀이지요? 나아가, 현실적이고 이성적인 로마의 문화적 기득권을 어떻게 극복하고 융합하여 기독교를 로마제국의 국교로까지 정착시켰겠냐는 말씀이지요?"

"부활한 주님을 따르던 사람들을 잡아 죽이려던 사울이 갑자기 돌변해 기독교를 개교(開敎) 규모로 혁신하고, 순교를 자청했다는 사실 앞에서도 이적과 부활을 못 믿는 성도님은 상식의 경계 너머에 있는 주님의 본질을 헤아리지도, 인정도 못 하는 겁니다. 결국, 성도님은 익숙해진 상식에만 의존하는 겁니다. 가령, 보여야만 믿겠다면서도 안 뵈는 조상의 존재를 믿는 모순이면서, 편의 지향적으로 통념화된 어림짐작이지요."

〈보고도 못 믿기와 안 보여서 못 믿기〉

"그 누군들 상식을 좇으려는 편의 지향성이 없겠습니까? 그래서 저는 '우리가 옳다는 이유를 찾는 일만큼 우리가 틀렸다는 증거를 찾는 일에도 열정과 시간을 투자하는 방법을 배워야 한다.'라는 '플로디노프'의 말은 늘 되새기곤 합니다. 그러나 보편적인 사람의 집단이 유구한 세월에 걸쳐 체험한 사실 자료를 모집단으로 하는 상식은 통계적 진리에 가장 가깝지 않겠습니까?"

"그렇다면, 보편적 다수와 특별한 개인이 겹치는 틈새나, 상식과 비상식의 접점과 갈피나, 과학과 초현실이 겹치는 접점과 억겁과 찰나가 겹치는 틈새나, 그 경계와 접경에서 발생하는 특이한 현상은 어떻게 평가해야 합리적입니까?"

"무슨 말씀인지 잘 모르겠으나, 그런 틈새나 접경에서 발생하는 현상일수록 통계적으로 분석하고 평가해야 되잖겠습니까?"

"아시는 것처럼, 제가 공학박사 학위를 받은 후 국책 연구원에서 10년 넘게 근무하다, 마흔에 신학교에 갔습니다. 제가 모태신앙이었지만, 성도님처럼 주님의 이적과 부활을 믿지 못하는 상태로 - 효도한다는 마음으로 어머니를 따라 교회에 나가다 보니 - 몸만 교회에 가는 날과 신앙적 갈등도 점점 많아졌습니다. 그러던 15년 전쯤의 어느 날, 저는 저의 눈과 기억을 의심할 수밖에 없는 사건을 겪었습니다. 그 이후, '내 눈으로 보고도 믿을 수 없다면, 보이지 않아서 믿지 않는 행위도 불합리하다.'라는 결론에 이르렀고, 많은 생각 끝에 직장생활을 접고 목회자의 길로 들어선 겁니다."

〈정자에서 사라진 여인〉

"신학교에 가기 전 어느 늦은 여름날이었습니다. 혼자 드라이브를 나섰다가, 처음 가는 운일암반일암 계곡으로 들어섰습니다. 차량도, 사람도 드문 평일의 한적한 계곡 길 왼편에 정자가 보였습니다. 오른편으로는 영불사라는 이정표가 있는 삼거리였지요. 간이 주차장에 주차하고, 도로 건너편 정자에 가려다가 횡단보도가 없어서 머뭇거렸습니다. 그때, 제가 가던 방향에서 정자를 끼고 왼쪽으로 돌아가는 길의 뒤편 모퉁이에서 흰색 웃옷에 쥐색 치마를 단정하게 입은 사오십 대의 여인이 걸어 나오더니, 정자를 끼고 도는 얕은 내리막 갓길로 약 30m 정도를 걸어서 정자에 오르는 계단 입구로 들어갔습니다. 마침 지나는 차가 없어서, 저는 양방향 1차선 도로를 건너서 방금 여인이 들어간 계단을 통해 정자로 올라갔습니다. 정자는 대략 7, 8m 높이의 커다란 바위 위에 지어졌는데, 길에서 정자까지 오르내리는 계단은 하나였지요. 그런데 정자 위엔 방금 올라간 여인은커녕 아무도 없는 겁니다. 정자가 지어진 바위 한쪽은 높이가 10m 정도의 벼랑 아래로 물이 흘렀고, 방금 올라간 여인이 몸을 숨길만 한 구석은 전혀 없었지요. '이상하네?' 싶어서 샅샅이 둘러보고 살펴봐도 다른 통로도, 몸을 숨길 데도 전혀 없는 정자와 주변의 구조였습니다. '이럴 수도 있나!' 두근거리는 가슴을 심호흡으로 가라앉히며 정자와 바위 둘레를 또다시 살펴봐도 아무 흔적도 없었습니다. '도대체 이게 무슨 상황이람? 내가 귀신을 보았단 말인가?' 싶어 머리카락이 쭈뼛했습니다.

<착시인가? 환상인가? 귀신인가?>

"방금 정자로 올라간 여인이 사라졌다는 말씀이지요?"

"그렇습니다. 도저히 믿을 수 없어서, 다시 계단을 오르내리며 정자 주위까지 샅샅이 살폈으나 아무도 없었습니다. 어쩌다 정자 아래의 웅덩이로 떨어질 수도 있어서 살펴봤으나, 계곡물이 말랐기에 그 여인이 추락해서 물에 잠겨 보이지 않을 물의 깊이도 아니었습니다. '밝은 대낮에 이럴 수는 없다!' 싶어, 세 번째로 올라가 뒤지듯이 살폈으나 어떤 흔적도 없었습니다."

"보셨다는 그 여인은 일종의 착시나 환상이 아니었을까요?"

"저도 그런 생각이 들었습니다. 차에 돌아와서, '이게 무슨 일이람? 지난밤에 술을 먹었거나, 잠을 못 잔 것도 아니잖은가? 혹시 착시나 환상이었다면? 구약성경의 선지자들에게 통찰의 형태로 나타나는 예지적 환상 따위처럼 어떤 대상에 대한 숭배와 염원과 집착이나, 결핍 의식 따위가 강렬하고 지속적일 때, 그 대상의 이미지가 착시나, 계시적 현상으로 나타날 수 있을 것이다. 그러나 꿈에서도 본 적 없는 차림새의 여인이 너비 8m 정도의 차도 건너편 갓길을 따라 40여 초 동안 걸어서 정자로 올라가더니, 불과 30여 초 만에 사라진 현상은 뭔가?' 싶어 가슴이 계속 두근거렸습니다. 차로 돌아와서, '내가 정녕 귀신을 본 걸까? 근처의 영불사에 가서 스님과 상담해 볼까?' 하다가, 다시 한번 정자와 둘레를 살펴봤지만, 그 누구의 흔적도 없었습니다. 집에 돌아올 때까지 '귀신이 아니고서야?' 싶은 마음이 진정되지 않아서, 내내 시속 40km 정도로만 운전해야 했습니다."

〈개인과 다수, 초현실과 현실의 접경과 갈피〉

"그 이후, 그 사건을 두고 많은 생각을 했습니다. '첫째, 그 여인을 바라본 초현실적인 체험은 나 혼자 본 것이니, 개인과 다수의 틈새, 주관적 의식과 객관적 실재의 틈새, 상식과 비상식의 틈새, 과학과 초현실의 틈새나, 그 경계와 갈피에서 발생한 현상이라고 치자. 둘째, 내가 본 것이 신기루라고 치자. 그런데 그 여인이 8m 정도 건너편의 차도 갓길을 40여 초동안 걸어서 정자로 오르는 계단 입구로 들어가는 신기루를 본다는 게 가능할까? 셋째, 내가 어쩌다 타임머신에 실려서 과거 언젠가 그 여인이 정자 곁을 40여 초를 걸어가던 그 장면을 바라봤다? 넷째, 과거 언젠가 그 여인이 걸어가던 광경이 시간과 공간의 화석처럼 주위의 어느 물체에 신기루의 원리 따위로 저장되었다가, 우연히 재현될 물리적 조건이 형성된 그 시각의 거기에 있던 내 눈에 띄었다? 그러나 어떤 경우도, 그 여인이 귀신이든, 신기루든, 시간과 공간의 화석이든, 내가 경험한 사실은 변함없다. 설령, 귀신이었을지라도 나 혼자 보았기 때문에 내가 그날, 그 시각, 그 장소에서 그 여인을 본 사실이 없어지는 게 아니다. 그렇다면, 주님의 이적과 부활이 초현실적이라서 부정한대도 허구가 되지 않거니와, 초현실적이라서 기독교의 가치를 부정할 수도 없다. 반드시, 그 초현실과 현실의 접경과 괴리의 갈피가 있을 터이니, 꼭 그 갈피를 찾아 괴리를 극복하자!'라는 각오로 제가 신학에 입문한 겁니다. 그런 면에서, 성도님한테서 그 사건을 체험하기 이전의 제 모습이 자꾸만 떠오릅니다."

〈예수가 선동과 투표조종모델로 악용될 소지〉

"목사님 말씀이 이해는 됩니다. 다만, '신세대'에게 전도할 때일수록 상식적 설명이 필요하다는 겁니다. 그리고 주님께서 오병이어로 군중의 먹거리를 해결한 사례는, 국가적 난제일지라도 지도자가 진솔하게 국민의 이해를 구하고 참여의 동기를 부여하면, 얼마든지 해결할 수 있다는 모범 사례라고 생각됩니다. 그런 면에서, 문득 오병이어에 대한 저의 해석이 교활한 모리배들에게 악용될 수 있다는 일종의 책임감이 떠오릅니다."

"대장동 개발을 직접 설계했다는 사람은 '노벨한테 전쟁 파괴력의 확대 책임이 없다.'라고 했는데, 성도님은 다르군요?"

"네, 주님의 이적에 대한 저의 해석이 보편타당하다면, 그 주님의 군중 설득 사례가 '정략적으로 군중을 호리는 교활한 술책'으로 악용될 가능성에 대한 염려가 떠오른다는 말씀입니다."

"오병이어의 이적을 베푼 주님이 그 군중에게 되레 죽임을 당했다는 사실에서 군중은 선동에 취약하다는 것이고, 그런 군중을 호리려는 사람이 있다면 오병이어의 이적을 이룬 주님의 연설이 '군중 선동'에 악용될 수 있다는 면에서, 이적을 색다르게 해석한 죄책감을 느낀다는 말씀이지요?"

"네, 오병이어 이적을 주님의 말씀에 감동된 군중의 '자발적인 먹거리 나눔 행사'로 해석할 수 있는 반면에, 선동에 현혹되기 쉬운 군중을 호리려는 '드루킹 따위의 여론조작 투표조종모델' 따위로 악용될 소지가 있다는 생각에, 어렸을 때 한번은 제가 귀신을 그려놓고 몹시 무서워했던 기억이 떠오릅니다."

〈선동된 다수(직접민주주의)가 범하는 오류〉

"그런 우려는 정치에 대한 과도한 불신 탓에 생길 겁니다."

"어려운 이웃에게 자기의 소유를 나누는 공동체 의식을 가르치고 실천한 사례는 예수님 이전에도, 이후에도 많았지요. 문제는 '다수는 정의라는 프레임'에 선동된 다수가 '자발적 직접민주주의 주체'라고 의식화될 때, 그 결과는 사악한 욕구와 수단으로 이어졌다는 겁니다. 가령, 다수를 수단으로 집권한 히틀러, 스탈린, 모택동과 폴 포트 따위가 정의로운 통치는커녕 무수한 목숨을 앗는 엄청난 범죄를 저지르지 않았습니까?"

"다수를 수단으로 삼으려면 편을 갈라 상대방을 악으로 규정할 필요가 있기 때문이며, 그런 선동으로 승리했을 땐 마치 성전(聖戰)으로 합리화하듯 선동 주동자도, 선동된 군중도 승리로 상대방의 악이 검증됐다는 순환 논법에 매몰된다는 말씀인가요?"

"선동된 다수가 범한 오류의 사례로 소크라테스와 주님의 죽음이 있고, 군중의 변덕이 초래한 사례로는 아테네 시민의 지지로 살라미스 해전에서 승리했으나, 정적에게 선동된 같은 시민에 쫓겨 자살한 테미스토클래스가 있잖습니까? 가령, 가야파에게 선동되어 '예수를 죽여라! 뒷감당은 우리와 자식들이 하겠다!'라고 외친 군중 속에 갈릴리 호숫가에서 주님께 열광하며 오병이어 감격을 누린 사람이 없겠습니까? 또, 나귀 타고 예루살렘 성에 들어오는 주님께 종려 가지를 흔들며 '호산나!'를 외친 사람이 없겠습니까? 가야파의 후예 같은 선동꾼들은 여럿의 목소리에 귀 얇고, 변덕스러운 군중의 속성을 노린다는 겁니다."

〈개 눈엔 똥만 보이듯 예수도 괴벨스로만 보일라〉

"가야파 따위의 모리배가 군중을 선동하여 다수를 점하곤, 민주적 절차와 수단인 다수결로 주님을 처형했다는 거지요?"

"네, 포도주가 떨어져 애타는 주인의 사정에 양해를 구하는 주님 말씀에 감동해서, '포도주가 모자라면 물을 좀 타면 되지, 웬 걱정이냐?'라며, 이구동성으로 자신들의 넓은 도량을 뽐냈을 사람들이죠. 또, 갈릴리호숫가에서 불쌍한 이웃에 귀한 음식을 나누는 오병이어의 기쁨을 누리며 주님을 열렬히 찬양하고도, 선동에 휘둘려 '예수를 죽여라!'라고 부르짖은 사람이 없잖았을 것처럼, 다수여서 옳다는 여론조작과 선동 따위로 결집한 다수결에 정의가 매몰된 사례가 동서고금에 즐비하다는 겁니다."

"주님을 찬양하던 군중이 주님을 죽인 사례에서 다수를 신뢰할 수 없다는 말씀이고, 주님의 가르침이 사악한 정권 창출이나, 연장 도구로 악용될 염려 때문에 께름칙하다는 거지요?"

"네, 일부에서 제기하는 의혹대로 촛불 선동 통진당 잔당과 주사파가 드루킹 따위의 여론조작 협잡꾼과 야합한 부정선거로 장악한 정권과 절대다수 의석이라면, 하향 평준화한 인민의 권리와 자유를 국가에 귀속시킨 북한 정권과 16개 상임위원장을 독식하는 의회 독재가 다를 게 뭐냐는 겁니다. 그런 터라서, 보수와 진보를 막론하고 국민을 좀비 집단으로 세뇌하여 정권을 도모하려는 누군가가 있다면, '개 눈에 똥만 보인다.'듯이, 군중의 집단적 감동을 자아내어 오병이어의 이적을 이룬 주님까지도, 고작 정권 도모에 요긴한 선동기술자 괴벨스 따위로 보일까 봐 께름칙한 겁니다."

〈진리와 돈과 권력이 널 자유롭게 하리라〉

"별의별 상상을 다 하시는데, 헛구역질이 가셔지겠습니까?"

"맹물을 포도주로 만들고, 죽은 자를 되살리고, 오병이어 이적과 부활을 이해하려고 바동거리는 제 맘을 헤아려 주세요."

"저의 경험으로 보아, '진리가 너희를 자유롭게 하리라.'는 말씀을 늘 묵상하시면 헛구역질 완화에 도움이 될 겁니다."

"진리가 자유롭게 한다는 말씀을 들으니, '돈은 주조된 자유'라던 도스토옙스키가 떠오릅니다. 안 그래도, '무전유죄 유전무죄'라는 세상엔 진리보단 돈이 자유를 퀵서비스 할 겁니다. 목사님 말씀처럼, 저만 해도 돈이 많다면 내키잖는 환경을 피해 해외로 훌쩍 나가기도 할 테니, 헛구역질에서도 자유롭겠지요."

"성도님은 보기 싫은 대상 때문이 아니라, 그 대상을 보기 싫어하는 성도님 자신을 피할 수 없어서 헛구역질하는 겁니다."

"진리가 부자를 만들어 주진 못하지만 자유롭겐 해 준다.'라는 말을 뒤집으면 부자는 자유롭다는 말이니, 진리는 돈의 다른 이름이고, 자유는 돈이 만들어 내는 최대의 효용이겠지요. 15개 범죄혐의에도 사퇴를 거부한 전임 장관이 변호사를 18명이나 선임한 사례며, 대법관과 재판거래 혐의를 받는 대선후보도 돈과 권력이 진리보다 더 자유롭게 한다는 명백한 반증이 아닐까요? 결국, 자유는 진리와 돈과 권력의 교집합이기 때문에 권력을 확대 재생산하려고 부정선거조차 서슴잖을 테고, 권력의 확대 재생산 비용을 마련하려고 대장동 개발계획 따위를 기획했다는 의심도 꽤 합리적이지 않겠습니까?"

⟨갈라치기로 책임을 회피하지 말라⟩

"세상이 어지러워도, 진리를 행하는 마음은 자유롭겠지요."

"주님의 진리를 깨달으려고 돈과 진리와 자유를 생각하니, 성직자들조차 주님의 진리대로 살지 않는 터에, 제가 주님의 진리를 알면 알수록 헛구역질은 더 심하겠다 싶은 겁니다."

"?··· 성도님 생각이 정 그러시면, '진리가 돈이든, 진리보다 돈이 너를 자유롭게 하리라.'든 성도님 맘대로 생각하세요! 안 그래도 요즘처럼 나라가 갈라질 판이라면, 진리와 정의의 기준도 진영논리가 반영된 국회의 다수결로 결정할 수밖에 없잖습니까? 이를테면, 왜 한 사람의 법무부 장관을 두고도 왜 광화문과 서초로 나라가 동강 났겠으며, 우리 민족의 영웅인 독립운동 열사들을 일본은 왜 흉악한 테러리스트로 규정하겠습니까?"

"저는, 주님이 가르친 진리 실천에 앞장서야 할 성직자의 책임을 말씀드린 건데, 목사님은 정치권처럼 편 가르기로 책임을 회피하시는 듯합니다. 가령, 참혹한 전쟁이며, 9.11 테러, 대지진 등의 참상을 바라보며 '이 처참한 종말에 믿을 건 하나님밖에 없다!'라고 울부짖는 기독교도가 있는가 하면, '하나님은 없는 게 확실하다! 이 참상을 설계하고 방관하는 하나님이라면 창조주는커녕 도저히 용서 못 할 악귀가 아니냐!'라며 엄청난 분노와 저주를 퍼붓고 무신론자가 된 기독교인도 있을 텐데, 정치판처럼 갈라치기로 성직자로서의 답변을 회피하시겠습니까?"

"성도님은 주님의 가르침과 세상의 부조리를 항상 겹쳐서 바라보며 확대하는 습관 때문에 헛구역질을 달고 사는 겁니다."

〈자석에 와락 달라붙는 쇳가루 같은 헛구역질 거리〉

"제가 남다른 습관이 있다는 말씀은 이해됩니다."

"그런 습관은 성도님의 사회적 역할을 벗어나는 분야에까지 관심하기 때문에 생깁니다. 가령, 가시 많은 나무엔 늘 뭔가 걸리는 것처럼 성도님의 다양한 관심이 마음의 가시 같은 레이더가 되어, 엔간한 시사 관련 뉴스는 죄다 자석에 와락 달라붙는 쇳가루처럼 성도님의 헛구역질 거리로 걸려드는 현상입니다."

"저의 분수에 맞는 생각만 하라는 말씀이지요?"

"지금도 보면, 성도님은 상대방의 말뜻을 두 가지 이상으로 추정하곤, 그 결과를 확인하는 습관까지 있어 보입니다. 결국, 성도님은 제가 한 말에 대한 성도님의 생각을 확인하는 생각을 하는 거지요. 그러나 제 생각일 뿐이니 괘념하진 마세요."

"'괘념'이란 말을 들으니 갑자기 구역질이 올라옵니다."

"아무리 그래도, 제 말에 구역질이 난다니요?"

"그게 아니라, 외국이며 오피스텔에 여비서를 수행시키며 '괘념치 말라.'며 잔뜩 괘념하게 하다 망가진 전직 도지사가 정작 괘념했더라면 유력한 대통령 후보가 됐을 텐데 싶어섭니다."

"지금도 또 헛구역질 거리가 딱 걸렸잖습니까! 그 쓸데없는 '괘념'이 바로 헛구역질 거립니다. 성도님의 체험을 기억, 추리, 판단, 의지, 선호, 혐오, 희망 등의 뿌리, 줄기, 이파리 따위로 구성된 마음 나무라고 한다면, 그 나무에 헛구역질을 일으킬 각양각색의 괘념 열매가 주렁주렁 매달려, 처마 밑 풍경이 살랑바람에도 흔들리며 소리 내듯이 헛구역질을 일으키는 겁니다."

〈괘념 열매가 달리는 나무의 정원사〉

"저마다 자기의 마음 나무를 관리하는 정원사란 말씀이네요?"

"네, 성도님의 마음 나무에 헛구역질 열매가 주렁주렁 매달렸다고 상상해 보세요. 그 헛구역질 열매를 일일이 솎아낼 수 있겠습니까? 또, 어떤 걸 솎아내겠습니까? 가령, 오랜 신앙생활에서 생긴 종교적인 괘념 열매는 단박에 솎아낼 순 없을 겁니다. 그런데 혹시 성도님의 가족이나 친인척이 정치합니까?"

"그런 거 없습니다."

"그것 보세요. 성도님은 정작 괘념하지 말 것을 괘념하기 때문에 안 해도 될 헛구역질까지 하는 겁니다. 이를테면, 정치적인 문제에 왜 괘념합니까? 성도님이 왜 '보수와 진보가 끊임없는 소통으로 정치 품격을 높여야 국격이 높아지네, 마네.' 따위를 괘념하냐는 겁니다. 그런 괘념은 대통령이나 장관, 국회의원, 검찰총장, 또는 정치 관련 사업가나, 금융 사기꾼 따위한테나 어울리는 거지요. 바꿔 말하면, 성도님의 마음 나무에서 성도님의 사회적 신분과 상관없는 정치적 괘념 열매가 열린 가지만이라도 잘라낸다면, 헛구역질 거리가 확 줄어들잖겠습니까? 그러나 뭐 사람마다 세상의 주인이니까, 성도님이 그런 주인행세를 하더라도 다른 사람에게 피해만 끼치잖으면 비난할 건 아니지만, 결국은 성도님의 헛구역질만 더 늘어나겠지요."

"일개 백성인 제가 정치에 관심을 가져서 주제넘고, 그런 제가 저의 주인이라는 말씀은 제 말이 듣기 싫다는 거지요? 주님은 성도를 비꼬는 목사님을 어떻게 평가하실지 궁금합니다."

〈가야파 닮는 집권 계층의 의도〉

"성도님의 헛구역질은 대부분 전혀 괘념하지 않아도 될 정치적 괘념 때문에 생긴다는 말인데, 자꾸만 넘겨짚으시네요?"

"자꾸만 반박하고 깐족댄다고 하실까 봐 여태껏 참았는데, 넌지시 또 정치를 빗대시니, 저도 정치적인 질문을 하겠습니다."

"?… 말씀하시지요?"

"목사님 말씀은 '저의 마음 나무에서 정치적 괘념 열매가 열린 가지를 잘라내라. 정치적인 관심이나 걱정은 대통령이나, 국회의원이나, 정치 관련 사업가쯤이 할 일이라서, 제가 정치적으로 괘념하는 게 주제넘다.'라는 거잖습니까? 가령, 정치인이나 정치 관련 사업가 따위가 아닌 일반 국민이 세상의 안타까움을 공감하고, 걱정하고, 봉사하고, 기부하면, 주제넘겠네요? 결국은 '의사도, 왕도, 제사장도 아닌 예수가 주제넘게 환자를 고치고, 죽은 사람을 살리며, 오병이어로 먹거리를 해결하고, 맹물로 포도주를 만들어 국민의 기호까지 만족시켜서 국가와 사회적 신분과 역할 분담 질서를 어지럽혔으니, 죽여야 한다!'라는 제사장 가야파의 논리나, 독재자의 우민화(愚民化) 정책과 무엇이 다릅니까?"

"성도님! 의사가 환자에게 금연하라고 했다 칩시다. 그런데 환자가 '덩샤오핑은 시가를 물고도 93세까지 살았는데, 내가 덩샤오핑과 뭐가 다르냐?' 어쩌며 깐족대면 의사가 뭐라 하겠습니까? 성도님 얘길 듣다 보면 상대의 말을 비틀고 깐족대는 유전자가 있잖나 싶습니다. 그런 면에서 성도님 증상은 말꼬리 잡아 깐족대다 제풀에 헛구역질하는 정신적 자가면역 질환입니다."

〈하나님 유전자를 찾아 역설과 깐족 넘나들기〉

"저의 역설적인 말투가 굳이 깐족대는 유전자 때문이라면, 그건 하나님이 물려준 유전자이고, 비난보단 칭찬받아야 할 겁니다. 그런데 목사님은 자녀들과도 이런 식으로 얘길 하시나요?"

"아니? 왜 난데없이 자식들을 끌어들입니까?"

"자식들 얘기는 목사님이 먼저 꺼내잖았습니까?"

"제가 언제 자식들 얘기를 꺼냈다는 겁니까?"

"목사님이 '내일은 오늘을 사는 나의 내세다.'라고 하셨으니, 내가 죽은 다음의 시간은 내 자식이 살아가는 나의 내세이자, 곧 자식들의 인생이란 말씀이잖습니까?"

"?… 뭐, 일단, 그렇다고 치고요?"

"목사님은 또 '조상도 하나님도 똑같이 안 뵈는데 조상의 존재는 믿으면서 왜 하나님은 못 믿느냐?'라고 하셨습니다."

"네, 그런데 깐족대는 유전자가 왜 칭찬받아야 합니까?"

"저는 서로 모순되는 목사님과 저의 제 생각을 융합하려고 죽을힘을 다해 역설과 깐족임 경계를 넘나드는 겁니다. 가령, 목사님 말씀대로 지금부터 시간 필름을 거꾸로 되돌리면 조상에 이르고, 끝까지 되돌리면 인간을 지은 하나님께 이를 테니, 우리 몸엔 하나님과 조상의 유전자가 굼실거릴 겁니다. 그런 터에, 주님은 '악한 아비일지라도 자식에게 좋은 것을 주려 하거늘 하나님 아버지께서야 너희에게 오죽이나 좋은 것을 주겠느냐?'라고 하셨으니, 만약에 하나님이 물려준 깐족 유전자가 비난받을 것이라면, 주님과 하나님이 얼마나 난감하시겠습니까?"

〈종교와 정치 부조리 진화를 따라 헛구역질도 진화〉

"허! 참, 유전자 얘긴 아닌 듯한데, 뭘 얘기하고 싶으세요?"

"10억 년쯤 후엔 지구의 수명이 끝나는데, 인류가 이사할 만한 행성 중 가장 가까운 게 4광년이랍니다. 4광년 거리에 사람이 살 만한 행성이 아무리 많은들 무슨 소용이겠습니까? 그런데도 인류는 영생 본능으로 제2 지구 탐사를 계속합니다. 지금의 운송 수단으로는 인간의 몸으로 갈 수 없더라도 언젠가는 사람과 개, 식량 따위의 유전자를 제2 지구에 보내서라도 인류를 이어 갈 겁니다. 또, 지구의 역사와 종교도 제2 지구로 보낼 겁니다. 그러나 제2 지구행 티켓을 원하는 신들은 혹독한 검증을 거칠 겁니다. 하나님 또한 과학과 융합하여 '인류를 태워 갈 우주선의 예비 엔진' 같은 필수적 존재임을 입증하지 못하면 제2 지구행 목록에 결코 오르지 못할 겁니다. 하물며, 정통 교단이 고루하고 부실해서 창궐하는 이단에 의해 품격이 훼손되거나, 사망에 이르는 하나님을 왜 혁신할 생각조차 안 하는 겁니까?"

"성도님 말대로 하나님이 혁신되면 헛구역질이 떨어질 것 같습니까? 성도님은 헛구역질의 핑계를 찾다가 막히니까 하나님의 유전자 탓이라는 핑곌 지어낸 겁니다. 그런 핑계는 하나님이 필요하다고 믿는 성도님의 순환논법적인 의지를 신앙심이라고 착각하니까 생기는 겁니다. 반면에 종교와 정치 부조리는 끝없이 진화할 테니, 성도님의 헛구역질 핑계도 진화할 겁니다. 결국, 성도님은 '주님이 겟세마네 동산에서 피땀 흘려 결단하신 뜻'을 온전히 깨치기 전엔 헛구역질을 못 떨굽니다!"

〈존재 시점과 무관한 하나님과 착한 사마리아인〉

"저의 신앙이 '하나님의 필요나 부채 의식에 따른 동어반복적 의지'라면, 목사님도 어차피 '하나님이 계신다는 목사님 자신을 믿는 순환논법적인 신앙'일 터인데, 저는 그 차이를 모르겠습니다."

"인간적인 필요를 신격화한 인격적 하나님이라면 - 인간적 욕구의 경향 따위가 변하면 - 그 하나님도 따라 변할 텐데요?"

"저는 하나님의 필요성이 아니라, 존재 시작 시점과 무관한 하나님의 존재 당위를 믿는 겁니다. 목사님처럼 하나님이 계신다고 믿든, 저처럼 존재 당위를 믿든, 하나님의 존재 목적과 효용이 달라질 이유가 없어야 한다는 겁니다. 가령, 착한 사마리아인처럼 약자를 돌보고 병자를 고치는 사람이 기독교도면 어떻고, 이교도면 어떻고, 인류 복지와 영생이라는 궁극적 목적과 수단으로써의 하나님이라면 창조주든, 인간의 철학적인 발명품이든 무슨 차이가 있겠습니까? 그리고 주님 말씀대로 '자식에게 좋은 것만 주고 싶은 부모와 조상으로서의 하나님'이 왜 안 계시겠습니까? 다만, 인류 복지를 위한다는 종교와 정치의 본래 목적은커녕 부조리와 살육 전쟁도 불사하는 자가당착을 일삼는 세상에서 기독교가 착한 사마리아인 역할로 선한 영향력을 펼치라는 겁니다. 주님께서 '그날에는 내가 아버지 안에, 너희가 내 안에, 내가 너희 안에 있음을 너희가 알리라.'라고 하셨듯이, 주 하나님을 마음에 모신 성직자와 성도가 교리의 본질인 사랑의 빛과 소금 역할을 구체적으로 실천해야 하나님의 존재와 효용을 세상 사람들이 그나마 수긍하고 우러르며 따르잖겠습니까?"

〈신앙적 융합으로 누리는 공생적 현존〉

"성도님 생각은 '하나님은 필요할 때 찾으면 얼른 나와야 하는데 그렇잖으니, 성직자가 이 세상의 빛과 소금이 되는 봉사와 희생으로 하나님이 할 일을 대신해라.'라는 거잖습니까?"

"기독교의 한계효용이 급감하는 추세를 극복하려면 호되게 혁신하라는 겁니다. 주님이 주창하신 기독교가 버전 1이라면, 이후의 개혁으로 겨우 두 자릿수 버전쯤 될 겁니다. 그렇게 혁신을 뭉그적댄 기독교에 비해 과학은 엄청나게 개정되었습니다. 그리고 기독교와 과학의 혁신 속도와 버전의 차이가 클수록 사람들 마음속의 하나님은 작아졌습니다. 하물며, 10억 년 후의 사람들 마음에서 하나님의 흔적이라도 찾을 수 있겠습니까?"

"하나님이 사람의 마음속에만 존재한다는 논리가 아닙니까?"

"주님도 '하나님은 산 자의 하나님이며, 살아있는 내 안에 하나님이 있다.' 하셨으니, 우리 맘속에 하나님과 주님을 모시는 거잖습니까? 이런 사실을 뒤집으면 사람이 곧 하나님이니, 사람이 죽으면 하나님도 죽고, 성도가 없으면 교회도 사라지는 거지요. 주님은 사람과 하나님이 신앙으로 융합돼야만 공생적 현존을 누릴 수 있음을 잘 아셨기에 '유대교가 당장 혁신하지 않으면 유대도 하나님도 멸망할 것'이라는 절박함으로 당신의 몸을 내주셨다고 이해됩니다. 하물며, 성도가 꽉꽉 줄어드는 위기에 주님을 본받아 십자가를 지는 혁신은커녕 엉뚱할 정도로 고리타분한 성직자들의 행보에 헛구역질 난다는 말씀입니다."

"성도님의 헛구역질은 목적과 수단이 헝클어진 탓입니다."

〈신앙생활은 마음의 벌거숭이로 살기〉

"제 생각의 갈피가 사라졌으니, 목적과 수단이 헝클어진 것은 맞습니다. 그러나 그게 저의 헛구역질과 무슨 상관입니까?"

"성도님은 왜, 어떻게 살며, 또 어떻게 죽을 것인가를 생각해 보셨을 겁니다. 가령, 성도님이 지금 임종하기 직전이라면 한가하고, 사치스러운 헛구역질이 나올까요?"

"또, '사람은 매일 죽고, 매일 부활한다.'라는 말씀입니까?"

"나를 바라보는 누군가가 있든, 없든, 같은 생각과 행동을 해야만 진리에 가까운 삶이라는 말씀입니다. 성도님이 수영장에서 오줌이 마려운데 화장실 갈 형편이 영 아니라면, 슬며시 흘리기도 할 겁니다. 그러나 성도님의 마음속까지 바라보는 눈이 있다면, 오줌 흘리긴커녕 허튼 생각조차 못 할 겁니다."

"하나님과 주님 앞에 마음의 벌거숭이로 서라는 말씀입니까?"

"왜, 어떻게 살 것인가?'라는 목적과 수단을 주님 앞에 벌거벗기자는 말씀입니다. 제가 연구원을 그만두고 신학을 하려고 기도실에서 일주일을 기도해도 응답이 없어 돌아보니, 기도 목적과 수단이 헝클어진 탓이었습니다. 한참 후, '주님의 제자가 되어 재림하실 주님 역할을 대신할 목적과 수단으로 신학교에 가려고 한다.'라는 생각에 이르자, 눈을 감았는데도 갑자기 환해지더니, 저만치서 주님이 다가오셨습니다. 그러나 가까이 오실수록 점점 두려워서 그만 눈을 뜨고 말았습니다. 주님 앞에 나의 목적과 수단을 온전히 발가벗기지 못했기에, 아직은 내가 감히 주님을 영접할 준비가 안 되었기에 주제넘고, 두렵다는 생각 때문이었습니다."

〈국제규범의 하나님으로 혁신하기 위한 십자가〉

"성직자의 신앙 목적과 수단을 발가벗긴다는 것은 회개와 혁신의 끝을 본다는 것이고, 그 끝엔 순교할 의지와 자격만 남아 하나님과 한 몸이 될 겁니다. 이를테면, 네부카드네자르에게 예루살렘 성전이 초토화되고, 바빌론 유수를 겪는 참담한 현실은 유대의 하나님 야훼가 바빌로니아의 신 마르두크에게 완패한 결과였기에, 그 야훼는 유대인의 맘속에서 죽었습니다. 이후, 키루스 대제의 '만국 인권선언'으로 노예들이 귀국하고, 구약의 재정비로 야훼를 소생시켰습니다. 그러나 위정자와 성직자의 부패와 거듭된 외세의 압제로 또다시 도탄에 빠진 유대인의 맘속에서 야훼는 또 소실됩니다. 그대로라면 유대도, 야훼도 또 파멸할 것을 예견한 주님은 제사장에게 '야훼 회복을 위한 혁신'을 요구합니다. '대접받으려는 대로 대접하고, 죄 없는 자만 돌 던지고, 약자를 배려하는 정의가 이뤄져야 유대인의 맘속에 야훼가 복원되기 때문이었습니다. 그러나 제사장이 혁신을 거부했기에 주님은 야훼의 아들과 유대 왕을 자처해서 목숨을 내주셨습니다. '야훼는 유대(人類)를 위해 아들도 희생한다.'라는 야훼의 존재 이유를 증빙해야 유대인 맘속에서 소실된 야훼가 회복될 터라서, 그 끝없이 처연하나 거룩하기 그지없는 십자가를 지셨기에, 토속신 바알에게 시달리고, 바빌론의 마르두크에게 혹독하게 완패하고, 제우스에게 예루살렘 성전 부지를 내줬던 유대 부족 신 야훼가 혁신되어, 마침내 로마의 내로라하는 신들을 평정한 국제 버전 제1호 하나님이 되었다는 생각입니다."

〈인류 영생의 키와 원동력인 우주적 규범의 하나님〉

"성도님은 종교와 정치 부조리 때문에 헛구역질이 치받쳐서 괴롭다며 신앙상담을 요청했습니다. 그러나 정작 저의 얘길 듣긴커녕 교리까지 맘대로 재단하면서 하나님을 혁신하라니, 뒤집어 들으면 성도님이 하나님을 창조하겠다는 말이잖습니까?"

"제가 감히, 교리의 합리성 여부를 재단하려는 게 아니라, 제가 말장난한다는 목사님께 그게 아니라는 근거를 설명하려니까, 그런저런 생각이 들어서 말씀드린 걸 아시잖습니까?"

"그렇다면 성도님의 하나님과 주님은 어떤 존재이기에 주님을 혁신판하나님의 창조주라는지 말씀해 보시지요?"

"저의 하나님은, 주님이 몸소 희생하심으로써 '유대의 부족 신 야훼를 국제규범으로 혁신해서 만방에 공표하신 하나님'입니다. 그렇잖다면, 저는 이천 년 전에 군중을 선동해서 주님을 죽인 가야파가 믿던 유대의 '옹졸한 부족 신 야훼'를 숭배하는 결과가 되기 때문입니다. 또, 그 이전에 부모의 부모이고, 조상의 조상으로서 저를 통해 살아 계시며, 장차 '우주적 규범이 되어 인류 영생의 키와 원동력이어야 할 하나님'입니다. 저의 주님은 맹물로 포도주를 만들고, 죽은 자를 살리고, 오병이어의 이적과 죽은 뒤의 부활과 무관한 분입니다. 당신의 목숨을 걸고 구약의 신화를 혁파하여 유대 부족의 신 야훼를 국제규범의 하나님으로 리모델링 한 분으로서 제 마음에 부활해 계시는 분입니다."

"성도님의 헛구역질은 괜히 긁어 부스럼 만들고, 과잉 소독으로 덧내는 정신적 자가면역질환이라서 저로선 처방이 없습니다."

운암거사의 처방전

〈2021. 11. 알렉산더를 닮을 기회를 놓친 대통령〉

목사님한테 또 내쫓긴 뒤, 운암거사를 다시 찾았던 기억

"욕지기는 어지간히 떨어냈느냐? 아니면 여전하단 게야?"

"욕지기가 심할 때만 찾아뵈어 면목 없습니다. 아시는 것처럼, 목사와 비행기 조종사가 택배와 대리운전하고, 견디다 못해 삶을 포기한 자영업자가 스물이 넘습니다. 세상이 오죽 어려우면 대통령 아들까지 코로나 지원금을 두세 차례나 받았겠습니까?"

"정당한 장학금이라도 양보해야 할 서울대 교수의 딸이 가는 곳마다 장학금 독차지해, 기회의 공정을 깨버리는 천박한 욕심을 부려서 나라가 동강 나는 생난리 치르고도 모자라 대통령 아들까지 버젓이 코로나 지원금을 수차례나 받다니, 여봐란듯이 공정한 정의를 내세웠던 자들의 천박한 속내가 역겹단 말이렷다? 그들이 지도층의 사회적 책임을 모를 리 없을 테니, 사람이 지구와 한 몸이라 자전을 못 느끼듯 '서울대 교수 딸과 대통령 아들이라서 장학금도, 코로나 지원금도 부당할 리 없다.'라는 교만과 한 몸인 자신의 그림자에 갇힌 탓인 게야. 네놈의 욕지기도 네놈은 틀릴 리 없다는 큰 교만의 산물일 테니, 제 그림자에 날뛰는 부케팔로스 꼴인 게야. 광화문과 서초에도 선동꾼에 휘둘려 내 편만 옳다고 흥분한 이가 적잖았을 게다. 여남은 살 알렉산더가 제 그림자에 날뛰는 말의 머리를 냉큼 해를 향해 잡아채서 진정시킨 것처럼, 대통령도 사태의 본질을 읽고 태극기와 촛불을 아울러야 했는데, 정작 제 그림자에 놀란 부케팔로스처럼 보수를 악과 적으로 규정했기에 알렉산더처럼 못했을 게야."

〈도덕과 정의의 국제규격 인증 요건〉

"神을 자처한 알렉산더가 훌륭한 까닭은 스승이었던 아리스토텔레스의 참견이 엄청 괘씸했으나 죽이지는 않았기 때문이야. 차제에, 네놈이 알렉산더의 힘을 가졌다면 난 벌써 네놈 손에 죽었을 게야. 설익은 자의 일탈 가능성은 그가 가진 욕망이나 권력과 비례하는 게야. 가령, 네놈이 황제라면 헛구역질을 일으킨 사람들이 목숨을 부지했겠으며, 그걸 말렸을 난들 성하겠느냐? 그들에게 죄가 있다면 네놈의 눈꾸녕에 띠인 죄야. 네놈이 구역질하고 안 하고는 힘이 없고, 있고의 차이야. 그들도 네놈과 똑같이 귀하고, 국가와 국가도 서로 똑같이 귀한 게야."

"내가 바라보는 적과 적이 바라볼 내가 같은 것처럼, 나라와 나라 사이의 상호주의와 상호작용을 말씀하시는지요?"

"정의는 약자가 강자의 양보를 끌어내기 위해서 '공유지의 비극을 초래할 공공재로 포장한 구걸 바구니'에 불과한 게야."

"힘이 없는 정의와 정의가 없는 힘에 대한 말씀인가요?"

"한때는 일본과의 무역전쟁에서 도덕적 우위로 극일(克日)하겠다더구나? 일본보다 우월한 도덕을 수출 상품에 얹어서 팔겠다는 게지? 그러려면 대한민국 도덕의 정성 정량적인 국제규격 인증이 필요한데, 대법관과 대통령들까지 감옥에 있는 나라가 무슨 재주로 국제도덕을 인증받겠느냐? 또, 암만 큰 도덕이라도 전쟁터에선 한 끼 분량의 전투식량만도 못할 테고, 세계는 늘 경제 전쟁터가 아니더냐? 그 경제전쟁을 주도한 힘센 트럼프가 정의나, 도덕이라는 약자의 용어를 한마디라도 입에 올리더냐?"

〈진영논리 따위로 회칠하는 무덤〉

"제가 모자라서 헛구역질하고, 저처럼 모자란 사람이 엄청난 권력을 잡으면 세상이 결딴난다. 그러니 광화문과 서초동의 대치며, 여야의 치열한 공방도 힘의 균형이 깨진 정의가 초래할 공유지의 비극을 막기 위한 최선의 겨루기란 말씀인가요?"

"모자라기는! 네놈의 헛구역질은 네놈이 통제할 수 없는 상대가 네놈의 욕구를 채워 주지 않는다고 화내기 위한 명분으로 부르짖는 '토착 왜구' 따위의 도식적 프레임인 게야. 너 같은 놈이 큰 권력을 쥐면 네놈이 했던 욕지기가 엄청 창피한 게야. 그래서 설익은 자들이 큰 권력을 쥐면 제 조상의 행적까지 미화하려는 역사 바꾸기 같은 짓거릴 하지. '현재를 지배하는 자가 과거를 지배한다.'라는 오웰의 말처럼 힘으로 과거를 정당화하려는 수작이지. 나는 서슬 퍼런 정보부장이던 김재규가 제 조상을 사육신에 끼워 넣는 역사 바꾸기를 기도했다기에, '민주주의를 회복하려고 대통령을 쐈다.'라는 그의 주장에 전혀 동의할 수 없었다. 유족이 재평가를 원했지만, 송장 썩는 무덤에 회칠하기인 게야. 덜 삭은 역정이라서 툭하면 욕지기하는 네놈의 주장이든, 개발독재와 친일 청산 명분이든, 장관 지명자를 과잉 수사했다는 명분이든, 그에 맞선 검찰의 법치 원칙의 명분이든, 검수완박 찬반 명분이든, 목적과 규범과 절차적 정당성이 명백하지 않으면, 아무리 화려하게 포장할지라도 '직무적 규범과 절차를 무시하고 불쑥 총질부터 해댄 김재규의 주장에 다수결이니, 진영논리 따위로 회칠하는 무덤'에 지나지 않는 게야."

〈혐오나 비난을 합리화할 글쓰기의 역기능〉

"제 생각이 그렇게까지 모자란 줄 몰랐습니다."

"달리 말하면, 네놈의 헛구역질은 네놈이 어쭙잖게 이해하는 상식과 정의에 거슬리는 부조리에 대한 설익은 자의 반발이야! 철 지난 이념과 지적 우월감을 투쟁 동력으로 삼았던 운동권이 고사리손과 유모차까지 동원한 촛불 숫자로 얻은 승리를 만끽하는 판에, 네놈은 어쭙잖은 역정을 못 참아서 욕지기하는 게야. 차제에, 치졸한 정의를 핑계로 자기 정당의 대통령을 탄핵하는 배신의 똥을 제 손으로 처바른 제 얼굴을 곁눈질하며 자기 자신에게 쫓기는 자들이나, 네놈이나 거기서 거긴 게야."

"드릴 말씀이 없습니다."

"가만있자, 나야 편하게 말하고 있다만, 깡마른 네놈을 보니 욕지기가 적잖이 힘든 모양이구나. 그렇게 생각의 갈피가 영 안 잡히면 글을 써 보려무나. 욕지기의 원인에서 결과를 생각하며 글로 정리하다 보면, 강박을 이끄는 생각의 줄기들이 아울러져서, 헝클어졌던 생각의 갈피가 웬만큼은 정리될 게야."

"그런 글을 쓰려면 타고난 재주 같은 게 있어야…"

"기도문을 작성하듯 써 보란 게야. 기도는 현황을 파악하여 목표를 설정하고, 대책과 수단을 찾아 현재의 문제를 공글리잖더냐? 네놈의 욕지기는 종교와 정치적 부조리에 대한 혐오 반응일 테니, 글로 정리하다 보면 조금씩 가라앉을 게야. 그러나, 혐오나 비난을 합리화할 이유를 찾는 글쓰기는 되레 욕지기를 도지게 할 게다."

"글로 정리하는 건 아무래도 능력 밖이라고 생각됩니다."

〈어쩌다 비록 한계상황에 이를지라도〉

"어허! 내 말이 이해는 됐는데 능력 밖이라니, 네놈은 욕지기를 유발하는 부조리를 대체할 새로운 질서의 갈피를 캐려는 용기 대신, 욕지기를 합리화할 구실만 찾는 게야. '해봤어?'라던 정주영씨가 불모지에서 이룬 업적에서 보듯 콜럼버스의 달걀이나, 코페르니칸 벤둥 수준의 역발상이 아니곤, 종교와 정치 개혁도, 네놈의 욕지기를 떨굴 처방도 없는 게야. 차제에, 어쩌다 한계상황이라 판단되어 막막할 때일수록 자기 생각에만 사로잡히면 원인에 관련된 사람에겐 의심과 원망도 커지고, 삶의 의미도 왜곡돼서 우울증이 격해지면 자살도 하는 게야. 오래전, 아픈 동생을 데리고 응급실에 갔을 때, 위 속의 농약을 씻겨 내느라 침대에 묶인 채 사지를 뒤틀며 비명을 내질러 역한 농약 냄새를 뿜어내는 웬 젊은이가 있더구나. 응급처치로 바삐 오가던 간호사들이 골이 잔뜩 난 목소리로 '저 인간이 두 번째 저 지랄이잖아!'라는 수군거림을 들으며, 그 젊은이가 두 번씩이나 제 생명은 물론 부모 형제와 주위 사람들을 버렸다는 생각에, 괘씸해 하는 간호사들 맘이 이해되었다. 그리고 죽으려는 생각에만 파묻힌 그 젊은이의 역발상이 없다면, 오늘 살려놓더라도 머잖아 또 약을 먹거나, 목을 매겠다 싶었다. 차제에, 자살하기까지 외로움과 고뇌가 얼마나 처연하겠나만, '혹여 사는 게 비록 치욕과 고통뿐인 한계상황으로 여겨질지라도 꾹 꾹 참아 견뎌야 할 일'이라는 생각이 들었다. 그날 밤, 그 젊은이를 되살리고 싶어 간호사한테 종이를 빌려서 적었던 얘기를 읽어 보려무나."

〈기어이 일을 저지른 개똥이〉

"개똥이가 농약 중독이래. 여기 시립병원 응급실이야."라는 전화에 핸드폰을 거의 떨어뜨렸다. 며칠째 마음에 걸렸던 녀석의 소식이라, 체념이 가라앉아 평소와 달리 차분한 덜렁이 목소리가 마치 '개똥이가 기어이!…' 라고 들렸기 때문이었다."

허둥지둥 택시에서 내려 응급실을 찾는데 향긋한 냄새가 확 풍겼다. 구내 상점 진열대엔 싱싱한 파인애플이 그득했다.

'그렇다! 녀석의 음독은 순전히 저놈의 파인애플 때문이다.' 작년 이맘때, 퇴근한 친구들이 모이는 '주막'에 녀석이 그녀를 데려왔다. 마침 '파인애플 품종개량'에 대한 논문 학기라며 모임에 몇 달째 안 나오던 녀석이 여자까지 데려온 건 뜻밖이었다. 자기의 생각 속에만 사는 듯한 엉뚱한 녀석이라, 친구들은 '개똥 철학자'를 빗대서 이름 대신 '개똥'으로 불렸던 평소의 녀석답게 그녀를 소개하지 않았고, 누구도 묻지 않았고, 녀석은 초대받지 않은 손님처럼 겉돌다, 언제인지 모르게 사라졌다.

그날 이후 녀석은 모임에 영 나오지 않았다.

친구들은 녀석이 여자에게 푹 빠졌다는 등의 억측을 해대며, 그녀에 대한 궁금증의 화살을 나에게 돌렸다.

"야, 네가 개똥이와 제일 가까운 사이잖아!"라는 친구들의 다그침은 귀한 정보의 독점에 대한 공공의 성토처럼 들렸다. 안 그래도, 몇 번쯤 녀석에게 그녀의 정체를 묻고 싶었지만, '네가 먼저 말하지 않는 한, 내가 먼저 그녀의 신분을 물어보진 않겠다.'라는 치기 같은 오기가 불쑥거려서 그만뒀던 터였다.

⟨궁하면 통한다⟩

지난주, "시간 좀 있냐?"라는 녀석의 전화가 왔다.

'주막'에서 기다리던 녀석의 얼굴엔 핏기라곤 없었다.

"야! 개똥! 드디어 파인애플 품종개량에 성공한 거야? 그런데 그 꼬락서니는 뭐냐? 개똥은커녕 쥐똥도 못 되겠다, 인마!"

'이 녀석이 마약을 했나?' 싶도록 눈동자가 풀려있었다.

"야! 세상이 끝난다는 뉴스라도 들었냐? 말을 해야지!…"

녀석이 뱉은 첫마디는 "나 걔 사랑해."였다.

"그래? 그러잖아도 한마디 말도 없어 괘씸했는데, 네 꼬락서니를 보니 손뼉이라도 치고 싶다. 하여튼, 말을 해 봐!"

녀석이 그녀를 만난 건 지난여름, 퇴근길에서 앞서가던 그녀의 원피스에 무늬 진 파인애플에 난데없는 아찔함을 느꼈고, 녀석은 어찌어찌해서 온 정신을 그녀에게 쏟느라, 실험 재배하는 파인애플이 말라비틀어져서 지도교수한테 정강이를 차여도 아프잖더란 거였다. 묘한 것은 그녀가 파인애플 무늬 옷을 안 입는 날은 녀석의 맘이 그렇게 허전할 수 없었다. 가을이 되니 아예 파인애플 무늬 옷을 입지 않았고, 그런 그녀가 자꾸만 멀어지는 것 같아 자꾸만 안달이 났다. 조바심 속에도 '봄이 오면 그 옷을 입겠지.' 하며 기나긴 겨울을 보냈으나 녀석의 기대엔 아랑곳없더란 것이다. 궁하면 통한다고, 녀석은 파인애플 무늬 옷을 선물했고, 그녀는 폴짝거리며 좋아했다는데, 모자란 녀석은 그 답답했던 사연을 실토했다는 것이다. 그녀의 태도가 심상찮더니 끝내 절교의 메시지가 왔다며 핸드폰을 열어 보였다.

〈개똥철학자의 자살〉

그녀의 메시진즉슨 '나는 파인애플이 아니다.'라는 것이었다. 제 생각으로만 세상을 바라보는 녀석에겐 심각했겠지만, 그녀로서는 자기보다 파인애플에 관심을 기울이는 엉뚱한 녀석에 대한 당연한 반응일 터였다. 나의 연애 경력이 저한텐 구세주라는 듯한 녀석의 간절한 눈빛을 보니, 문득 장난기가 일었다.

"야! 인마, 얼굴 가죽 좀 펴! 내가 걔라도 입맛 떨어지겠다. 이 정도면 딴 남자가 생겼어. 사내 망신 그만 시키고 집어치워! 세상 절반이 여자야. 걔 정돈 열 명도 소개해 줄 수 있어!"

"이젠 전화도 안 받아. 하도 잠이 안 오니까, '자살이 뭘까?' 싶더라. 어젠 온실에 있는 농약병이 눈에 확 들어오더라니까."

"자살? 죽음만이 삶을 제대로 평가할 유일한 방법이겠지. 철학적인 사람이 자살을 많이 한대. 소크라테스나 예수의 죽음만 해도 얼마든지 품위를 유지하면서 사형을 피할 수 있었다는 면에서 자살인 게야. 네가 좋아하는 헤밍웨이도 자살했잖아? 또, 네가 개똥 철학자잖아? 네가 죽으면 드디어 '개똥 딱지'를 떼고 진짜 철학자 반열에 오르는 거지. 죽음으로 얻는 명예이고, 명성으로 얻는 부활과 영생일 테니, 엄청나게 수지맞는 장사네? 안 그래도, 넌 툭하면 삶이 곧 죽음이니 어쩌고 했잖냐? 살기 위해 죽는다는 말은 너한테 딱 맞네! 네가 죽으면 걔는 너의 진실을 알고 가슴 치며 후회하겠지. 너의 참사랑을 품고 독신으로 살겠다고 다짐하겠지. 그렇게만 되면, 걔가 살아 있는 한 너는 걔의 가슴과 머릿속에서 기생충처럼 행복하게 살잖겠냐?"

〈불길한 예감〉

녀석의 퀭한 눈은 나를 향했으나, 초점을 잃은 채였다.

좀 더 큰 자극이 필요하다는 생각이 들었다.

"하긴 뭐, 어차피 영원하지 못할 인생에다, 취직도 어려운 세상에 부모님 눈치 볼 것 없이, 사랑하는 여자의 머릿속에 얹혀서 산다는 게 얼마나 기발한 발상이냐? 철학과 생명공학의 융합이네? 네가 가면 나도 생각해 볼게. 뭐? 눈깔에 농약병이 확 띄더라고? 농약은 목 넘김도 부담되고, 단박에 죽지도 않을 텐데? 목을 맬래? 수면제가 낫잖아? 수면제 사는 거 도와줄까? 무덤은 있어야겠지? 무덤이라도 있어야 개가 부둥켜안고 회한의 눈물을 흘리지 않겠냐? 걔 네 집 가까운 공원묘지가 좋겠지? 그래야 한 번이라도 더 너를 찾을 테고, 얼마 뒤엔 팔짱 끼고 산책하던 사내에게 '이게 날 사랑하다 죽은 개똥이 무덤이야.'라고 하겠지? 그 남자는 '개똥이 죽으면 개똥벌레가 되나? 나는 개똥벌레. 저기 저 개똥이 무덤이 내 집인걸.' 어쩌며 낄낄대겠지?"

멍하던 녀석이 벌떡 일어서며 째려보더니, 홱 나가 버렸다. 술값을 계산하고 뒤쫓았지만, 녀석은 내 손을 매몰차게 뿌리쳤다.

장난이 심했다는 자책과 함께 왠지 이 세상의 사람 같지 않던 녀석의 눈빛이 자꾸만 걸렸다. 농약을 들먹이는 녀석에게 정나미가 떨어져 주먹을 한 대 먹이고 싶은 걸 대신한 우정의 핀잔이 아녔던가? 그러나 녀석이 뭔가 일을 저지를 수 있다는 불길한 생각이 줄곧 맴돌았다. 그래서 오늘도 입사 면접을 마치자마자, 전화를 거부하는 녀석을 찾아가려던 참이 아니었던가!

〈파인애플투성이 옷〉

'그만큼 절박했기에 특유의 자존심도 팽개치며 도움을 청했던 녀석은 위로는커녕 모욕당한 분노에 치가 떨렸을 터였다. 적을 놀려서 친구로 만들 순 없지만, 친구를 놀리면 원수도 될 수 있다고 하지 않던가? 막 분별력이 바닥났던 녀석은 내 말로 던져진 극심한 모욕의 불길에 휩싸여 일을 저질렀을 테니, 녀석이 농약을 삼킨 원인과 책임은 그녀가 아니라 나한테 있잖은가!'

갑자기 파인애플을 향기가 역겨워지며 진저리가 났다. 개똥이의 음독을 유발하고도 진열대에서 버젓이 향기를 흩날리는 천연덕스러운 파인애플을 짓밟고 패대기쳐 박살 내고, 짐승처럼 울부짖으며 길길이 날뛸 것만 같았다.

'개똥아! 개똥아, 제발 죽지만 말아 줘! 걔의 반응은 전혀 걱정할 일이 아니야. 내가 장난한 거라고, 정말 미안해!…'

바싹바싹 타는 입술을 깨물며 가까스로 응급실 문을 열었다.

출입문 맞은편 침대에 앉아 있던 녀석은 눈이 마주치자, 마시던 음료수 병을 내려놓으며, 멋쩍은 듯 웃는 게 아닌가?

"도대체, 어떻게?…"

"야! 참, 글쎄, 이 머저리 같은 녀석이 밀폐된 온실에서 마스크도 제대로 안 쓰고 농약을 뿌렸대."

"어머! 안녕하세요?"

곁에 있던 덜렁이와 개똥이의 그녀였다.

나와 개똥이를 번갈아 바라보며 환하게 웃는 그녀의 원피스는 온통 향기가 확 풍길 듯 푸르고 노릇한 파인애플투성이였다.

〈분별없는 신뢰가 착시와 착각을 부른다〉

"와! 의사도 살리기 힘든 젊은이를 거사님이 살리셨네요. 글쓰기의 효용에 대한 말씀을 더 듣고 싶습니다."

"종교나 정치와 글쓰기는 현실과 이상의 조화나, 대립과 투쟁의 질서를 찾을 목적이자 도구일 테지. 다만, 작가는 현실의 제약에서 종교인과 정치인보단 자유로울 테니, 허수를 찾던 수학자처럼 새로운 인간을 캐내거나, 혁신하고, 확장할 게야."

"제 삶의 목적이나 수단을 혁신하라는 말씀인가요?"

"가치 중립 훈련이 모자라면 합리적 방향 설정과 혁신이 어려운 게야. 가령, 네놈은 나를 무한 신뢰했기에 '多不有時'를 '時有不多'로 읽은 게야. 또, '時有不多'가 똥간임을 알고도 더 큰 깨달음인 양 기고만장한 경위는 '내 스승은 틀릴 리 없다.'라는 인지부조환 게야. 그래서, 자신의 종교나 정당의 부조리를 빤히 알면서도 개종과 전향은 코페르니칸 벤둥처럼 어려운 게지."

"時有不多가 多不有時일 줄은 몰랐습니다."

"나에 대한 분별없는 신뢰가 네놈의 아뢰야식에 호박 속의 곤충화석처럼 틀어박혀 얼비친 게야. 그래서 '多不有時'를 대뜸 '時有不多'로 읽곤, '똥간'인 걸 알고도 인정하기 싫어 1차원 실수 벡터를 2차원으로 확장한 수학자의 허수 찾기처럼 '時有不多는 多不有時'라는 등치 구실을 찾아 끙끙대다 해골 물을 떠올리곤, 원효나 된 듯 환장한 게야. 차제에, '똥이나 돼라.' 했더니 '유레카!'라는 듯, 덥석 받아 처먹더구나! 그런 네놈처럼 너도나도 덥석 자기주장부터 내세우니 세상 분란이 끊이잖는 게야."

〈도저히 신을 못 만나거든 신을 창조하라〉

"잘 삭은 거름이 되도록 노력하겠습니다. 거사님."

"잘 삭은 거름이란 예수가 말했던 '내 안에 하나님이 자리 잡은 상탠' 게 야. 하나님의 존재를 확인하는 방법'은 아느냐?"

"아직은 잘 모르겠습니다."

"'큰 바위 얼굴' 주인공처럼 늘 정결하게 하나님을 찾는 마음에 시나브로 창조주가 깃들어, 그 신과 나, 너와 나, 생사와 우주가 하나로 인식되는 게 야. 그런 까닭에, 도저히 그 신을 못 만나면 네놈이 직접 신을 창조해야 하 는 게야. 신과 나, 겉과 속, 삶과 죽음이 다르게 살면 죽을 때 고생하는 게 야. 소크라테스도, 예수도, 피할 수 있었던 사형을 왜 받았겠느냐?"

"부당한 사형이라고 거부했다면 그분들이 구하고, 가르치고, 실천한 진 리와 정의가 허사가 되기 때문이라는 말씀인가요?"

"목숨을 걸 신념이 있으면 죽음이 삶보다 못지않다는 걸 실천한 사례이 지. 일찍이 묵가(墨家) 맹승이 자살하자 183명의 제자가 따라 죽고, 예수 의 제자도 열하나가 순교했고, 이후의 순교자가 또 얼마였더냐? 일제에 맞서 심신을 불사른 열사분들이며, 여러 상황에서 희생한 분들 또한 다르 잖은 게야. 이제 엔간히 정리됐구나. 늘 제행무상을 네놈의 등불로 비추 려무나. 그러다 성현들이 이른 말이 일상의 '정언명령'으로 여겨지면 욕지 기가 떨어질 게야. 그게 해탈이고, 성불이고, 구역질할 자격이고, 천국 입 장 자격이지. 자고로 거짓말보다 옳은 말 하다 죽은 이가 훨씬 많으니, 모 쪼록 주둥이는 다물고, 지갑만 열라는 게야."

검진센터에서. 2

〈금기 인사말 지정과 커피 금지 특례법 긴급발의〉

"지갑만 열라."라던 운암거사의 말을 떠올리다, '지갑을 라커룸에 두고 왔다.'라는 생각이 떠올랐을 때, 갑자기 왁자지껄했다. 직장의 단체 검진자들이 막 들이닥친 거였다.

현관과 접수처 여기저기서 무더기로 주고받는 "안녕하세요?"라는 인사말이 귓속에 들어가 오래된 이명증과 어우러지며 삐 잉 소리를 내자, 기다렸다는 듯이 또 헛구역질이 올라왔다.

공복의 검진자 앞에서 커피를 마시든, "안녕하세요?"라고 인사하든, 뭘 그리 비난하고, 비난받을 행동이겠는가? 하물며 '단체 검진자까지 창구직원들의 입에 발린 인사말에 속도 없이 맞장구치냐?' 싶은 내가 문제라고 나를 탓하고 다독이길 반복했다. 그러나 헛구역질은 좀체 진정되지 않았고, 끝내는 '현직 대통령이 대장내시경 검진하러 왔더라도 저렇게 입에 발린 인사를 하면서 여봐란듯이 감히 커피까지 홀짝거릴 수 있겠는가! 이참에, 내가 의결정족수 이상의 다수당 의원이라면 검진센터의 금기 인사말 지정과 커피 반입금지 특례법을 단박에 긴급발의 하겠다!' 싶었다.

문득, "안녕하세요?"라는 인사를 무더기로 주고받으며 희희낙락하는 사람들 속의 나는 작은 외톨이라는 생각이 들었다.

'내가 왜 자꾸 이렇게 과민하지!' 싶어서, '잘 삭은 똥이 돼라.'라던 운암거사의 말을 되새기며 눈을 다시 질끈 감았다. 그러나 혼자나 소수의 감정과 의견이라고 마냥 숨을 죽여야 하냐는 생각이 점점 고갤 쳐들었다. 안 그러면, 왜 같은 사건을 두고도 옳고 그르다거나, 혼자와 다수로도 나뉘겠는가?

〈대통령도 헷갈릴 정의(正義)를 정의(定議)하기〉

누군가가 "박 대통령은 국정을 농단하지 말라!"고 했으나, 혼자라서 무시됐다, 끝내 다수의 촛불집회로 탄핵 됐다면, 소수 불의, 다수 정의인가? 그러나 혼자가 다수를 깨우쳐 그 정의롭다는 탄핵을 이뤘으니, 혼자도, 다수도 정의 아닌가? 그리고 촛불도, 태극기 부대도 '더 나은 나라를 만들자!'라는 같은 목적일 테니, 소수는 정의의 필요조건, 다수는 정의의 충분조건이잖은가? 그런데 왜 정의의 최소 필요조건인 국회, 법원, 청와대 앞 1인 시위는 늘 무시될까? 한편, 격렬한 반대에도 기어이 임명한 장관이 여론에 밀려 사임했으니, 여론은 힘이며 정의인가? 한편, 촛불에 시큰둥한 내게 "박사가 어떻게 탄핵을 반대하냐?"라던 친구는 '같은 지식인으로서 부끄럽다! 아무래도 태극기 부대보다 촛불 부대가 젊고, 학력과 의식적으로 앞서니, 상대적 우위의 정의'라는 지적 우월감의 순환논법이었을까? 한편, 태극기 들면 친일 보수 꼴통이고, 촛불 들면 빨갱이라는 말은 "내 편은 무조건 선하고, 상대편은 무조건 악하다."라는 주장이 아닌가?

정의(正義)를 정의(定議)하기가 이토록 헷갈릴진대, 광화문과 서초로 갈려서 뛰쳐나갔던 양쪽의 정의를 평가하기가 얼마나 곤혹스러웠으면, 나라가 동강 날 듯한 그 절박함에도 대통령조차 침묵했겠는가? 혹시, 그 대통령은 침묵도 정의의 한 형식이라 여겼을까? 그렇다면, 커피를 홀짝거리며 "안녕하세요?"라는 직원들과 "안녕하세요?"라고 화답하는 단체 검진자에게 헛구역질이 날지라도, 내가 꾹꾹 눌러 참는 침묵이 지혜이고 정의일까?

〈정의 조작 순환논법에 희생되는 사람들〉

소통의 관문인 인사말이나, 목적과 수단이나, 다수와 소수로 정의와 불의가 분간되지 않는 이 상황을 운암거사는 무어라 할 것인가? "아무 데나 잘 어울리는 거름이 돼라."라던 운암거사의 말은 모든 사람에게 수혈하고도, 받을 데는 오직 O형 혈액뿐인 사람이 느낄 천부적 불평등까지 합리화하는 게 아닌가? 그렇다면, '다수는 보편적 정의다.'라고 규정하곤 소수의 희생을 정당화한 순환논법의 프레임에 소수를 가둬 질식시키는 다수의 폭력과 뭣이 다른가? 나는 지금 그 소수의 분노를 느끼는가? 그러나 설마 저 단체 검진자와 직원들이 유쾌하게 주고받는 "안녕하세요?"라는 인사말이 자기들의 아침 기분을 북돋기 위해서 헛구역질하는 나의 작은 몸부림을 짓누르려고 린치하듯 내지르는 함성이겠는가? 그러나 저들이 희희낙락 주고받는 "안녕하세요?"라는 인사말이 왜 자꾸만 크게 들릴까? 또, 왜 저들 틈에 "하야를 청해 이미 정치적 시체가 된 대통령일지라도 이참에 확 밟아 아주 죽이자!"라는 듯, 어깨동무로 서로를 엮어 흉계를 합리화하려고 목청을 돋우던 광화문광장 촛불 속에 번뜩이던 로베스피에르와 괴벨스, 홍위병과 폴 포트 따위가 어른거릴까? 또, 왜 국민 입에 재갈 물리던 개발독재의 긴급조치 명분이 겹쳐 보일까? 또, 왜 다수결만을 수단으로 하는 검수완박 발의 주장 따위가 겹쳐서 들릴까? 또, 왜 조난 겪다 참담하게 살해된 공무원에게 세월호 희생자 이상의 처우는커녕 월북자여야 할 이유와 정황을 찾고 모으기에 급급했던 모습들이 얼비치는 걸까?

〈미필적 고의에 의한 인간 존엄성 유기 현장〉

게다가, 저들이 "안녕하세요?"라며 주고받는 눈웃음은 공원에서 똥 싸고도 천연덕스러운 내 몰염치를 비꼬는 듯하잖은가? 그러나 그럴 리야 없겠지만, 검진받는 사람 심기가 편할 리만은 없다는 것쯤은 배려해서 검진자를 맞아야 하지 않겠는가? 가령, 나처럼 인사말에 민감한 사람도 있을 것이고, 건강 불안증인 사람도 있고, 흰옷(간호사)만 봐도 불안해서 혈압이 오르는 사람도 있다니, 두루두루 헤아려서 맞춤형 인사말을 해 주면 좀 좋겠는가? 하물며 고객의 심정을 무시한 인사말 때문에 검진자가 느껴 버린 불쾌를 없었던 것으로 되돌이킬 수 없을 때, 이미 '미필적 고의의 무례'가 성립하지 않았는가? 설령, 미필적 고의의 요건을 들어 나무랄 저들의 매너가 아니라도, 상대를 배려하지 않은 사실만으로도 검진자의 인간 존엄성을 유기하는 현상이 아닌가?

일반적으로 인간 행위의 존엄성을 가르는 척도는 비겁과 용기일진대, 여기서 내가 침묵한다면 내가 잘 삭은 똥처럼 저들과 섞이어질 것이다. 그러나 기껏해야 비겁한 똥일 것이다. 내가 비겁한 똥이 되지 않으려면? '검진센터 현관의 잘 보이는 곳에 뚜렷한 글씨로 고객 배려용 인사말 지침서를 게시하고, 직원들이 꼭 지키게 하라!'는 요구쯤은 꼭 해야 하지 않겠는가!

'최소한 이 정도의 지적은 검진센터의 사회적 책임인 공익을 위해서도, 또 내가 꼰대 소릴 들을까 봐 공익적인 참견 의무를 포기하는 쩨쩨함을 면하기 위해서라도, 원장에게 반드시 짚어 줄 일이다!'라는 생각에 주먹을 꽉 쥐며 원장실로 향했다.

〈정치인이 유의해야 할 인사말〉

문을 여니 방 안이 의외로 어둑했고, 마침 기다렸다는 듯한 표정의 원장이 왠지 낯설지도, 녹록해 보이지도 않았다. 이상하게도 방문자를 맞이하는 인사도, 자리 안내도 없어서, 내가 직접 두리번거려서 자리를 찾아 간신히 마주 앉을 때까지 빤히 쏘아보는 원장에게 가위눌림 같은 기선제압이 느껴졌다.

주눅 든 목소리로 중간중간 멈칫거리며, "장 청소하느라, 공원… '안녕하세요?'라며 커피까지… 대통령이 검진 왔다면… 미필적 고의의 인권… 검진센터의 공익…" 어쩌며 얼버무렸다.

"이게 무슨 짓입니까!"라는 듯 째려보던 원장이 고개를 주억거리며, "이해는 하겠다."라는 누그러진 얼굴로 입을 열었다.

"살다 살다, 인사말로 꼬투리 잡는 사람은 처음입니다. 정치인이 선생님에게 '안녕하세요?'라고 했다면 몰라도, 어딜 가도 그냥 '안녕하세요?'라잖아요? 장례식장에서인들 '안녕하세요?'라면 어떻습니까? 죽은 사람이 젤 편한 게야! 게다가, 천국이 준비된 사람이라면 설렘이 있을 뿐, 죽음의 공포 따위로 바동거리겠느냐? 그런 축제 분위기에 들떠있는 상주에겐 '안녕하세요?'라는 인사가 제격인 게야. 한번은, 며느리한테 10년째 치매 수발 받던 97세 모친을 여읜 친구를 문상하며, '100수를 채우실 줄 알았다.'라고 했더니, 곁에 섰던 친구 아내의 안색이 확 변하더구나. '내가 말을 잘못했나?' 싶었는데, '치매 수발을 3년이나 더 하란 말로 들렸을 수 있겠다.'라는 생각에, 이럴 땐 '어머님은 안녕히 가셨지요?'란 인사말이 제격이겠다 싶더란 게야!"

〈미리 본 나의 장례식장 정경〉

"저라면 아무 말도 안 하겠습니다. 어! 거사님, 여긴 언제?…"

"그러니까 이놈아! 휠체어 타는 사람도 있는 판에 멀쩡한 다리로 검진하러 온 네놈에게 '안녕하세요?'라고 인사한 거나, 장례식장에서 '안녕하세요?'라는 거나, 다를 게 없는 게야! 가령, 네놈이 80쯤 살다 뒈졌다고 치자. 그리고 네놈이 누인 빈소에서 문상객이 '안녕하세요?'라고 했다 치자. 그러면 네놈의 아내나 자식들이 속으로 '아무렴요!'라거나, 속내를 못 감추고 히죽거린대도 흉 될 게 없다는 게야. 내 말이 영 이해가 안 되면, 뒈지기 전 네 모습을 되돌아봐라. 네놈이 젊어서 달고 살던 욕지기가 늙어가며 가라앉았다 싶더니, 요 몇 년 사이에 정치판과 종교를 탓하며 또다시 울컥대는 꼬락서니가 네놈의 아내나 자식들에겐 얼마나 어쭙잖아 뵈었겠느냐? 바깥에선 무던히 참느라 쓸개가 문드러진 네놈이 만만한 아내한텐 툭하면 볼멘소릴 내뱉잖았더냐? 또, 욕지기로 날밤 새운다며, 술과 수면제 없이 통잠 자는 게 소원이라던 네놈 아녔느냐? 그런 판에, 이제야 뒈져서 통잠 소원을 이룰 자연산 흙 침대를 목전에 둔 빈소에서 생전에 듣도 보도 못한 문상객까지 '얼마나 슬프냐?' 어쩌냐며 속닥거리는 인사치레가 오지게 영면하려는 네놈의 귓구멍을 들락거리면, 네놈 성깔에 벌떡 일어나 냅다 욕지길 않겠냐고!"

"?… 거사님, 왜 그런 이상한 말씀을?…"

"뒈졌다.'라고 생각하고, 네놈의 평생을 되돌아보라는 게야!"

"?… 그러니까, 왜 자꾸만 제가 죽었다는 말씀을?…"

〈바라는 것들의 실상과 보지 못하는 것들의 증거〉

"네놈이, 결혼 초에 술만 처먹으면 전화길 잡고, '이상을 현실에 가두는 결혼은 죽음과 같니, 어쩌니' 연신 뇌까리잖았더냐? 또, 툭하면 욕지기에 불면증이라고 징징거리잖았더냐? 그런 네놈이 뒈졌으니, 결혼의 멍에도, 정치나 종교 따위 헛구역질 굴레도 벗었겠다, 통잠도 떼어 놓은 당상이니, 살아생전 소원을 몽땅 푼 셈이 아니냐고! 다만, 문상하곤 버젓이 주안상을 즐기는 패거리엔 구역질도 나겠지만 네놈은 안 그랬더냐? 그런 네놈의 장례식엔 '안녕하세요?'라는 인사가 제격일 마당에, 검진센터의 '안녕하세요?'라는 인사가 뭘 어쨌다고 따지는 게냐고!"

"?… 제가, 거사님께, 결혼이 죽음과 같다는 철없는 말을?…"

"내 곁에 오겠다고 얼마나 속 썩였느냐? 네놈한테 오죽 시달렸으면, 내가 주례서는 걸 네 눈꾸녕으로 본 적이 있느냐고!"

"아이! 참, 거사님! 죽은 사람한텐 손윗사람도 절하던데, 저한테 절은 못할망정 이놈 저놈에, 눈꾸녕이라니 너무합니다. 또, 저 말고는 주례를 안 서셨다는데, 사람이 어떻게 본 것만 믿습니까? 성경에도 '믿음은 바라는 것의 실상이요, 보이지 않는 것의 증거'라잖습니까? 저는 결혼을 뭉그적거리는 요즘 젊은이들이 못마땅해서 거사님이 줄곧 주례 서기를 기도하며 믿어왔습니다. 그런데 거사님이 제 결혼식 이후 주례를 안 섰다면 '주례를 많이 서실 거'라던 제 믿음의 실상도, 기도의 효험도, 제가 보지 못한 거사님의 주례 안 선 증거도 남지 않으니, 결국은 거사님이 거짓말하시거나, 성경 말씀이 틀린 결과가 되잖습니까?"

〈저들의 천국행 심사는 어떻게 하시렵니까?〉

"아이고! 성도님, 왜 또 성경 말씀을 끌어들여 깐족댑니까?"

"아니! 목사님은 또, 어떻게 여기를 다 오셨습니까?"

"제가 성도님의 천국행 자격 심사위원 아닙니까? 그런데 성도님은 살았을 때와 똑같아서 저의 평가도 달라질 게 없습니다."

"답답한 제 맘을 역설적으로 표현하면 목사님은 어째서 꼭 깐족댄다고 합니까? 또, 제가 헛구역질로 고생하는 줄 뻔히 알면서도 맨날 '안녕하세요?'라던 목사님이 국민의 복장을 긁고도 버젓이 '안녕하세요?'라던 이전 대통령들과 뭐가 다릅니까?"

"성도님은 반드시 반박하는 거나, 정치권을 끼워서 맞추며 요리조리 뒤집고 비트는 말버릇을 죽어서도 못 버리셨네요? 저는 성도님이 자랑하던 '스마트 신앙 도우미 챗봇'이 줄곧 생각나서 제 설교를 최신 영상 장비로 녹화하고, 주일마다 비교 평가하면서 설교했는데 달라진 것이 왜 없겠습니까? 제가 얼마나 혁신적으로 목회했는지, 목회 영상 시리즈를 한번 보시렵니까?"

"목사님! 천국 입장 자격 심사엔 주관적 평가가 아닌 객관적 평가 규정이 있을 텐데, 목사님처럼 과거의 감정으로 현재의 저를 평가하거나, 목사님의 혁신적인 목회 영상물과 아직도 찌질하게 헛구역질하는 저를 비교 평가한다면 공정하겠습니까? 또, 저보다도 못한 사람들의 천국행 자격 심사는 어떻게 하시렵니까? 가령, 무신론자만도 못한 기독교인, 신도만도 못한 성직자, 보수 뺨치는 진보와 천민자본주의자보다 더 천박한 사회주의자 따위의 천국행 자격 심사는 어떻게 하시겠냐는 겁니다!"

〈AI 인사말 도우미〉

"아이고! 성도님은 살아생전 헛구역질을 핑계로 협박까지 하더니, 죽어서까지 이럴 겁니까? 성도님선생님은 고객 배려용 인사말 지침을 로비에 걸으라는데, 그럴 바엔 방문자의 표정과 몸짓으로 나타나는 감정 상태를 스캔해서, '어서 오세요. 눈비 오거나, 춥고 더운 데, 오시느라 수고하셨습니다. 잠시만 기다려 주시겠습니까?' 따위의 갖은 인사말로 갖은 아양을 떠는 AI 도우미를 검진센터 현관에 세울까요? 안 그래도, 며칠 전에 AI 도우미 영업 사원이 놓고 간 브로슈어가 있는데 한번 보시죠?"

[인사말 도우미 설명서]
* 본 AI 도우미는 귀사의 엠블럼이자 마스코틉니다.
* 인사말은 남녀노소가 사회생활에서 맞닥뜨릴 모든 경우의 수에 반응하는 감정에 샅샅이 대응하는 AI로 선택됩니다.
* 귀사를 방문한 고객의 표정과 몸짓에서 스캔한 성격과 기분에 따라 인사말 종류와 크기와 톤이 자동 조절됩니다.
* 각종 회사, 병원, 장례식장, 경찰서, 법원, 선관위 등의 용도이며, 인형의 콘셉트는 주문과 옵션 사양입니다.
* 고객의 음주나 울화증 따위로 인한 돌발 행동을 단계별로 감지해 다독이고, 경보하는 보호장치가 있습니다.
* 방문자의 안면인식 정보 이외의 반응 유형별 데이터는 사회과학재단 등에 자동연동 판매되어, 하루 방문객 10인 이상인 사업장엔 P.P. 2년 이후엔 순수익이 보장됩니다.

〈정신질환 판정 기준〉

"와! 원장님! 제가 스마트 신앙 챗봇에 빠졌을 때 이런 인사말 도우미도 구상했는데, 같은 생각을 한 사람이 또 있었네요?"

"저도 선생님을 만나기 전까진 '별 미친 물건이 다 있네!' 싶었습니다. 그런데 선생님을 보니, 이건 미치긴커녕 인사말에 민감한 사람이 미치광이가 되는 걸 막아주는 시대적 필수품이란 겁니다. 그런데 선생님은 인사말 때문에 자주 다투는 편입니까?

"?… 아직 그런 적은 없습니다."

"그렇다면 인사말에 민감한 선생님의 증세를 정신질환으로 판정하기엔 임상 데이터가 더 필요해 보이긴 합니다. 아무튼, 인사에서 중요한 건 '안녕하냐? 밥 먹었냐?' 따위의 인사말이 아니라 주고받는 마음이지요. 인사말로 다툰 적은 없다고 하셨는데, 오늘처럼 말꼬투릴 잡아서 따진 적은 많습니까?"

"첨인 것 같습니다."

"첨이면 첨이지, 첨인 것 같다는 건 뭡니까! 그럼, 우리 직원들이 선생님을 아래위로 훑어보며 깔보기라도 했습니까?"

"그런 건 없었던 것 같없습니다."

"아니? '같없다'라는 말은 또 무슨 소립니까?"

"?… 없던 것 같은데, 다시 봐도 역시 없다는 이중 부정 형용산데, 제가 만들었고, 그 저작권 등록도 생각 중입니다."

"'그런 건 없었던 것 같다.'라고 하려다, '같없다'라고 둘러대는 말장난이나, 거짓말이잖습니까?"

"신조어(新造語) 등록을 검토 중이니, 꼭 거짓말은 아닙니다."

〈부존 공익과 개발 환수 공익〉

"그럼, '갈있다'란 말을 설명해 보시죠? '갈없다'란 말의 저작권을 등록하려면, 그 이항 대립어(語)가 되는 '갈있다'라는 '이중 긍정 형용사(形容詞)의 언어학적 요건'을 증명하라는 겁니다."

"저작권 등록이 그렇게 복잡하면 등록을 포기하겠습니다."

"대장동을 설계한 사람의 저작권엔 이미 미필적 고의의 배임 방지 의무와 책임이 있는 것처럼, 선생님이 등록을 포기한대도 기왕의 말장난과 거짓말을 기획한 책임이 없어지진 않습니다."

"?… 콕 집은 질문에 조건 택일 답변은 왜 안 됩니까?"

"그럼, 직원들이 '안녕하세요?' 대신 다른 인사를 하고, 커피도 안 마셨을 경우, 검진센터에 어떤 공익이 발생하는지를 설명하세요! 우리 직원들이 맘에 안 드는 인사말을 하고, 커피까지 홀짝거려서 사회적 책임인 공익을 저버렸다고 따졌잖아요!"

"따지기보다, 직원들이 전혀 모르는 것 같아서 그런 겁니다."

"선생님이 저작권을 등록하겠다는 '갈없다'의 언어학적 요건을 주장하면서 '갈있다'의 요건을 설명하지 못하는 것처럼 우리 직원들이 '안녕하세요?'라는 인사도 안 하고, 커피도 안 마셔야 보존되고 발휘될 인간 존엄성 따위를 정성 정량적으로 입증하지 못하면, 선생님의 '미필적 고의의 검진자 인간 존엄성 유기 주장'은 헛소립니다. 바꿔 말하면, 대장동 개발 이전의 부존 공익과 한 켤레인 개발 환수 공익이 개발 수익의 30%에 불과해서 불거질 수밖에 없는 설계자의 배임 의혹을 뭉뚱그려 부인하거나, 남 탓해서 물타기와 같은 겁니다!"

〈긴말 말고, 조용히 검진이나 받고 가라〉

"저는, 다만, 검진센터 직원들이 인사말 선택에서부터 고객의 심정을 좀 더 섬세하게 챙겨야 할 의무가 있다는 생각으로…"

"긴말 말고, 조용히 검진이나 받고 가세요! 가령, 검진센터 인사말이 거슬린다고 검진자한테 없던 병이 생깁니까? 아니면, 여직원들이 근무복을 개량해서 치어걸 차림으로 폴짝거린들 앓던 병이 낫습니까? 우린 진료 장비의 분석 결과로 진단하지, 증상을 축소도, 과장도 안 합니다. 또, 유세하면서 자기 맘대로 웃고, 울고, 화내다 낙선한 후보의 울화증에 유권자의 책임이 없는 것처럼, 무슨 사연인진 몰라도 '안녕하세요?'라는 국민적 인사말에 기분 잡쳤다는 선생님에 대한 검진센터의 책임은 없습니다. 또, 직원들의 교양도 선생님 못잖고, 원장도 법인카드 유용 따위 없이 공익에 충분히 이바지하니 주제넘은 참견 마세요!"

"그게 아니라, 제가 막 공복감이 한창인데, 또 제가 대통령이었다면 여직원들이 커피까지 홀짝거리는 행태를 보였겠습니까? 이거, 명백한 인간 차별과 검진자 존엄성 폄훼가 아닙니까?"

"행태라니! 예가 정치판인 게냐? 제 맘에 안 든다고 '커피를 홀짝거리는 행태'라는 언어 비하 프레임을 들이대는 네놈의 작태가 더 가관인 게야! 게다가, 검진받는 놈이 무슨 얼어 죽을 인간 차별과 존엄성 타령이야! 모름지기 구역질하기 전에 구역질할 자격을 먼저 갖추라고! 어디서든 함부로 구업(口業) 짓지 말라고! 그만큼 일렀건만! 나잇값은커녕 젊은 직원들을 나무라서 기죽이려는 네놈이야말로 인간 존엄성을 훼손하는 게라고!"

〈"안녕하세요?"라고 인사하기 주저되는 사람들〉

"?… 거사님? 아무리 그래도 말씀이 너무…"

"뭘 구시렁대는 게야! 어쭙잖게 참견하다간 호된 봉변을 겪을 테니, 잘 삭은 똥이나 되라고 그만큼 일렀건만, 쯧쯧쯧!…"

"인사말로 검진자 인간 존엄성을 해치면 인권범죄…"

"이이고! 참, 성도님 맘에 안 드는 인사말이 인간 존엄성을 해쳤다고 트집 잡는다면, 유세하며 연신 두리번거리는 후보는 국민 눈치만 볼 사람이라거나, 쌍욕 전과가 있는 후보는 언어폭력을 장려할 사람이라고 깐족대는 것과 뭐가 다릅니까?"

"그럼, 학생들은 잠재적인 범죄자라서 윤리를 가르칩니까?"

"어딜 말대꾸야! 옥살이하던 전임 대통령들이나, '당장 감옥에 처넣어라!'라는 시위에 시달리던 평산의 퇴임 대통령한테 '안녕하세요?' 했으면 몰라도, 멀쩡해 뵈는 검진자한테 안녕하냐고 인사한 걸 가지고 웬 트집입니까? 거, 참! 시국이 드럽다 보니, 심뽀가 꼬여도 드럽게 꼬였네! 아이! 증말! 아침부터 재수가…"

원장은 한심하다는 듯 째려보더니, 의자를 홱 돌려 등졌다.

원장의 말투가 촛불 숫자에 한껏 고무된 대통령 탄핵 판결문 낭독 같기도 하고, 내내 쏘아보는 원장의 얼굴엔 난감해하는 목사님과 역정 가득한 운암거사가 순식간에 겹쳐 뵈는 게, 마치 가면을 재빨리 바꿔 쓰는 변검을 보는 듯해서 정신이 몽롱했다.

내 이름을 부르는 소리가 들리며 누군가의 기척이 일었다.

간호사가 내 손등을 토닥이며 초음파 검진실을 가리켰다. 몇몇을 앞세운 대기실 의자에서 가수면 토막잠에 빠졌던 거였다.

초음파 검진실에서

〈불필요한 탐색과 선택적 정의〉

초음파 검진실에 들어가니, 50대가량의 남자 의사도 역시 "안녕하세요?"라고 했다. 여직원들의 인사말과 색다른 거부감이 일었다. 검진실로 들어오는 그 짧은 순간에 나의 머리부터 발끝까지 훑어보는 듯한 시선이 딱 거슬렸기 때문이었다. 너나없이 검진용 유니폼으로 갈아입는 데다 마스크까지 썼으니 다른 사람과 구별될 것도 없으련만, 갈수록 휑해지는 정수리부터 코 없는 슬리퍼 밖으로 삐져나온 발톱의 무좀까지 쓱 훑어보는 듯한 의사의 시선에서, 내가 졸지에 온 공간이 모든 각도로 샅샅이 까발려지는 원형 감옥(Panopticon)에 갇힌 듯한 생각이 떠올랐다.

'안녕하냐고? 장 청소하느라 공원에서까지 그 난릴 치르고, 여태껏 굶었는데, 댁 같으면 안녕하겠소? 게다가, 초음파로 배 속만 들여다보면 되지, 왜 발톱까지 훑어보는 거요?'라는 말이 입술에 막 맴돌았다. 안 그래도 무좀 걸린 발톱을 바라볼 때마다 "만수무강에 지장 없으니 그냥 두세요."라던 의사가 '자기 가족의 발톱이었대도 그랬을까?' 싶었던 기억을 툭툭 건드리곤 해서, 의사가 일반 환자와 자기 식구의 진료를 다르게 하리라는 생각이 굳어진 터라, 이번 의사는 어쩌나 싶어 검진복으로 갈아입으며 양말을 벗은 터였다. 문득, 이 의사가 '발톱 무좀에 걸린 사람은 발을 잘 안 씻는다.'라는 편견이 있었다면, 날 얼마나 지저분하게 봤을까 싶었다. 그러자, 청문회에서 장관 지명자의 내로남불을 감싸던 사람들이나, 검찰의 제 식구 감싸기처럼 선택적인 정의감에 헛구역질했던 기억이 훅 떠올랐다.

〈전략적 반문(反問)과 친문(親文)〉

게다가, 공교롭게도 한 얼굴이 초음파 전문의 얼굴에 막 겹쳐 보였다. 그는 '처음 만난 사람도 10분만 얘기하면 상대방한테 얻어낼 금액이 딱 나온다.'라며, 연신 눈동자를 굴렸다. 그 말을 들으며 '당신이 지금 견적하는 내 몸값은 하잘것없겠네!' 싶어 호되게 헛구역질한 뒤론 만난 적이 없는 천박한 장사치였다.

"이쪽을 보고 옆으로 누우세요. 어디 불편한 데 있습니까?"

"요 몇 년째 술에 절어서 지내긴 했는데, 뭐 특별히 불편하고, 그런 데는 별로 없는 거 같습니다."

"있다, 없다, 확실하게 하셔야지, 별로라든가, 아픈 것도, 아닌 것도 같다는 애매한 대답은 검진에 혼동을 줍니다."

"그게, 제가 불편한 델 잘 모르니까 검진받잖겠습니까?"

"지금도 '잘 몰라서 검진받잖냐?'라고 되묻습니다! 그런 질문은 검진 결과의 책임을 의사에게 전가하는 회피 전략의 반문(反問)으로 들려서, 검진에 전혀 도움이 안 됩니다."

"?… 의사한테 책임을 전가한 건 '친문(親文)'이지, 어째서 '반문(反文)'입니까? 저는 의대 정원 확대나, 정치에 크게 관심도 없거니와, 친문도, 반문도 아닙니다. 아하하하."

"?… 지금 저한테 농담하십니까? 저는 검진자들과 농담 같은 건 안 합니다. 검진과 상관없는 말은 듣지 않겠습니다."

"?… 아, 네. 알겠습니다."

"내가 내 몸을 그렇게 잘 알면 뭐 하러 여기까지 오겠소? 그리고 왜 뭘 그리 계속 살피는 게요?'라는 반감이 꿈틀댔다."

〈의사다운 방법과 절차로만 진단하라〉

문득 '점집에 왔나?' 싶었다. 상대방의 안색이나 말투를 연신 살피는 건 점쟁이나 사기꾼의 루틴(routine)이 아닌가? 그렇다고 어떤 점쟁이가 초음파로 배 속까지 살피던가? '점쟁이는 점쟁이다운 방법으로 점괘를 내고, 초음파 전문의는 의사다운 방법으로 진단해야 마땅하잖으냐?'라는 생각이었다. 가령, 초음파 영상으로 배 속을 진단할 의사가 검진자의 안색이나 행색을 살핀다면, 자기의 진단 능력에 대한 자신감이 없어서가 아니겠는가? 이를테면, 초음파 영상에 검진자의 두툼하고 두루뭉술한 지방간이 비쳤는데, 본래 그런 모양의 간을 가지고 태어난 건지, 부아통 터지는 정치판이나, 직장 스트레스 때문에 맨날 술을 퍼마셔서인지 확신할 수 없다면 검진자의 직업이나 음주 습관 따위를 힐끗거리듯 캐물을 게 아닌가? 게다가 검진자 답변이 미덥잖아서 검진자 안색을 자꾸 힐끗거리며 되묻는대서야 제대로 된 의사이겠는가? 초음파 진단 전문가라면, "검진자의 나이도, 성별도, 안색도, 병력도, 가족력도, 음주량도, 무좀 먹은 발톱 따위도 일절 살피지 않고, 오로지 영상만으로 진단한다."랄 정도의 실력과 소신을 갖추라는 생각이었다. 왜냐면, 초음파로 들여다보기 전의 예진에서 성별, 나이, 직업, 취미, 음주량, 발톱 무좀 상태 등을 상세히 답변한 검진자를 임상경험으로 평가하니 간 이 상당히 나쁠 것으로 진단되었으나, 막상 초음파로 비춰 본 검진자 간이 의외로 멀쩡하다면? 그 의사는 자기 예진이 틀렸다는 생각 때문에 저절로 언짢아질 확률이 커지잖겠는가?

⟨의심이 확신으로 변할 때 잡쳐지는 기분⟩

그쯤에 이른 의사는 자기의 예진(豫診) 결과와 달리, 검진자의 간이나 쓸개가 멀쩡한 이유를 찾을 것이다. 이를테면, 검진자의 간이 영락없이 나쁠 거라는 진단에 동원된 의학 원리나 임상병리 경험 정보 처리가 잘못일리 없는데, 막상 초음파로 비춰 본 검진자의 간이 멀쩡한 이유는 검진자가 가족력이나 음주량 따위를 속였기 때문이라고 의심할 것이다. 안 그래도, 내가 좀 전에 "요 몇 년 동안 술에 절어 살았다."라는 둥, 간이 나빠질 경위를 설명하잖았던가? 그 말을 떠올린 의사는 멀쩡한 간을 가진 내가 진단에 혼란을 주려고 거짓말했다고 의심할 것이다. 게다가, 내가 일부러코 없는 슬리퍼를 골라 신고 넌지시 발톱 무좀까지 내보여 기만했다고 확신할 것이다. 그쯤에선, 내가 문진표 작성부터 코 없는 슬리퍼까지 소품삼아 계획적으로 의사를 기만했다는 모욕감에, '감히 의사를 능멸한 검진자에게 기어이 앙갚음하겠다.'라는 뜻밖의 범죄 동기가 발동하기도 할 것이다. 마치, 검찰을 개혁하겠다는 장관 임명자를 면밀하게 살핀 검찰이나, 면밀하게 수사당한 모욕감으로 검찰총장을 내치려는 동기에 휩쓸렸던 정권과 비슷할 것이다. 결국, 의사의 편견과 감정이 이입된 문진과 예진 때문에 나의 증상 발언권, 진료 협의권 등을 누릴 수 없는 상황이 아닌가? 괜히 힐끗거리며 지레짐작 따위로 과잉 문진한 이 의사는 권력 실세를 수사한 검찰총장을 내칠 구실을 찾느라 직무를 유기하던 법무부 장관들처럼 제대로 된 검진을 할 수 없으리란 생각에 헛구역질이 훅 일었다.

〈초음파 검진자는 뱃가죽만 내보이면 된다〉

헛구역질을 참으려니, '검진료를 낸 검진자는 의사한테 뱃살만 더 내보이면 될 판인데, 왜 안색과 무좀으로 누렇게 변형된 발톱까지 훑어보느냐?'는 생각이 점점 치밀었다. 그것도 훔쳐본대서야 관음증 스토커 따위와 무엇이 다른가? 그렇게 과잉 진료하는 의사는 습관적인 예단 수사로 혐의자를 억울하게 옥에 넣거나, 사회적으로 매장했거나, 이미 사형시킨 못된 수사관과 같은 종자가 아닌가? 그러나, 거슬리긴 해도 초음파 전문의가 검진자를 훑어보는 것은 그냥 하찮은 버릇일 것이다. 또, 발톱 무좀까지 훔쳐본 결과가 치명적인 오진으로 이어질 린 없을 것이다. 그러나 만약에 그 의사가 권력자의 의중이나 시위대 규모 따위를 업무적 판단기준으로 삼는 검경과 헌재 재판관처럼 나를 검진한다면, 없는 병도 얻거나, 앓는 병도 없다는 엉뚱한 진단도 받을 수 있잖은가? 안 그래도, 입영 신체검사를 앞두고 헛구역질에 숨까지 가빠서 병원에 갔더니, 폐결핵이라며 약을 처방한 의사가 있잖았던가? 3개월쯤 약을 먹을 때, 징병 신체검사 군의관에게 "결핵약을 먹고 있습니다."라고 했더니, 훑어보던 X-ray 필름을 둘둘 말아 따귀를 두어 대 툭툭 갈기곤, 배를 쿡쿡 찔러대면서 "야! 이 새끼가? 허파가 이렇게 멀쩡한데, 어디서 거짓말이야! 그럼 군대 안 가고 감빵에서 한 5년 살 거얀 마?"라며, 호되게 닦달하잖았던가? 그때, 폐결핵이 아니란 게 기쁘면서도, 멀쩡한 사람을 결핵 환자로 오진하여 독한 결핵약을 석 달 동안이나 먹게 한 의사가 얼마나 황당하고 괘씸했던가?

〈간 보기와 간보기〉

"자, 여긴 위장인데요, 그런데 식사를 급하게 하십니까? 천천히 드십시오. 입에서 아주 잘게 씹으면 씹을수록 위장의 일감을 줄여 주니까, 한입에 50번 이상씩 씹는 게 좋습니다."

"아, 네, 그런데 초음파로 투영되는 위장 영상으로 식습관도 알 수 있다는 말씀이네요? 제 위가 늘어지기라도 했나요? 갑자기 대장동 뇌물 먹은 사람들의 위장은 어떨까 궁금합니다."

"그쪽 사람들 뱃속은 검찰이 살피겠지요. 그런데, 선생님 위장을 진찰하는데, 왜 그게 궁금합니까? 이제 간을 보겠습니다."

'아니, 말을 꺼냈으면 대답도 해야지, 직업적 특권인 양 의사와 검진자 사이에 경계선을 긋고, 이 이상 알려고도, 넘지도 말라는 거야? 결국, 간(肝)을 보겠다는 건 내 반응을 떠(간)보겠다는 거잖아?' 싶어서, 어깃장 놓는 말투가 저절로 튀어나왔다.

"아까도 말했지만, 술을 하도 마셔서 간의 형편은 아마 안 좋을 겁니다. 뭐, 기왕 돈 들여 검진하는 거니, 자알 부탁합니다."

"또 아마라는 말로 추측을 앞세워 판단의 책임을 비켜서면서, 간이 안좋을 거라는 말씀을 하네요? 선생님 생각으론 간이 안 좋은 것 같으니, 저한테 자세히 살펴보라는 겁니까? 그렇게 잘 아시면 왜 의사한테 검진받습니까? 선생님이 생각하는 간의 상태와 의사의 검진은 미신과 과학처럼 다르잖습니까? 또, '기왕에 돈 들여 검진하는 거니, 잘 부탁한다.'라는 말은, 마치 선생님이 저에게 '검진 비용을 제대로 냈으니, 검진도 제대로 해라.'는 지시처럼 들렸는데, 안 그렇습니까?"

〈횡재한 기분〉

"저의 말투가 언짢게 들렸다면 유감입니다."

"아무튼, 간 상태는 안 좋습니다. 간엽의 가장자리가 날카롭고 예리해야 하는데, 이렇게 두루뭉술하고 뭉뚝한 게, 일단 지방간이 보입니다. 간이 이 정도면, 쓸개도…"

"제가 대전에 사는데 지방간이 보이지, 아무려면 서울 간이 보이겠습니까? 아하하하."

"아이, 참! 자꾸만 이상한 말씀을 하십니다! 자, 여기는 쓸갭니다. 그런데 아까 들어오실 때 허리를 많이 굽히던데, 평소에도 그렇게 굽실대면 간과 쓸개에 도움이 되겠습니까?"

"?… 제가 원래는 곧은 자세였는데, 허리를 꼿꼿하게 세웠더니 거만해 보인다고 해서, 의식적으로 허리를 굽히다 보니 그렇습니다. 그런데 몸의 자세와 간이나 쓸개가 상관이 있습니까?"

"당연히 그렇습니다. 여기, 이 쓸개가 이렇게 비대하고 묵직해 뵈는 간엽에 짓눌려서, 아주 조그맣게 보이지 않습니까?"

"아, 네, 쓸개를 빼놓고 산 지 오래됐는데, 아직 쓸개가 남아 있다니 횡재한 기분입니다. 아이고! 감사합니다."

"아니! 왜, 자꾸만 이상한 말씀을 합니까?"

"아, 네, 실례한 것 같습니다. 미안합니다. 크흠."

"그런데, 선생님은 실례했다고 하지 않고, 왜 실례한 것 같다고 합니까? 실례했는데 반쯤 했다는 것이고, 그 실례의 반쯤은 저의 책임이니, 사과도 반 정도만 하겠다는 의밉니까?"

"아, 네, 정 그러시다면, 실례했습니다."

〈비대하고 경직된 지방간에 짓눌려 졸아든 쓸개〉

"지금도, 왜 '정 그러면'이라는 단서를 답니까? 해양부 조난 공무원을 사살한 북한의 마지못한 통지문처럼 들립니다."

"제 마음은 그게 아닌데, 말투가 문제인 것 같습니다."

"크흠, 선생님처럼 평소에 지나치게 굽실거리면 복부의 장기가 서로 겹치고 짓눌려서 스트레스를 주고받겠지요. 여기, 이 선생님의 쓸개도 - 절대 의석이라서 협치나 양보 따윈 전혀 필요 없는 진보의 다수결에 속수무책이던 보수 야당처럼 - 지방간으로 두툼하게 경직된 여기 이 간엽에 짓눌리고 부대껴서 이렇게 졸아든 겁니다. 왜 쓸개 없는 사람이란 말이 있잖습니까?"

"다수당이 타협과 양보 없이 표결만 들이댔다는 말씀이네요? 그런데, 비위가 상하면 정말로 창자가 꼬이고 뒤틀리나요? 그렇다면 '쓸개 없는 사람'이라는 말을 듣는 순간 저의 창자가 막 뒤틀렸을 텐데, 초음파 영상을 되돌려서 확인할 수 있습니까?"

"인체의 주요 대사 기능을 하는 간처럼 적극적 소통으로 타협할 국회가 협상 기능을 잃으면 나라가 어찌 되겠습니까? 비대하고 경직된 지방간처럼 몸집만 커져서 다수결만 들이대는 다수당을 비유한 거지, 선생님의 배알이 없다는 말은 아니잖습니까?"

"선생님 설명을 들으며 저절로 농담이 나왔는데, 쓸데없는 말 그만두라고 자르는 것처럼 들려서 반감이 확 일었습니다."

"정 그러시면 농담하셔도 됩니다."

"농담을 허락받는 게 처음이라서 엄청나게 어색합니다."

"저도 선생님 같은 분은 처음이라서 마찬가집니다."

〈숨기고 싶은 과거〉

"좀 전엔 선생님의 설명을 들으며 관상쟁이와 점쟁이가 떠올랐습니다. 용한 점쟁이는 안색이나 행색만으로도 조상의 업보까지 알아맞힌다고 하지요? 선생님이 초음파로 내장 기관을 비춰 보면, 검진자의 자세와 직업, 생활 수준과 식습관은 물론, 성격까지도 알 수 있다는 말로 들려서 놀랍고, 존경스러웠습니다."

"의학은 과학입니다. 제 말이 관상쟁이나 점쟁이의 말로 들렸다니, 모욕적입니다. 왜 자꾸 황당한 얘기를 계속합니까?"

"위나 쓸개의 초음파 영상으로 평소의 식습관이나, 생활 습관과 몸의 자세까지 알 수 있다는 게 신통해서 그랬습니다."

"베테랑이라면 초음파 영상판독으로 생활 수준과 식습관이나, 성격 유형을 경험칙으로 유추할 수 있다는 정돕니다."

"와! 초음파로 생활 수준이며 식습관과 성격 유형까지요? 그렇다면 저의 속내를 들키는 것 같아서 다소 멋쩍습니다."

"속내를 들키다니, 속으로 절 욕하셨습니까?"

"저마다 숨기고 싶은 과거나, 약점이 있잖겠습니까? 오죽하면 해외여행을 열흘씩이나 함께하며 웃긴 해프닝엔 마주 보고 박장대소한 파트너조차 모른다는 시치밀 떼겠습니까? 강바닥이 훤히 들여다보이면 건널 때 겁내는 사람이 없다고 하잖습니까?"

"선생님을 겁내거나, 얕볼 이유가 없으니 염려 마시죠?"

"쓸개 없는 사람이라는 말에 기분이 상해서 저도 모르게 여야의 비아냥 티키타카처럼 어깃장이 튀어나왔습니다만, 선생님이 검진받는 저의 입장이라면 어떤 기분이겠습니까?"

⟨쓸개 실종 증후군과 쓸개 노출 증후군⟩

"사람에 따라서는 쓸개나 간이 변형되는 정도에 따라 성격이 꼬이거나, 과격해지거나, 주눅 들어 온순해지기도 합니다."

"아, 네, 왜 그런 증상이 생기는지 자세한 설명을 좀…"

"선생님이 사회생활에서 늘 굽실거린다고 하잖았습니까? 그런 것처럼 어떤 자극에 순응하는 행동을 반복하면 습관이 됩니다. 습관이 생긴 뒤엔 자극이 없어져도 늘 하던 순응적인 반응을 하지요. 선생님의 굽실대는 습관에 굳이 이름을 붙이자면, '쓸개 실종 증후군(Gallbladder Disappearing Syndrome)'입니다. 학습된 무기력증(Learned Helplessness)보다 더 심각한 '인간 존엄성 실종 현상'인데, GDS는 LH와 달리 자극에 대해 스스로 순응을 결정하는 주체성 포기 행위지요. 가령, 수족관에 갓 집어넣은 물고기가 대뜸 먼저 들어온 무리를 따라 휩쓸리듯이 새파란 초선 의원도 얼마 못 가 당론의 수족관에서 보스를 따라 거수기가 되는 현상이지요. 사회적으로는 종교나 정치적 확증편향에 스스로 갇혀서 같은 행동을 반복하거나, 무리가 클수록 옳다고 철석같이 믿는 '집단 지향성 쓸개 실종 증후군'에 속하는 사람도 있어서, 상식과 정의의 기준까지 숱하게 바뀌기도 합니다. 반면에 '쓸개 노출 증후군'도 있는데, 가령 성희롱한 게 탄로 나서 자살한 사람을 버젓이 '서울특별시 장례'로 우대해서 죄과를 희석하거나, 호도하려는 후광효과 조작 발상 따위지요."

"쓸개 실종이니, 노출 증후군이라는 병명은 첨 듣는데요?"

"굳이 병명을 붙이자면 그렇다고 말씀드렸잖습니까?"

〈쓸개 실종 증후군도 프레임〉

"'굳이 병명을 달자면'이란 전제는 선생님이 생각한 쓸개 실종 증후군 프레임에 사회적 현상을 굳이 끼워서 맞춘다는 거잖습니까? 그러는 선생님이야말로 쓸개 노출 증후군 아닙니까?"

"상대방에 꼭 반박하는 습관도 쓸개 노출 증후군 증상의 하납니다. 문제는, 반박하지 못하면 치미는 울화로 울컥거리느라 기초대사보다 훨씬 많은 에너지를 소비하는 과잉 대사증후군으로 전이된다는 면에서 쓸개 실종 증후군과 유사한 강박증이지요."

"저야말로 툭하면 울컥거리는데, 다른 합병증도 생깁니까?"

"순응을 강제하는 억압의 강도가 클수록 그 충격을 다시 겪지 않으려는 보호 본능이 만들어 낸 방어벽에 의존하느라, 다른 대안은 전혀 못 보는 강박적 트라우마가 있지요. 가령, 사나운 개에게 호되게 놀란 아이가 노인이 돼서도 개를 겁내며 싫어하는 현상이랄 수도 있는데, 세상엔 착하고 충성되며, 귀여운 개가 얼마든지 있다는 사실을 일부러 외면하며, 귀엽고 순한 개를 눈으로 보고도 믿지 않거나, 개를 좋아하는 사람까지 개 보듯 하는 심리지요. 자기 생각으로만 세상을 해석하는 현상이자, 극좌와 극우로 치닫는 원리도 되는 경험 일반화의 오류지요. 정권이 바뀔 때마다 부쩍 비슷한 증상이 집단으로 나타나기도 하는데, 그런 증상의 하나로 꼭 고향이나, 종교와 정파를 먼저 확인하며, 자기와 다르면 안색부터 달라지는 사람도 있습니다."

"아! 네, 그렇기도 하겠습니다. 그런데 초음파로 투영한 제 쓸개에 심리적 반응의 흔적까지 나타난다는 말씀이네요?"

〈집단 쓸개 실종 증후군과 콰지모도의 간〉

"이렇게 굳어진 간엽에 쓸개가 짓눌리면 심리적으로도 위축됩니다. 문제는 위축된 울화를 참느라고 필요 이상의 에너지가 소모된다는 겁니다. 그래서 언제부턴가 선생님의 어깨가 이렇게 움츠러들며 근육량도 감소하여 왜소한 몸집이 된 겁니다."

"예? 에이! 제 몸집은 어릴 때부터 왜소한데요?"

"본래 왜소한 몸집이라서 스스로 위축된 나머지 쓸개 실종 증후군으로 전이되기도 하고, 그 반대로 쓸개 실종 증후군이 왜소한 몸집을 만들기도 합니다. 다음 단계에선 변화된 정체성을 자기의 고유한 성격으로 믿게 되지요. 선생님의 쓸개가 이 정도로 졸아든 원인은 환경을 통제할 능력이 없어서 자포자기하면서도, 한 가닥 미련이 남아 주춤거리는 습관 탓입니다. 그런 정체성 전이 현상은 집단적으로도 나타나는데, 이를테면 촛불에 심한 화상을 입고 주춤거리다 적폐 원흉 토착 왜구로 몰리던 보수나. 작년의 대선 패배 후엔 자기들이 되레 적폐 청산 대상이 되어 허둥대면서, 이미 타버린 촛불을 자꾸만 부여잡으려고 계속 퇴행하는 운동권도 일종의 '집단 쓸개 실종 증후군'입니다."

"선생님의 얘기대로라면 노트르담의 콰지모도나, 요즘 농촌의 허리 굽은 노인들은 모두 중증 '쓸개 실종 증후군' 환자겠네요? 그 영화를 본 사람 중엔 간과 쓸개 전문의도, 선생님 같은 초음파 전문의도 있었을 텐데, 그 누가 콰지모도의 쓸개가 간에 짓눌려 문드러진 쓸개 실종 증후군이라고 했습니까? 또, 어떤 의사가 허리 굽은 노인들은 쓸개 실종 증후군 환자라 했습니까?"

〈의식 굴절과 체형 변화〉

"선생님이 상대방의 비위를 맞추느라 허리를 굽신대는 습관이 생겼다고 빗대는 바람에 저도 모르게 선생님의 말투를 따라 '쓸개 실종 증후군'이라는 병명으로 빗대어 설명한 겁니다."

"선생님이 저의 농담을 자르고 막아서 어깃장 말투가 됐는데, 선생님도 저한테 비슷한 반발심을 느끼셨겠네요. 제가 어느 때부턴가 제 생각을 내세우기보다는 상대방의 입장을 지나치게 배려하는 습관이 생겼다는 말이었습니다. 그래서 제가 상대방의 눈치를 보는 습관이 생겼다는 자괴감이 들었는데, 그런 의식 굴절 과정에서 결국은 쓸개의 모양까지 변했다는 말씀이군요?"

"선생님의 경우 자세가 굽어서 생긴 일종의 퇴행성 증상에, 심리적 영향이 겹친 거지요. 뭐, 선생님의 말씀대로 심리적 굴절이 육체적인 굴절을 가져왔다고 봐야지요. 아무튼, 이유 여하를 막론하고 허리를 곧추세우는 습관이 필요합니다."

"아, 네…"

"심리적 굴절이 몸가짐을 흐트러뜨려서 자세가 흐트러지고, 웅크려진 몸 때문에 심리적으로 위축되는 악순환을 이루는 겁니다. 그런 경우 수반되는 대표적인 증상이 성욕과 성 능력 감퇴인데, 정작 본인은 전혀 모르는 경우가 대부분입니다. 또, 안다고 해도 자연적인 노화 현상으로 지레짐작하여 성생활을 조기에 포기하는 사례가 많습니다. 뭐, 선생님의 전립샘을 살펴보면 금방 알겠지만, 이슬비에 옷이 젖는 줄 모르듯 시나브로 모든 삶의 욕구들이 하나둘 사그라드는 거지요. 크, 크큼."

⟨진실과 정의의 공정한 검증 결과에 뭘 걸겠소?⟩

'?… 아니! 이 의사가, 내 쓸개를 멋대로 헤집으며, 듣도 보도 못한 쓸개 실종 증후군이라더니, 이젠 나의 성 능력이 영락없이 한물갔을 거라는 말투잖아?' 이 의사가 나의 말에 모욕을 느껴서 "당신의 성 능력은 한물갔을 거다."라는 투로 되갚으려는 걸까? 그렇다고, "난 아직 끄떡없다!"라고 한들, "정말 그렇다면 축하할 일인데 뭘 그렇게 발끈하듯 부정하세요? 각종 혐의로 수사받던 사람들의 자살이나, 서울 양평 고속도로 백지화 선언처럼 극단적인 부정은 제 발 저린 도둑이 저도 모르게 토해내는 과민 반응이 아닌가요?"라고 되받는다면? 또 그렇다고, 이 앙상한 몸집을 근거로 "선생님은 마른 장작이 화력 좋다는 말도 모르세요?"라고 되받아친들 수긍하겠는가? 답답해진 내가 끝내 어떤 가수가 바지를 내리던 심정이 되어, "그럼, 내가 성 능력을 실연(實演)할까요."라고 한다면? "그럼, 선생님의 성 능력 검증 결과에 저의 의사면허를 걸 테니, 선생님은 뭘 걸겠어요?"라며 확 달려들면? 그래서, 내친김에 설령 성 능력을 실연하더라도 과연 평소 실력을 발휘할 수 있을까? 또, 성 능력 평가의 공정성을 핑계로, "서로의 몸이 기억하며 저절로 반응하는 아내를 제외하고, 둘 이상의 심사위원을 입회시키자!"라고 우길지도 모르잖는가? 그렇다면, 그런 성 능력 검증 부대 요건을 내가 수락할 수 있을 것이며, 설령 수용하더라도 내가 어찌 평소 실력을 발휘할 수 있겠는가? 결국, 사람 사이의 진실과 정치적인 진실과 정의를 공정하게 평가하고 공증하기가 얼마나 어려운가?

〈공정한 심판관이 있을까만 선거가 코앞이니〉

한편, 성 능력 평가에는 공정하고 정의로운 심사 기준이 필요한데, 한 사람의 법무부 장관을 반대하고 옹호하는 진영논리로 두 동강 난 나라에 어떤 기준인들 있겠는가? 또, 대통령의 뇌물 혐의로 탄핵을 이끈 특별검사가 버젓이 수뢰 혐의를 받고, 대법관까지 재판거래 혐의를 받는 나라에서 정의로운 심판관을 구할 수 있겠는가? 설령, 찾은들 공정성은 또 어떻게 검증하겠는가? 더구나 내로라하는 도지사와 시장들이 연이어 성범죄로 국제적 망신을 치른 나라에서 억만금을 준들 그 누가 입에 담기도 남사스러운 '성 능력 평가 검증위원'을 맡겠는가? 또, 하나의 대통령을 놓고도 여야가 늘 상반된 평가를 하는 판에, 상대에 따라 달라질 성적 만족도를 어떻게 측정하고 평가하겠는가? 또, 한 번의 실연으로 평가할지, 복수 평균값을 취할 것인가 따위의 지루한 협상이 필요할 게 아닌가? 설령, 합의된 평가 기준에 따른 심사일지라도 패자가 승복하겠으며, 성 능력 평가 불복 소송을 한대도 마땅한 적용 법규나 판례가 없을 테니, 국회의원 임기보다 더 늘어질 게 뻔하잖은가? 결국, 난데없이 성적으로 모욕당하고도 정작 만회할 방법이 없잖은가? 그러나, 방법이 전혀 없겠는가? 모든 개헌과 입법과 판결은 물론, 대통령 탄핵과 정의(正義)까지도 다수결로 결정하니, 나처럼 성적으로 위축되는 연령대의 사람들을 모아, 삭발에 강렬한 원색 유니폼과 깃발 따위로 치장하고 광장으로 나가면 단박에 해결되잖겠는가? 안 그래도 노년층 유권자가 늘어나는 데다, 총선이 코앞이니…

〈마음 문신의 소통 장애〉

그런데? 어제 검진한 직장 동료는 나보다는 훨씬 더 꾸부정한데도, 의사가 "쓸개 실종이니, 성 능력이 어쩌네." 하더란 얘기는 없잖았던가? 이 의사가, 그 동료에겐 쓸개와 성 능력을 연관시키는 얘기를 왜 안 했을까? 어쩌면, 그 동료의 뱃가죽에 새겨진 섬뜩한 해골과 반월도 문신에 움찔했기 때문이 아녔을까? 문신의 기원과 발상이 위용을 과시하기 위한 원시인 추장의 자극적인 복장이나, 로마 병사가 키를 돋보이려고 투구에 꽂은 깃털 따위처럼 생존과 과시 용도였다면, 이젠 그런 용도의 문신은 필요 없는 시대가 아닐까? 그런데도 여전히 흉측한 문신을 한다면, 사회정의를 실현할 법치의 효력보다 원시적 생존 논리가 먹혀드는 사회임을 반증하는 게 아닐까? 결국, 재래적인 문신이 여전히 필요하다고 생각하는 사람과 더는 필요 없다는 사람이 공존한다는 방증이 아닌가? 한편, 과도한 문신 따위로 치장하는 사람들의 숫자가 점차 줄어드는 반면에, 마음에 문신하는 사람들의 수는 늘어난 게 아닌가? 그러나 세상이 복잡해지고 혼란할수록 마음의 문신 하나쯤 없는 사람이 있겠는가? 그런데 그 마음의 문신이 너와 나의 소통을 얼마나 방해하던가? 각종 편견, 교만과 열등의식, 갑질 의식과 노예 의식, 태극기 든다고 천박한 보수꼴통이라 업신여기기, 촛불 들었다고 빨갱이라 몰아붙이기, 진영논리, "실천 없는 지식과 양심은 악의 편인데, 배울 만큼 배운 넌 어느 편이냐?"라고 이분법적으로 들이대기 따위가 마음속 문신이 유발하는 소통 장애가 아닌가?

〈셰익스피어도 고개를 갸우뚱할 이념 문신〉

각종 편견 따위가 마음의 문신일 터이고, 편견에 동조하는 사람들이 떼를 지으면 괴이한 이념의 문신 집단이 되잖겠는가? 그렇잖다면, 수영선수도 엄두를 못 낼 '39km의 바닷길로 월북했다.'라는 프레임을 내걸어서, 한 국가의 운명과 맞먹는 국민의 죽음을 남북 관계 개선 기회로 활용하겠다던 정권의 이념이 얼마나 편향됐기에 그렇게 버젓할 수 있었겠는가? "The sense of death is most in apprehension ; and the poor beetle, that we tread upon, in corporal sufferance feels a pang as great as when a giant dies."라던 셰익스피어가 아니더라도, 국민 개인이 겪는 명예 살인 고통 또한 나라가 멸망할 때의 고통에 버금가거늘, 국민이 처참하게 죽은 이틀 뒤에야 마지못해 북한에 책임을 추궁한 정권엔 그 어떤 이념의 문신이 박혔다는 방증일 것인가? 그 문신이 떳떳하다면, 마지못한 북한 통지문을 경색된 남북 관계의 전화위복 기회라고 버젓이 떠벌리고도, '그토록 소중한 남북 관계를 복원한 민족의 영웅 훈장'을 그 공무원에게 왜 수여하지 않았을까? 도대체 그들의 이념엔 어떤 문신이 그토록 짙게 침착됐기에 그토록 구차한 자가당착 프레임을 버젓이 들이댔을까? 게다가, "진실을 밝혀 명예를 회복시키겠다."라던 당시 대통령의 침묵은 "신중히 검토하니 월북이 맞다."라는 거듭된 명예 살인이 아녔던가? 또, 사실 규명을 위한 감사원의 질의에 버젓이 "무례하다."라는 전임 대통령의 말을 뒤집으면, "나는 여전히 무오류의 짐이다."란 스탠스가 아닐까?

〈언어진단과 언어교정〉

"이제, 전립샘을 보겠습니다."

"아, 네, 뭐, 그러든지요."

"?… 지금, 저의 검진이 못마땅하십니까?"

"그럼, 저의 검진 받는 태도가 공손하지 않다는 겁니까?"

"검진이 내키지 않는다는 말투 같아섭니다."

"의사와 검진받는 사람 사이에 선을 그어 놓고, 검진자가 주제넘게 그 선을 넘는다고 밀어내는 것 같아서 그랬습니다."

"'간이 안 좋을 거다. 돈 내고 검진하는 거다.'라는 말은 '검진 비용을 받았으니 제대로 진단하라.'라는 말처럼 들렸습니다."

"저는 선생님이 저의 질문이나, 농담을 아니꼽게 여긴다고 느꼈습니다. 또, 저의 건강진단이 아니라, 저의 말투나 농담을 진단하는 줄 알았습니다. 실제로, 처음부터 저의 반응을 간보는 것처럼 질문하고는, 제 말투와 반응을 살피며 말꼬투릴 잡고, 제지하고, 교정하잖았습니까? 제가 그런 말을 들을 거면 언어 교정원이나, 개그 교습소엘 가지, 왜 검진센터에 오겠습니까?"

"검진과 관계없는 말투나 용어 사용을 자제해 달라고 했는데도, 자꾸만 제 진단과 질문에 엇박자를 놓지 않았잖습니까?"

"맨 처음부터 '아픈 것도, 아닌 것도 같다는 추측이나, 의사에게 진단의 책임을 나누는 듯한 반문은 진찰에 도움이 되지 않는다.'라며, 면박을 준 건 선생님이 아니었습니까?

"저도 모르게 선생님의 말투에 말려들어 티키타카 말투가 나온 건데, 선생님은 '친문' '반문'하며 계속 빗대잖습니까?"

〈다수결 기능만 남은 국회〉

"검진받는 사람이 느끼는 증상에 대해서 의사한테 반문하면 왜 안 됩니까? 또, 환자와 의사가 의견을 나누는데, 말투가 왜 중요해서 진찰에 방해가 된다는 겁니까? 말투가 진찰에 방해되는 게 아니라, 저의 말투가 선생님의 기분에 거슬린다는 거잖습니까? 그런 진료 자세로 객관적인 검진을 할 수 있겠습니까? 이를테면, '친문'도 '반문'도, 보수도 진보도 정치 성향이 다를 뿐 함께 아우를 대상이지요. 서로가 상대의 탓이라고 비난만 하면 힘으로 결판내야 할 테니, 결국은 협상과 갈등 조정 기능이 결판나서 다수결 기능만 남은 의회 독재로 나라가 동강 나는 현상을 수년째 바라보지 않습니까?"

"선생님이 '친문, 반문'이라고 할 때 제가 맞장구치면, 안 그래도 열불 나는 정치 얘길 계속하실 것 같아서 자른 겁니다."

"선생님은 검진자와 경계를 그었습니다. 검진자와 의사는 여야처럼 서로 존중하며 협의할 관계잖습니까? 그런데 선생님은 저의 말투를 일일이 지적했습니다. 그런 선생님과 16개 상임위원장을 독식하는 의회 독재를 만끽하느라, 국정감사장의 야당 의원과 검찰총장에게 '소설 쓰시네, 지휘랍시고.' 따위의 능멸을 일삼던 전임 법무부 장관과 뭐가 다르겠습니까?"

"그런데, 왜 저한테 자꾸만 정치적 프레임을 들이대십니까?"

"선생님의 '전략적 반문'이라는 말에서 의대 증원을 두고 이전 정부와 의협의 공방이 생각나서 저도 모르게 농담이 불쑥 나왔는데, 선생님이 정색하며 잘라서 반감이 일었습니다."

〈'예, 아니요'나, 'O, X'로 답하라〉

"선생님은 또, 제 쓸개를 두고 사람이 어떤 억압에 오랫동안 노출되어 순응적인 반응을 반복하면, 그 자극이 없어진 후에도 순응 동작을 기계적으로 반복한다고 하잖았습니까?"

"그 말이 또 뭐가 문젭니까?"

"그 말은 제가 간이며 쓸개를 빼놓고 사느라, 허리를 많이 굽실거린다는 걸 빗댄 말이 아닙니까?"

"쓸갤 빼놓고 산다는 선생님의 말투가 무성의하고 삐딱하게 들려서, 저도 모르게 따라간 말투였습니다."

"제가 무성의했다면, 선생님의 진단은 모욕적이었습니다."

"제 진단이 모욕적이었다니요?"

"저의 자세가 나빠서 장기가 억눌리고, 심리적으로도 위축되는 쓸개 실종 증후군이 된다면, 제가 쓸개도 배알도 없는 사람이라는 말이 아닙니까? 또, 선생님이 요청한 대로 증상을 자세히 설명하느라, 제가 사회생활에서 겪은 정신적인 경험을 비유로 들었는데, 선생님은 검진자와 농담을 안 한다며 말을 잘랐습니다. 결국, 검진자의 생각은 필요 없다는 거잖습니까? 그럴 거였으면, 애당초에 선생님이 모든 상황을 예로 들고, 택일이나, '예, 아니요'나, 'O, X'로 대답하라고 했어야 옳잖습니까?"

"제가 정신과 의사가 아니잖습니까? 그리고 그런 뜻으로 말씀드린 게 아녔지만, 듣고 보니 그렇게 오해할 수도 있다고 생각됩니다. 여기가 전립샘입니다."

"아, 네."

⟨전립샘 용불용설(用不用說)⟩

"짐작했던 대로, 전립샘이 이 정도면 꽤 큰 겁니다. 또, 여기 하얀 입자가 보이잖습니까? 전립샘 비대증과 석회화 현상인데, 소변 줄기가 가늘어지거나, 잔뇨감이나, 자주 마렵다거나, 사정할 때 시원찮은 증상이 나타납니다. 그런 증상은 없으세요?"

"뭐, 그런 건 아직은 모르겠습니다."

"다행입니다. 그런데 '아직은'이라는 말은 머잖아 그럴 거라는 예측이 이입돼서 정확한 증상 설명도, 옳은 대답도 아닙니다."

"?… 아, 네, 뭐, 아무튼, 알겠습니다."

"네, 아무튼, 뭐, 가장 좋은 전립샘 건강법은 주기적이며 충분한 사정이지요. 최고조의 흥분 상태에서 충분한 사정이 이뤄져야 바람직합니다. 그렇잖으면 찐득한 호르몬 성분이 전립샘 세포조직에 잔류해서 염증을 일으키기도 합니다."

"아, 네, 뭐…"

"샘물을 퍼내면 금방 새로운 물이 솟아나지 않습니까? 계속 퍼내면 새물이 계속 나오지요. 그러나 샘물도 자주 퍼내지 않으면 물이 썩고 부영양화가 일어나 나중엔 송사리조차 살 수 없잖습니까? 가령, 어떤 시골집 마당엔 벌겋게 녹슨 펌프가 있잖습니까? 상수도가 들어온 후에 사용하지 않아서 멀쩡한 펌프가 못쓰게 된 것처럼, 전립샘 관리가 소홀해서 마냥 커지거나, 석회화에 염증까지 겹치면 소변 장애는 물론, 성 능력도 결딴나는 거지요. 사람 몸에 용불용설(用不用說)이 적용된다면 전립샘이 대표적이라는 면에서, 주기적으로 꾸준히 활용해야 합니다."

〈전립샘과 만수무강의 상관관계〉

'아니! 그만큼 얘기했건만, 내 전립샘 이야기를 계속하잖아? 전립샘은 엄연히 성 기관에 속하거늘, 용불용설까지 들먹이며 전립샘 건강법을 빙자한 성희롱까지 하는 게 아니냐고!…'

점점 치미는 부아가 끝내 헛구역질로 변하고 말았다.

"아이! 이, 씨, 으윽!…"

"어디 편찮으세요?"

"아, 아닙니다. 선생님이 전립샘 건강법을 알기 쉽게 설명해 주셔서, 저도 모르게 감탄이 나왔습니다."

"제가 설명한 전립샘 건강법을 이해하셨다는 말씀이네요?"

"네, 그러니까, 주기적으로 꾸준히, 그리고 땅속 저 깊숙한 데서 지하수를 빨아올리는 펌프처럼, 전립샘 구석구석을 훑어 내듯 충분히 사정하라는 거지요?"

"하하하, 이를테면 그렇다는 말이지요. 주기적인 성생활 상대가 없는 사람도 많은데, 어떻게 전립샘에 호르몬이 고이는 족족 퍼내기만이야 하겠습니까?"

"아무튼, 주기적인 충분한 사정이 전립샘 건강의 지름길이라는 거네요? 그런데, 그런 건강법이 맞는다면 사제나, 비구승들은 젊어서부터 전립샘 석회화 증상이 생기겠네요? 그리고 선생님의 건강법대로라면 전립샘 석회화 증상은 만수무강과는 관계없다는 말씀이고요?"

"제가 언제 전립샘 석회화 증상이 만수무강과 무관하다 했습니까? 그리고 왜 갑자기 사제와 스님 얘길 하십니까?"

〈뒤집어 본 전립샘 건강법〉

"선생님이, '전립샘 건강을 위해서는 주기적으로 충분하게 사정해야 한다. 그렇잖으면 전립샘 조직에 찐득한 호르몬이 잔류해서 석회화 현상을 일으킬 수 있다.'라고 하시잖았습니까?"

"네, 그렇게 말씀드렸는데요?"

"선생님의 전립샘 건강법을 정리하면, '주기적으로 충분히 사정하지 않으면 전립샘 염증이나 석회화를 일으켜 만수무강에 장애가 된다.'라는 겁니다. 그 결론에 '다른 직업에 비해 성직자의 평균수명이 높다.'라는 통계를 대입하면, 성직자의 전립샘은 일반인보다 건강했다는 결론이 나옵니다. 그리고, 그 결론에 선생님의 전립샘 건강법을 다시 대입하면, 그분들은 평생 주기적으로 충분히 사정했거나, 사정과 전립샘 건강과 수명의 상관성은 전혀 없다는 상반된 결론이 나오잖습니까? 결국, 3단계의 논증으로 선생님이 말한 전립샘 건강법의 객관성이 사라진 겁니다."

"?… 전립샘 건강 문제는 노화에 따른 일반적 증상이지, 수도 사제나 비구승을 콕 집어 확대해석할 건 아닙니다."

"지금, 이 결론은 선생님이 저한테 권장한 '전립샘 건강법'이 들어있는 자루를 뒤집어서 전립샘 질환의 요인과 결과를 거꾸로 추정한 겁니다. 다시 말하면, 가령 사제나 비구승의 전립샘을 초음파 진단할 때, 저에게 말했던 것처럼 '간단명료하게 증상만 설명하세요.'라거나, 용불용설(用不用說) 따위를 들어서 전립샘 건강법을 권면하시겠냐는 겁니다."

"… 크, 큼, 무슨 말씀인지 알겠습니다."

〈국민적 쓸개 실존(實存) 증후군 옹호 발언〉

"물론, 선생님은 농담 삼아 전립선 건강법을 설명하셨겠지만, 듣는 사람은 다릅니다. 또, 선생님은 문신한 검진자한테는 저한테 권한 전립샘 건강법을 권하지 않았기 때문에 문신과 성 기능을 연관시킨 편견이 됩니다. 또, 저의 발톱은 왜 쳐다봅니까? 비록 진단 목적이라도 지나친 헤아림은 확증 편향을 이끄는 오진으로 이어져서, 애먼 환자를 만들 수도 있잖습니까?"

"?… 제가 언제 문신과 성 기능을 연관시켰다는 말씀입니까?"

"쓸개 실종 증후군이란 설명도 얼마나 황당합니까? 쓸개가 졸아들면 마음도 위축돼서, 자존심 상해도 속으로 삭이느라 헛구역질하는 증상을 '쓸개 실종 증후군'이라 했습니다. 그렇다면 태극기나 촛불 들고 광장이나 거리로 나가고 싶지만, 참는 사람들도 '쓸개 실종 증후군 환자'라는 프레임에 갇히잖습니까?"

"쓸개의 기능을 배알로 비유해서 설명한 겁니다."

"그렇다면 '쓸개 실종 증후군'이 아니라 '쓸개 실존(實存) 증후군'이겠지요. 외부 자극에 대해 쓸개가 실존적인 문제의식으로 반응하는 현상일 테니까요. 그래서 어떤 가수도 '국민의 쓸개와 배알이 탱탱해야 시답잖은 위정자가 감히 발을 못 붙인다.'라는, '국민적 쓸개 실존 증후군 옹호 발언'을 하지 않았습니까?"

"?… 알겠습니다. 그런데 제가 문신과 성 기능의 연관성은 말한 적이 없는데요? 또, 제가 선생님의 발톱을 쳐다봤다니요?"

"아니면 말고 식의 정치판 때문인지, 군말이 나왔습니다."

"?… 검진 마쳤습니다. 내시경실로 가시면 됩니다."

내시경 검진 대기실에서

〈콩밭 매던 엄마 생각〉

내시경 순서를 기다리며 폰 앨범을 열었다. 사진 속의 엄마는 고추며 상추가 한창인 밭에서 흡족한 웃음을 짓고 계셨다. 그러나, 재작년에 유품을 정리하며 둘러본 아파트 뒤편의 엄마 밭엔 한창이던 채소도, 검푸르던 콩 이파리도, 매일 보살펴 주던 주인을 여의곤 바짝 시들어서, 털썩 주저앉아 꺽꺽 울었다.

시들었던 엄마의 밭이 떠오르자, 불현듯 "애가 더윌 먹었나?"라시던 엄마의 목소리가 기억 저편에서 탁 튕겨 나오더니 와락 밀려온 그리움과 서러움이 북받쳐 단박에 눈물이 줄줄 흘렀다.

중3 때, 홀로 되신 엄마를 돕는다고 여름 한낮에 콩밭을 매고서 몸살을 처음 겪었다. 한여름의 뜨거운 뙤약볕 아래서 두어 시간 정도 콩밭을 맸으니, 몸살도 나고, 더위도 먹었을 터였다. 점심 먹고 나서 마루에 누웠는데, 비몽사몽간의 내 몸과 마음은 내리쬐는 땡볕을 받아 후끈거리는 콩밭 한가운데 있었다. 흐르는 땀으로 따가운 눈, 콩대에 긁혀 쓰라린 팔뚝, 틈틈이 튀어 오르며 차가운 오줌을 갈겨 대는 개구리, 모기와 사마귀가 틈틈이 튀고, 물고, 기어올라 소름 돋고, 가렵고, 따갑고, 무덥고, 지겨운 콩밭 매기를 하느라 손발을 내저으며 허우적거렸다.

앓는 소리를 내며 허우적대는 나의 배에 엄마가 걱정과 자책이 잔뜩 묻은 홑이불을 덮어 주며 혼잣말하셨다.

"아이고! 애가 콩밭 좀 매더니 몸살 허나? 더윌 먹었나?…"

다시 콩밭으로 나가는 엄마를 어렴풋이 느끼면서, '사람이 어떻게 더위를 먹지?'라는 생각까지 맴돌아 더욱 어지러웠다.

⟨2023. 09. 더위 먹고, 몸살 났던 날⟩

작년 여름, 무더위가 고약하던 날 저녁때 아름이와 마라톤을 했다. 며칠째 놓친 잠을 찾으려고 '피곤하면 잠이 오겠지.' 싶어 억지로 15km 정도를 뛰어서 몹시 피곤했으나, 정작 잠자리에선 말똥말똥하여 선잠으로 아침을 맞으니 몽롱했다.

간신히 출근해서 점심도 거른 채 책상에 엎디어 눈을 감으니, 발목부터 어깨까지 온몸이 짓눌리듯 쑤셨다. 어제의 무리한 마라톤으로 몸살 났거나, 더위 먹었다는 생각이 들자, '애가 몸살을 허나?' 하시던 엄마가 또 왈칵 그리워서 눈물이 쏟아졌다.

엄마를 입술로 부르며 속으로 울던 나는 어느덧 그날의 찌는 듯하던 콩밭 속에 있었다. 콩밭을 매느라 땀범벅인 채 허우적대는데, "아이고! 애가 콩밭 좀 매더니 몸살 허나? 더윌 먹었나?"라시던 엄마의 자책과 걱정 어린 목소리가 최면술사의 주문처럼 귓가에 맴돌며 어지러웠다. 왠지 내 몸이 변기의 물 내림 소용돌이를 따라 돌아가며 살점이 하나둘 떨어져 나갔다. 어느새 내 몸은 과육이 모두 문드러져 빠져나가서 희끄무레한 줄거리만 남은 수세미가 되어 변기 물에 반쯤 잠긴 채 빙빙 돌았다.

'내가 왜 이렇지?…'

생각할수록 점점 생각조차 힘들더니, 나는내가아닐지도모른다는생각이마구맴돌아서내가나인지확인하려고동료들표정과화장실의거울을살피다퇴근하는길에아름이가보고싶어뛰듯이집까지왔는데, 평소와 달리 아름이의 기척이 없어 안타깝게 소리쳤다.

"아름아! 아름아?…"

〈여름 감기와 개〉

"어! 조 박, 잠꼬대까지 하네? 점심시간 끝났네."

점심 후 운동하고 들어온 강 박사가 어깨를 토닥였다.

"어? 응, 감기가 들었나 보네."

"어허, 여름 감긴 개도 안 걸린다던데, 조 박이 개만도?…"

"농담할 기분도 아니지만, 왜 애먼 개는 갖다 붙이나?"

"?…, 조 박! 지금 화내는 거 맞지!"

"?… 사람들은 왜 툭하면 애먼 개를 끌어다 대냐는 말일세!"

"허! 참, 일단 컨디션 탓으로 이해하겠네. 좀 더 쉬게나."

의무실에서 타 먹은 몸살약에 취해 허우적거리다 조퇴하는데, 코로나 때문인지 꿈에서처럼 버스엔 나 혼자였다. 집까지 10분 남짓 걸어갈 때도 더워서인지 사람도, 개 한 마리도 안 보였다.

'아까 점심시간의 꿈이 이어지는 건가?…'

달아오른 아스팔트 열기가 아지랑이처럼 아른거려 몽롱해지면서, '내가 호접몽(胡蝶夢) 속에?' 싶은 생각이 자꾸 떠올랐다.

가까스로 문 앞에 왔는데, 여느 때와 달리 아름이의 기척이 없었다. 녀석은 엘리베이터 진동에도 문 뒤에서 낑낑대다, '아름아!' 하며 문을 열면, 단박에 내 가슴팍까지 튀어 오르곤 했다.

'으응? 아름이가 왜 기척이 없지?…'

웬일인가 싶어 문을 살며시 빼꼼하게 열었다.

단숨에 달려 나올 아름이 대신 웃음기를 머금은 낯선 목소리가 문틈으로 삐져나왔다. '아니! 여느 때처럼 아름이의 마중도 없고? 또, 이 낯선 목소리들은 뭐지?' 싶어 혼란스러워졌다.

〈'당신은 나의 주인이 아니다!'〉

'?… 내 집이 아닌가?' 싶어, 슬며시 문을 닫으며 문패를 올려다보니 601호 내 집이 맞았다. '그런데 아름이가 왜 안 나오지? 벨을 눌러봐?' 싶어 손을 댔는데, 가위눌릴 때처럼 벨을 누를 손가락에 힘이 들어가질 않고, 한없이 귀찮아지며 '에이! 내 집인지 아닌지, 누가 나와서 확인만 해 주면 이렇게 힘들진 않을 텐데!' 싶은 짜증과 현기증이 나서 거의 주저앉을 지경이었다.

내 기척을 느꼈는지, 아름이가 문 뒤로 다가오는 듯했다.

"아름이? 아름아아?…"

왠지 긴가민가하여 나지막하게 불렀다. 문 뒤에서 가늘게 시작한 아름이의 으르렁거리는 소리가 점점 커졌다.

'아니! 이건 반가움을 못 이겨 문짝을 긁으며 낑낑대던 아름이가 아니잖아?' 싶어, 문을 살짝 열자, 아름이가 주춤했다.

"아름아!"

와락 솟구친 반가움에 문을 확 열고 들어서자, 아름이가 떡 가로막으며 마치 '네놈이 누구냐! 썩 나가지 못하겠냐!'라는 듯 이빨을 한껏 드러내며 사납게 짖어서 아파트가 쩌렁쩌렁했다.

'아니! 이! 그, 내 아름이가 주인인 나를 몰라보다니?…'

현기증이 일며 다리가 풀려 풀썩 주저앉았다.

"어머! 아름이 웬일이니? 어머나!…"

두어 사람이 소리를 지르며 튀어나오고, 놀람과 걱정이 담긴 웅성거림이 어렴풋이 들려오며, 까마득한 높이에서 가물가물 추락하는 내 몸뚱이가 작은 점으로 보였다.

운암거사에게 털어놓기

〈성경과 개〉

얼마 뒤에 깨어나서 내가 혼절한 까닭을 곰곰이 생각하니, 일단 심한 더위에 바닥난 체력 때문이었지만, 그저 일상의 한 식구라는 생각뿐, 나는 사람이고, 저건 개라고 나누어 생각한 적이 한 번도 없었던 아름이가 난데없이 사나운 적대감을 드러내서 몹시 혼란했기 때문이었다. 그도 그럴 것이, 장난스럽긴 했지만 '만약에 신앙과 아름이 중에서 택일해야 한다면 단박에 결정할 순 없겠다.'라는 생각이 들 정도여서, 재작년엔 아름일 데리고 운암거사를 찾아 의논했을 만큼 각별했던 아름이었다.

"이번엔 또 뭣 땜에 욕지긴 게야? 그리고 이 개는 또 뭐냐?"

"제가 지나칠 정도로 아름이한테 집착됩니다. 세상 돌아가는 뉴스를 보거나, 성경을 읽다가도 우리 아름일 기준으로 분석하고, 평가하고, 적용하려는 저를 발견하곤 깜짝깜짝 놀랍니다."

"아니! '우리 아름이라니?' 또, 개를 기준으로 세상을 본다니? 이놈이 실성해도 유분수지, 이게 무슨 개 같은 소린 게야!"

"우리 아름일 데려온 뒤로 점점 예수님한테 불만이 일었습니다. 가령, '개에게 거룩한 것을 주지 말며, 돼지에게 진주를 주지 말라'고 하셨는데, 돼지는 몰라도 애먼 개한테 왜 그러셨는지 모르겠습니다. 거룩함과 비천함을 일일이 구분할 기준이 명확하지 않을뿐더러, 개에 대한 자의적인 불만이나, 차별과 학대를 정당화하거나, 합리화하는 공공연한 빌미가 될 수도 있다는 생각에 예수님 말씀이 자꾸만 거슬린다는 말씀입니다."

〈개돼지보다 못한 사람 평가 척도가 나라의 수준〉

"거룩함의 기준이 없어서 일상에 적용하기가 어렵다니?"

"예수님이 거룩함과 비천함의 정도별 등급과 더불어 사람과 개의 등급을 분류해 주셨더라면, 우리 아름이한테도, 세상에도, 적용하고 평가하기가 쉬웠을 거라는 말씀입니다."

"그건 또, 무슨, 점점 더 개소린 게야?"

"개라고 다 같은 개가 아니며, 사람도 다 같은 사람이 아니잖습니까? 예수님은 왜 '원수를 사랑하되, 신도와 국민을 우습게 여기는 사이비 성직자, 위조 사회주의자, 부조리한 판검사, 파렴치한 정치인 나부랭이는 제외하라고, 명확하게 구분하지 않으셨나?' 싶은 생각이 요 몇 년 사이에 부쩍 심해져서 그럽니다."

"거룩함과 원수의 기준과 등급 따위의 구분 없이 개와 원수를 일괄적으로 지칭한 바람에 '개보다 못하게 뵈는 정치인과 성직자조차 여느 사람으로 대접하라는 게냐?' 싶어 욕지기 난다는 게냐? 그럼, 개만도 못하게 뵈는 성직자나 정치인 따위에게 충성하는 사람이나, 그들이 기르는 개는 또 어떻게 평가하랴?"

"'동물을 대하는 척도가 그 나라의 수준'이라던 간디의 말을 '개돼지보다 못한 사람을 평가하는 척도가 그 나라의 수준이다.'라고 고치고 싶은 겁니다. 또, 예수님은 거룩한 것의 실제적인 용도와 효용을 설명하시지 않은 탓에 거사님 같은 수도자들이 구하려는 거룩함의 효용이 이해되지 않아서입니다."

"아니! 네놈이 지금 나한테 그동안의 산중 수도로 깨달은 거룩한 것들의 목록별 실재와 그 효용을 증빙하라는 말이렸다?"

〈다수결과 진영논리의 몰가치에 표류하는 정의〉

"거룩함과 비천의 경계와 용도를 명확히 하자는 말씀입니다."

"네놈의 생각은 종교적 거룩함의 세속화에 지나지 않는 게야. 종교적 거룩함은 실용적 효용이 아니라 인간 정신의 그린벨트처럼 상징적인 효용을 본질로 삼아 누려야 할 여백인 게야."

"그 여백으로써의 거룩함이 어떤 효용이 있는지 궁금합니다."

"네놈은 사유(思惟)의 목적이 꼭 효용인 것처럼 들이대는데, 정작 네놈의 생각이며 말은 열에 하나도 쓸모없어 뵈는구나?"

"선과 악, 복종과 평등, 폭력과 평화의 양면 지향성이 공존하는 세상에는 힘이 정의이고, 약하면 죄악이 아니겠습니까?"

"그래서 뭐가 어쨌다는 게야?"

"어떤 가치를 지향하고, 권장하냐의 문젠데, 선과 악, 정의와 불의가 진영논리나 다수결에 의한 이항 대립의 몰가치 형태로 표류하지 않게 하려면, 거룩함의 실제적이고 공익적인 효용 정도는 구체적 사례로 법제화해야 되잖겠습니까?"

"네놈은 엔간히 거룩하고 싶은데, 거룩함이 뭔지 몰라서 실천 못 한다는 핑겔 대는 게지? 예수는 제자에게 옷과 신발을 한 벌 이상 갖지 말라 이르며 실천하잖았더냐? 차제에, 네놈 눈엔 내 가사와 바랑이 나를 처음 만났을 때 것인 줄을 모르겠느냐? 가사와 신발 살 돈을 어려운 곳에 보내기 위해 기워입고, 기워 신는 게야. 또, 후세를 위해서도 불필요한 소비를 없애야 지구가 오래 견디잖겠느냐? 이쯤 설명했으면 거룩함과 비천의 경계며, 거룩함의 실천적 통화가치가 얼추 짐작 되렷다?"

〈사회주의자란 누구인가?〉

"네, 말씀을 듣고 보니 절제 중엔 의복이나 신발에 대한 욕구의 절제가 가장 쉬울 듯합니다. 저도 옷과 신발값을 줄여서 어려운 델 돕고, 지구 내구성에도 보탬이 되도록 하겠습니다."

"저마다 처한 여건에서 분별력을 갖추어 마음과 재산을 나누고, 시혜와 수혜의 구분 없이 봉사하면 곧 사회주의자이고, 거룩한 삶인 게야. 네놈은 예수가 애먼 개를 빗대어 사람들을 나무랐다고 불만인데, 성경이나 제대로 읽고서 하는 말이냐?"

"제가 찬송가 가사를 오해한 적도 있어서, 성경을 제대로 읽으려고는 했습니다. 대여섯 살 적에 교회 마당에서 또래와 노는데, '걸어가세. 믿음 위에 서서, 나가세. 의심치 말고.'라는 어른들의 찬송가가 들려왔지요. 그런데 그 '믿음 위에'라는 가사가 '지붕 위에'로 들렸습니다. 아직 '믿음'이라는 말을 모르던 터라 '지붕'으로 들은 거지요. 그리고는 '왜 지붕으로 걸어간다는 걸까? 지붕은 올라가기도, 걷기도 위험한데? 이웃집 할머니가 돌아가셨을 때 동네 아저씨가 지붕에 올라가서 흰옷을 휘두르던데?'라는 등 궁금해하며, 틈틈이 홍얼거리던 어느 날 어머니가 '얘, 믿음이지, 지붕이 뭐냐?'라며 한참 설명해 주셨습니다."

"네놈이 잘못 들은 게 아니라 제대로 알아들은 게야. 지붕의 경사면과 '날 선 용마루를 걷듯 두렵고 경계하는 마음으로 늘 삼가며 가르침을 실천해야 여무는 신앙'이기 때문이야. 그런데 네놈이 多不有時를 時有不多로 뒤집어 읽은 것은 어렸을 때부터 '믿음을 지붕'으로 지레짐작하던 버릇의 연장인 듯싶구나?"

〈지레짐작 유전자〉

"네, 제가 지레짐작하는 버릇이 있긴 합니다. 예닐곱 살 무렵 세 살 위인 형과 집에 있을 때 한 어른이 아버지를 찾았지요. 안 계신다고 했더니, '아 버지 오시면 당숙이 다녀갔다고 해라.' 하셨지요. 저는 형에게 '당숙이니 까 당가겠네?'라고 물었지요. 형은 '당가?… 조당숙이야!'라고 고쳐주었지 요. 마침 곁을 지나던 이웃 엄마가 저희 형제가 주고받는 말에 배꼽을 쥐 고는, 엄마들에게 말해서 온 동네가 웃었지요. 성명의 첫 자를 성씨로만 알고 있던 제가 당숙이라는 분의 성은 당연히 '당씨'일 거라고 지레짐작한 거지요. 형은 당숙이 같은 성씨의 친척이라는 걸 알았기에 자신 있게 '조 당숙이야!'라고 한 거였고요. 그런데, 상황을 지레짐작하는 성향이 유전 된다는 생각이 들었습니다."

"그건 또 무슨 소린 게야?"

"네, 저의 아들이 네댓 살 때였는데, 한번은 제 불알을 만지면서 엄마한 테 '이게 뭐냐?'라고 물어서, 얼떨결에 '아기씨인데, 아빠의 아기씨를 엄마 한테 줘서 너하고 은봄이가 생겼다.'라고 대답했답니다. 녀석이 반짝이는 눈을 깜빡거리더니, '아! 아기씨가 두 개라서 옆집 진수네도, 보라네도, 아 이가 둘씩이구나!'라고 하더니, 또 눈을 깜빡이며 '그럼 외할아버지는 아 기씨가 몇 개야?'라고 묻더랍니다. 저의 장인이 6남매를 두었거든요, 아내 가 '아기씨가 둘이 아니고, 아기씨가 만들어지는 집이라는 설명을 하느라 애먹었다.'라며, 한참 웃었습니다."

"아하하, 네놈의 아들이 영락없구나?"

〈개돼지만도 못한 인간들을 먼저 척결하라〉

"개에게 거룩한 것을 주지 말라.'고 하신 예수님이 어렸을 때 혹시나 사나운 개에게 물렸거나, 놀라신 적이 있을까 싶어서 성경을 살폈지만, 예수님도, 형제들도, 부모님도, 열두 제자 그 누구도 개한테 놀랐거나, 물렸거나, 쫓겼다는 기록이 없었습니다."

"미련한 놈하고는! 예수가 말한 개는 원수처럼 나쁜 인간들을 가리키는 걸 정녕 몰라서, 예수가 개한테 물리거나 놀랐나 싶어 성경을 뒤져볼 생각을 했단 게냐?"

"그게 아니라, 요즘의 교회엔 아이들이 안 보입니다. 아기 울음소리가 안 들리면 집안의 대가 끊기는 것처럼 아이들 웃음소리가 끊어진 교회도 머잖아 문이 닫힐 겁니다. 아이들을 교회로 데려오기가 그렇게 다급하고 절실한데, 개를 하나님보다 더 좋아할 요즘 아이들에게 다짜고짜 '개한텐 거룩한 것을 주지 말라!'라고 한다면, 아이들은 몹시 어리둥절해하거나, 소스라쳐서 잘 다니던 교회도 뛰쳐나가지 않겠습니까? 그러니 성경 내용도 아이들의 정서에 맞게 고칠 필요가 있다는 말씀입니다."

"허허, 그리 말하니 아주 엉뚱한 얘긴 아니로구나?"

"또, 생각해 보니 '개돼지에게 거룩한 것을 주지 말라'는 말씀은 저에게만 거슬리는 게 아녔습니다. 예수님이 요즘의 서울에 오셔서 그런 말씀을 했다면, 극성스러운 동물 애호가들이 가만히 있겠냐는 생각입니다. 동물 애호단체가 단박에 들고일어나서 '그런 소릴 하려면, 개돼지만도 못한 인간들을 먼저 척결하라!' 어쩌고, 어깃장 놓을 거란 말씀입니다."

〈듣보고 싶은 개만 말고, 소 돼지와 닭 따위도 보라〉

"허허! 개한테 미쳤기로서니, 어찌 그런 생각을 하는 게냐?"

"천만 마리가 넘는다는 반려동물 복지예산과 감정적 관리 비용까지 계상하면, 빈곤층 독거노인이 정부와 개 주인들한테 받는 관심은 개만도 못한 걸 예수님이 아셨다고 치자는 말씀입니다. 안 그래도 '개한텐 성스러운 걸 주지 말라!' 하셨던 주님은 개 식용 금지법 제정까지 들먹이는 위정자와 개 주인들에게 진노하실 겁니다. 그러나 저마다 좋아하는 걸 좇아 생업도 접고 광화문과 서초로 달려가는 세태인데, 자기네 식구인 개에게 '성스러운 걸 주지 말라.'거나, '적어도 최빈곤층을 개만큼은 사랑해야 옳잖으냐!'라며 역정 낸다면 가만히 있겠습니까? 개 주인들은 즉각 '개한텐 성스러운 걸 주지 말라니! 내 개한테 뭘 주든 웬 참견이냐? 이천 년 동안 잠잠하다, 개 식용 금지법을 제정한다니까 뜬금없이 나타나 초를 치는 예수를 처벌하라!'라며 극렬히 비분강개할 겁니다. 주님은 그제야 식구의 반열에 오른 개의 국가적 위상에 놀랄 겁니다. 또, 개 주인들의 사나운 얼굴에서 가야파에게 선동된 군중이 선택한 바야바에 밀려 십자가를 졌던 씁쓸한 기억에 움찔하시며, 개 주인들을 설득하실 겁니다. 그러나 개 사랑이 가득한 그들은 주님을 외면할 겁니다. 결국, 주님은 듣고 싶은 것만 좇는 반려견 주인과 그들을 부추기는 선동꾼에게 뜻밖의 봉변을 겪다, 끝내 '개 식용 금질 하려면 소 돼지와 닭들도 먹잖아야 하는지조차 모르도록 이기적인 저들을 용서해 달라!'고 기도하시며, 서글프게 서울을 등지실 겁니다."

〈개 식용 금지법의 뒤안길〉

"네놈의 얘긴즉슨, 개 식용 금지법은 저마다의 식성에 따라 음식을 선택할 국민의 기본권과 식용 개를 기르고 판매하던 국민의 직업 선택권과 생존권을 박탈하는 법이란 게지?"

"권력이든, 선동 기술 따위로든, 큰 무리를 모으면 필수재가 아닌 애완 따위의 기호(嗜好)에 대한 집단이기주의도 정의롭다는 투의 개 식용 금지법 목적과 수단인 듯해서 께름칙한 겁니다.

"네놈은 육식을 그다지 탐하잖더라만, 소나, 돼지나, 닭 따위를 반려용으로 기르는 사람이 반려견을 기르는 사람의 수와 같아진다면, 이 나라엔 먹을 고기가 없을까 봐서 걱정인 게냐?"

"'사람이 먼저다!'라고 외친 대통령도 있잖았습니까? 전쟁에서야 아군의 개가 적군 목숨보다 중하겠지만, 반려견 주인들의 기호를 충족시키려고 식용견 관련업 종사자의 생존권과 병후 회복 따위를 위한 건강 증진권이며, 음식 선택권을 박탈당한 국민은 정부로부터 개만도 못한 대접을 받을 터라 찝찝한 겁니다."

"내 생각에도, 개를 식용하는 사람 수가 교회 신도 감소보다도 가파른 추세니, 당장에 식용 금지법까지 들먹일 이유가 뭔가 싶었다. 그러나 국회와 정부의 체면도 있을 테니, 입법의 소급 원칙을 확장해서, 식용 금지법 제정 이전까지 먹지 않았던 사람이나, 금지법 이후에 태어난 사람에게만 식용 금지를 적용하고, 식용견 사육과 판매업도 신규 허가만 금하면 되겠느냐?"

"그럴 국회와 정부도 아니지만, 반려견 주인들과 위정자들은 또 주님을 탓하며 끝까지 붙잡고 늘어질 겁니다."

<대형 예배당을 둘러보신 예수>

"예수가 요즘의 서울에 왔다면, 동물 모욕죄에 집시법 위반까지 덧씌워 십자가에 또 매어 달 거란 말이렷다?"

"네, 안 그래도 주님은 '개돼지에게 좋은 것을 주지 말라.'는 말씀 말고도, 여러모로 트집 잡힐 빌미를 제공하셨습니다."

"예수가 트집 잡힐 빌미를 제공했다니?"

"예수께서 성전에 들어가 장사꾼들을 내쫓고, 돈 바꾸는 사람들의 탁자와 비둘기를 파는 사람들의 좌판을 뒤엎으며 기도하는 내 집을 너희가 강도 소굴로 만드는구나!'라고 진노하셨던 것처럼, 재림하신 주님께서 명동성당이나 순복음교회와 사랑제일교회 근처 노점상의 좌판을 뒤엎으시며 의자나 돈통 따위를 집어던졌다고 치자는 말씀입니다."

"예수가 큰 성당이나 교회와 그 근처의 노점상들에게 진노하여 꾸짖으며 좌판을 뒤엎고, 의자를 집어던졌다고 가정하자고? 왜 굳이 그런 엉뚱한 가정을 하자는 게냐?"

"여름날 주일에 주님이 큰 교회들을 둘러보신다면, 부유한 신도가 가득한 시원한 예배당과 뙤약볕에 나앉은 가엾은 노점상이 대비되는 극심한 양극화에 격노하실 겁니다. 차량 안내 봉을 들고 노점상 근처를 바삐 오가는 안내원을 보시곤, '예배당이 자릿세까지 뜯다니!'라며, 냅다 예배당에 뛰어들어 강대상을 뒤엎을 겁니다. 또, 수평아리를 얻어다 파는 노점상에겐 '아무리 생계가 어려워도 병아리를 비둘기로 속여 제물로 판단 말이냐!'라고 노발대발하시며, 의자를 던지고 좌판을 뒤엎으실 겁니다."

〈여야의 폭탄 돌리기에 꼬질꼬질해진 탄핵의 공〉

"허허, 예수가 그런 오핼 하겠냐만, 그래서?"

"설교하던 목사가 놀라서 눈을 부릅뜨며 벌렁 나동그라지고, 예배당 주변의 노점 좌판이 뒤집히며 제철 과일 따위가 와르르 떨어져 구르고, 좌판 옆에서 졸던 개들은 화들짝 놀라 깨갱대며 날뛸 겁니다. 유튜버가 '대박!'을 외치며 동영상을 날려서 단박에 전 세계로 생중계될 겁니다. 안 그래도, 주님의 재림을 꺼리던 사람들은 재빨리 동물 애호가들을 부추기길, '예수가 생계형 노점상의 좌판까지 뒤엎었다. 늘 약자 편이라던 예수가 드디어 본색을 드러냈다! 심지어, 무심코 주인을 따라와 좌판 밑에서 졸던 작고 귀여운 개까지 놀라게 했다. 조느라고 예수한테 짖지도 못한 개가 무슨 죄냐? 예수는 평소에도 개돼지에게 거룩한 것을 주지 말라며 동물 혐오를 선동했다. 예수의 폭력과 동물보호법 위반을 당장 특검하라!' 어쩌라, 날뛸 겁니다. 총리는 '예수와 동물애호단체는 절차적 정당성을 지키며 대화로 해결하라.' 어쩌며 여론을 살피다, '너희가 원한 거니 예수의 피에 대한 내 책임은 없다.'라며 주님을 떠넘긴 손을 씻던 빌라도처럼 그저 책임 떠넘길 구실만 찾을 겁니다."

"떠넘긴다는 말을 들으니, 여야의 폭탄 돌리기에 손때 묻고, 촛불에 그슬려 꼬질꼬질한 대통령 탄핵의 공을 넘겨받은 헌재가 꽤 난감했겠다 싶던 생각이 나는구나. 당시의 야당 대표도 역풍이 걱정돼서 처음엔 감히 탄핵이란 용어를 입에 담지 못했잖으냐? 헌재도 당연히 정치권에서 해결하겠거니 했을 테고."

〈변호사 개업 광고와 퇴폐업소 호객행위〉

"한껏 뭉그적댄 헌재나, 대통령이 법무부 장관과 검찰총장의 갈등을 키우던 것처럼 판사가 지루하게 좌고우면하는 바람에, 공방을 벌이던 검사와 변호사가 서로 척지는 일은 없을까요?"

"검사는 최대 형량을 구형하고, 변호사는 선고형량을 최소화하는 선순환 사이클로 조율하는 공생 관계이고, 유능한 검사는 장차 유능한 변호사가 될 텐데, 척질 일이 뭐가 있겠느냐?"

"재판이란 검사의 최고 구형과 변호사가 주장하는 최소 형량을 절충하는 선순환적 요식행위라는 말씀인가요?"

"다는 아니겠지만, 판검사와 변호사가 한통속인 것은 판검사 출신들의 변호사 개업 광고로 증명되잖느냐? 차제에, 변호사 개업 광고는 범법자를 향한 호객행위일 테니, '범법자는 헌법에 보장된 법률 서비스 구매자'라는 당당함을 은연중에 부추기는 죄의식 물타기 광고인 게지. 게다가 내로라하던 판검사의 변호사 개업 광고는 노골적인 전관예우를 강조할 테니, 대형 금융 범죄 설계나, 선거범죄 따위를 부추기는 역기능이 훨씬 클 게다."

"변호사도 판검사도 못 믿을 세상이라는 말씀으로 들립니다."

"근래의 선거사범 판결 기간으로 보아, '무죄 추정의 원칙'을 강조하는 개업 광고는 '무조건 출마해서 수단 방법 가리지 마세요. 일단 당선되면 수단과 방법을 막론해서 임기를 보장합니다.'라는 속삭임인 게지. 차제에, 그런 변호사 개업 광고는 범법을 부추길 테니, 비리 경찰의 비호 아래 어깨와 목청에 한껏 힘 들어간 퇴폐업소 삐끼의 호객행위와 뭐가 다르겠느냐?"

〈혁명의 꿈과 기회를 엿보게 하는 나라〉

"이미 기소된 정치인이라도 진영논리로 갈라쳐서 총선이나 대선에서 승리하면, 엄청난 변호인단은 무죄 추정 원칙과 불체포 특권 따위로 임기를 보장하고, 검찰도, 법원도 '다수결에 따른 선거 결과는 정의다.'라는 판결을 낸다는 말씀이네요. 결국은 정권과 검찰, 변호사와 범법자가 마구 뒤섞인 한통속이어서 판사는 물론, 헌재도 슬며시 승리자 편에 선다는 말씀이지요?"

"정치의 속성상 죄를 저지르고도 패를 가르고, 갖은 선동으로 촛불시위 규모까지 지지자를 모으기만 하면, '소수 유죄, 다수 무죄, 소수 불의, 다수 정의'라는 공식적 판결을 유도할 수 있어서, '처벌할 수 없는 성공한 쿠데타'와 다를 바 없는 게야."

"정치는 상황 논리와 다수결로 '다수 무죄, 다수 정의'를 조작(造作)하는 합법적 왜곡(歪曲) 기술이라는 말씀이지요?"

"다수 무죄, 다수 정의가 아니면, 왜 탄핵 촛불 수를 늘리려 목맸겠으며, 기소되고도 버젓이 총선에 나서며, 성범죄 보궐선거에 당규를 바꾸겠느냐? 일찍이, 예수가 조심하라던 '양가죽을 쓴 늑대'는 종교와 법치의 번들거리는 옷자락 속에 얼기설기 맞잡은 손으로 잇속을 챙기는 성직자, 정치인, 판검사, 변호사, 보수화한 운동권과 노동계 따위의 기득권층이야. 가령, 다수를 정의로 왜곡하는 입법, 행정, 사법부 카르텔이 로스쿨과 의학전문대학원 따위의 음서제를 시행하고, 입시계, 국책사업, 안보 등 모든 분야 이권 카르텔이 통념화된 터라서, 늘 누군가의 부아통을 부풀리고, 혁명의 꿈과 기회를 엿보게 하는 나라인 게야."

〈그 누가 법을 지키며, 그 누구의 범법을 나무라랴?〉

"안팎이 다른 사회주의자, 판검사, 변호사, 정치인, 인권운동가 따위한 텐 주님만큼 고약한 원수가 없을 듯합니다."

"'네 이웃을 네 몸같이 사랑하고, 일곱 번씩 일흔 번이라도 원수를 용서하라.'라는 예수의 가르침은 죄를 짓지 말라는 캠페인일 터이니, 죄인으로 먹고사는 변호사 개업 광고에 그야말로 찬물을 끼얹는 캠페인이 아니겠느냐? 게다가, 간음하다 잡힌 현행범을 두고도 '죄 없는 자가 돌을 던져라.'라고 했으니, 죄형법정주의며 검사와 변호사 역할과 판사의 판결절차를 부정하는 사법 혁명 구호로 들릴 게다. 가뜩이나 종교혁명가 전과가 있는 예수니 사법 혁명을 선동한다는 프레임을 뒤집어씌우기는 누워서 식은 죽 먹길 테지. 그중에도 가장 민감한 건 대통령일 게야. 가령, '원수를 사랑하라.'라는 말은 장관 지명자의 부조리를 엄청 촘촘하게 수사하다 그만 장밋빛이던 정권에 초를 치게 된 검찰총장을 끌어안으라는 말로 들릴 테니, '살아있는 권력을 엄정히 대하라.' 했던 대통령의 발등이 얼마나 아리고 저리겠느냐?"

"제 생각은 다릅니다. '너희 중 죄 없는 자만 돌을 던져라.'라는 말씀은 성범죄 시장의 보궐선거에 버젓이 당규를 바꿔 후보를 내는 집권당엔 천군만마 같은 응원 효과가 될 겁니다."

"그리 치면, 전임 대통령들과 대법원장도 감옥에 가고, 현직 대통령도 약속을 뭉개는 판에 법을 지킬 국민이 있겠으며, 그 누구의 범법을 나무라겠느냐? 그런데 네놈은 어째 말끝마다 예수 타령인 게야?"

〈예수의 재림에 대비한 증권범죄합수단 폐지〉

"주님은 정치적으로 오해받을 말씀도 하셨기 때문입니다."

"예수는 정교분리 원칙에 따라 '가이사 것은 가이사에게, 하나님 것은 하나님께 바치라.'라며, 정치와 무관함을 증명하려고 십자가까지 졌는데, 무슨 정치적 언행을 했다는 게야?"

"'네가 유대인의 왕이냐?'라는 빌라도의 물음에 '네 말이 맞도다.'라고 대답하신 게 빌미였다는 말씀입니다. 유대 독립투사의 폭력적 투쟁이 정국의 이슈였던 터에, 사오천 명의 군중이 따라다니는 주님은 로마 국정원의 주요 감시 대상이었을 겁니다."

"제대로 설명해 보려무나."

"주님이 수만 군중이 운집한 요즘의 광화문광장쯤에서 '네가 대접받고 싶은 대로 남을 대접하고, 악한 자를 배려하며, 원수를 사랑하라. 겉옷을 달라면 속옷까지 벗어줘라.'라고 외치셨다면, 의회 독재에 기고만장해서 흥얼거리는 정권을 내놓으라는 말로 들릴 겁니다. 결국, 정계는 물론 교계에도 주님의 재림을 환영할 사람이 없을 것이며, 설령 오신다 해도 한껏 세련된 방법으로 또다시 십자가에 매달리려고 할 겁니다."

"한껏 세련된 방법이라니?"

"힘을 가진 사람들일수록, 종교나 정치적 이념까지도 통화가치로 환산하여 완전경쟁 자본시장에 맡길 겁니다. 사전작업으로 '증권범죄합수단'을 폐지하고, 주님을 증권시장에 상장하면, 유튜버나 드루킹 따위의 작전세력과 더불어 자기들의 목표대로 주식시장을 요리할 수 있다고 생각하기 때문이지요."

〈원인 제공자 처벌법으로 퇴출당할 예수〉

"누가 왜 어떻게 예수를 주식시장에 상장한단 말이냐?"

"그 시장이 얼마나 편리한데요? 단박에 쪽박 찰 수도 있지만, 개평 달라고 징징거리는 사람도 없으며, 배팅의 스릴(thrill) 넘치는 허가받은 투전판에다, '증권범죄합수단' 폐지 따위로 주가조작 적발 따위의 부담도, 뒤탈도 적을 테니까요."

"됐다, 어서 본론을 말하거라."

"그러나 상장된 주님의 영향력이 커져서 주가조작 따위로도 다룰 수 없는 경우가 생긴다면, 주님의 과거 행적을 샅샅이 파헤치려는 집요한 추적이 마치 전임 법무부 장관의 수사와 검찰총장의 징계 혐의를 캐고 엮기를 방불할 겁니다. 주님이 미처 시대의 변화를 예측하지 못해 발생한 사건의 책임을 묻기 위해서지요. 그 결과, 반기문 전 유엔총장이 정치판에 반짝 등판했다 퇴출당한 것처럼 주님도 단박에 퇴출당할 겁니다."

"전직 검찰총장의 대선 출마를 빗대어 말하는 게냐?"

"그게 아니라, 성직자들이 주님의 가르침을 전하는 과정에서 발생한 부작용 사례들을 낱낱이 수집하여 연좌제보다 더 더러운 책임을 주님께 뒤집어씌울 거라는 말씀입니다."

"예수가 죄 없이 죽은 것도 억울한데 2천 년도 더 지난 지금에 그 무슨 연좌 책임까지 또 뒤집어씌운단 말이냐?"

"여든 야든 예수 재림이 자기편에 불리하다 싶으면 '원인 제공자 처벌법'을 만들어 기독교 관련 사건의 연대책임을 주님께 전가할 겁니다"

"예수의 가르침이 그만한 부작용을 일으켰단 말이렷다?"

〈득의 만만한 마르크스와 애먼 교도관의 죽음〉

"네, 수형자 인권신장 정책이 붐을 이루던 시절, 어느 교정직 공무원한 테 들은 얘깁니다. 어느 날, 목사가 재소자들에게 '원수를 사랑하라. 사랑 받는 사람이 만족하지 않으면 사랑이 아니다. 주님이 제자의 발을 씻기셨 듯이 약한 자를 섬겨라.'라고 강연했답니다. 그 뒤론 한 무리의 수형자가 틈틈이 교도관들에게 발가락을 내밀어 꼬물거리며 히죽대더랍니다. 예 수가 제자 발을 씻긴 것처럼 교도관들이 자기들의 발을 씻겨 보라는 투였 지요. 어쩌다 교도관이 수형자들의 규정 위반을 통제하면, '원수를 사랑하 라!' 어쩌고 뇌까리더랍니다. 게다가, 수형자 인권신장 정책으로 수형 시 설이 대폭 개선되자, 향상된 편의를 누리는 수인들의 천부인권에 대한 자 긍심도 자연스레 높아져서, '자기들이 죄를 지어서 교도관들을 먹여 살리 는 살신성인으로 예수의 사랑을 실천한다.'라며 낄낄대더랍니다. 마치, 편의성이 향상된 수형 시설의 물질적 하부구조가 수인들의 의식적 상부 구조를 변화시킨 결과로 보여서, 득의만만한 마르크스가 어른거리더랍니 다. 수인들이 '수형자 인권 지침'을 외우며 처우를 따지는 등 갈수록 기고 만장하더니, 성실한 교도관일수록 눈에 불을 켜고 일일이 감시하는 통에 교도관이 죄수의 눈치를 살피는 분위기가 되더랍니다. 그러던 끝에 앙심 을 품은 수인이 '수형인을 무시한 교도관을 처벌하라!'라고 청원했다 기각 되자, 끝내 '수형자 인권을 존중하지 않는 교도관을 국가가 처벌하지 않으 니 부득이 손수 처단하겠다.'라는 투로, 버젓이 그 교도관을 때려죽이더랍 니다."

〈예수가 바라본 서울특별시 장례(葬禮)〉

"그 말을 전하면서, '수형자 인권신장 정책과 목사의 강연 이후, 그 교도관은 그 수인들의 노리개처럼 근무하다 살해됐으니, 예수와 목사는 연대책임을 져야 한다.'라며 종교계의 교도소 방문에 격한 혐오를 드러냈습니다. 또, '결과적으로 예수도, 교도관도 똑같이 사람을 사랑하다가 죽었는데 교도관에 대한 평가는 왜 예수에 비해 형편없느냐?'고 울먹였습니다."

"오! 그렇게 딱한 교도관의 죽음이 있었더냐? 예수의 제자인 목사의 강연이 수인이 교도관을 죽이게 부추긴 결과란 게지? 그래서, 예수의 재림이 두려운 사이비 기독교 성직자나, 임기 동안 그저 세상이 조용하기만 바라는 정권은 교도관 죽음에 원인을 제공한 목사에 대한 연좌 책임을 재림한 예수한테 전가할 거란 말이렷다? 결국, 원수를 사랑한 예수라도 데데한 인간들한테 정나미 떨어져서 전임 유엔총장처럼 발길을 되돌릴 테니, 이 나라는 이래저래 예수가 재림할 여건이 아니란 게지?"

"저도, 제자의 죄를 소크라테스에게 연대책임 지웠던 것처럼 주님이 또 겪을 수모가 안타까워서 재림을 만류하고 싶습니다."

"네놈의 맘은 알겠으나, 그 교도관의 순직 평가가 예수에 비해 형편없다는 말은 물리려무나. 유다가 받은 예수의 몸값도 당시 노예 하나의 몸값인 30 세겔에 불과했으나 예수가 헐값이라고 삐쳤겠느냐? 다만, 없는 죄로 십자가에 매달려 조롱까지 받은 자신과 달리 성범죄가 쪽팔려 자살한 시장을 터무니없이 우대하는 '서울특별시 장례'를 봤으면 몹시 어리둥절했을 게다."

〈아내와 개〉

"개 얘길 하다가 이런 얘길 하는구나? 그 개가 저놈이냐?"

"네, 제가 어릴 때부터 개를 좋아했지만, 결혼 후엔 셋방살이 하느라 개를 키울 형편이 못 되는 데다, 아내가 개를 싫어했습니다. 아내는 주인집 개가 못생긴 데다, 비 오는 날이면 개 비린내가 풍긴다며 나며 들며 대문간의 개한테 갖은 눈총을 쏘아 댔고, 애꿎게 주눅 든 개는 아내만 나타나면 제집으로 뒷걸음질 치곤 했지요. 저는 아내와 달리 오가며 눈 맞추고, 쓰다듬고, 회식에 가면 꼭 뼈다귀 따위를 챙겨다 주었지요. 아내는 그런 저에게 '당신한테서 개 비린내 난다. 눈으로만 보지, 왜 꼭 만지냐! 반드시 손을 씻어라. 당신 옷은 세탁기에 넣지 말고 따로 손빨래해라.'라는 등 진저리를 쳤지요. 나중엔 왠지 제가 그 개를 좋아할수록 아내는 개에게 해코지할 것만 같았지요. 제가 뼈다귀라도 챙겨다 주면 아내는 몹시 못마땅해 눈을 흘겼고, 이튿날 퇴근하는 저를 맞던 개는 대문을 열러 나온 아내의 얼굴과 저를 번갈아 보면서 '제발 뼈다귀를 가져오지 마세요!'라고 애원하는 듯했거든요. '개가 오죽하면 아내의 눈치를 살필까?' 싶어 개를 미워하는 아내가 '제정신인가?'도 싶었습니다. 자기가 싫어하는 개를 남편이 좋아하기로서니 사람보다 약한 개에게 아내가 할 짓은 아니었지요. 게다가, 아내는 옆집의 잘생기고 도도한 개에겐 손을 내밀어 쓰다듬는 등 선택적으로 개를 차별했거든요. 그래서 주인집 개만 유독 싫어하는 아내에 대한 반발심 때문에 제가 은연중에 그 개의 편을 더 들기도 했습니다."

〈개는 영물(靈物)〉

"바람이 심하던 어느 날, 저는 '개가 영물이다.'라는 생각에 섬뜩했습니다. 주인집 개가 빨랫줄에서 떨어진 옷 중에서 아내의 치마만 갈기갈기 물어뜯은 것을 보면서, '아내가 나 몰래 개한테 얼마나 모질게 대했으면 뼈다귀를 챙겨주는 고마운 사람의 아내 옷에다 저렇게 화풀이할까? 개가 어느 정도 사람과 비슷한 감정과 분별력을 가졌다는 방증이 아닌가?' 싶었던 겁니다. 개가 영물이란 생각은 처음이 아녔습니다. 어떤 소설에서 노부부의 손녀가 죽었지요. 슬픔에 겨운 노부부는 아이가 학교에서 돌아오던 시간에 대문 밖에 앉아 있곤 했지요. 저쪽 담 모퉁이에 아이의 모습이 보이던 시각이 되면 노부부의 발치에 앉아 있던 개가 쏜살같이 뛰어나가 아이를 맞이하며 뛰어오르던 몸짓을 반복합니다. 그걸 바라보는 노부부는 '아! 저 모퉁이를 돌아 집으로 오는 우리 아이의 영혼이 저 개의 눈에만 뵈는구나?'라고 생각하면서 기다리기를 계속한다는 글에서 개는 영물이라는 생각이 들었던 겁니다. 또, 일제 강점기에 정신대로 끌어갈 사람을 잡으러 온 순사를 피하려고 딸아이를 장독대의 빈 독 안에 숨겼는데, 일제 앞잡이 순사가 마당에 매인 개를 풀어놓더랍니다. 개가 당연히 딸아이를 찾아가리라고 생각한 거지요. 그런데 '일본 순사가 멀리 갈 때까지 꼼짝도 안 하던 개가 쏜살같이 딸아이가 들어앉은 독을 향해 뛰어갔다.'라는 얘기도 생각나서 개를 볼 때마다 영물이라는 생각이 들었습니다."

"어허! 네놈의 개 사랑이 점입가경이렷다?"

〈개는 우리 식구〉

"네, 그 후론 개를 만나면 멈칫했고, 또 개가 사람처럼 느껴지기도 해서 길을 가다 개를 만나면 무심코 고개를 까딱하며 눈인사를 보낸 적도 있습니다. 그럴 때면 어떤 개는 인사를 받는 듯했고, 어떤 개는 무시했으며, 어떤 개는 적의를 드러내며 마구 짖고, 더러는 외면하고, 더러는 도망갔습니다."

"허허, 특별한 종교나 정치적 이념 따위에 미치면 어미 아비도 안 뵌다더니, 개한테 미친 네놈이 바로 그 짝이로구나?"

"그런 말씀이 아니라, 개를 식구나 자식처럼 여기는 사람들이 개한테 퍼붓는 식비, 의료비, 미용비, 냉난방비, 장례비 따위와 비교되는 비용으로 연명하는 절대빈곤층을 생각하면 개를 바라보기 난감했고, 국가의 동물복지 예산도 퍽 못마땅했습니다."

"그렇기도 하겠구나. 그런데, 그래서 어쨌다는 게냐?"

"그렇게 개에 대한 가치관이 정립되지 않았던 어느 날 이민 가는 동생이 기르던 강아지를 맡겼습니다. 막 앉기 시작한 조카가 강아지를 안았을 때 한아름이어서 '아름'이라고 불렀지요. 왠지 이민 간 동생을 대하는 심정으로 아름이가 바라보였고, 아이들도 발을 구르며 반겨서, 아름인 아내만 빼곤 우리 집의 각별한 식구가 되었지요. 다른 사람에게 소개할 때도 '개'라는 말이 안 나와서 꼭 '우리 아름이'라고 했습니다. 아름일 '개'라고 하면 왠지 상스럽게 여겨지고, '이민 간 동생이 맡긴 아름일 일반 개로 다루는 것은 내가 동생을 남으로 여기는 것과 무엇이 다르랴?'라는 생각이 떠오르곤 했기 때문이기도 했습니다."

〈짐승의 수효가 많아진다고 진리나 지혜가 되랴〉

"아름이는 퇴근하는 저의 기척을 엘리베이터 진동으로 알아채곤 출입문을 긁어 대며 낑낑거리지요. 저의 손이 출입문 손잡이에 닿을 때쯤이면 반가움을 못 참고 신음을 내지요. 이윽고, '아름아!' 하며 문을 열면 꼬리를 맹렬히 휘두르며 그 짧은 다리로 저의 가슴팍까지 뛰어올라 안겨서 볼을 핥으며 진저리를 쳐서, 처음엔 '오줌을 싸나!' 싶어 움찔했지요. 제가 옷을 갈아입으면 녀석은 으레 갑천 산책길로 앞장서지요. 걷거니, 뛰거니, 앞서거니, 뒤서거니, 기다리거니, 한 바퀴 돌고 나면, 목욕시키고, 밥 주고, 잠자리에 들 때까지 저의 발치를 못 떠나는 아름이의 삶은 오롯이 저를 향해 받쳐지는 헌신이었습니다."

"누군가의 행위가 나에 대한 헌신으로 여겨질 때 신뢰가 생기는 게야. 소크라테스나 예수 같은 분들의 삶이 인류를 위한 헌신뿐이었기에 그분들이 깊고 높은 신뢰와 섬김을 받는 게야."

"저한테 헌신적인 아름이를 바라보면 로물루스 형제에게 젖을 먹였다는 늑대개가 겹쳐 보였고, 요즘의 애완견 붐이 이어진다면 머잖아 개를 기리는 종교가 생기겠다 싶었습니다."

"개를 기리는 종교라니! 개 같은 짐승도 수효(數爻)가 많아지면 진리와 지혜나, 정의라는 말과 뭐가 다른 게야!? 물론, 짐승과 소통할 순 있다. 그러나 개와 네놈이 구별되지 않으면 사람과 개의 '차원 일치 오류'에 매몰된 게야. 불경이나 성경과 차원 일치를 이뤘으면 진작에 해탈이나 했으련만, 네놈이 갤 키우는 게 아니라 개한테 네놈이 얹혀살다 시나브로 개가 된 게라고!"

〈석유(石油) 먹은 아이들〉

"네, 하여튼 아내는 아름이와 붙어사는 저를 마뜩잖게 대했는데, 아들한
테 놀림을 당한 뒤론 더 샐쭉거렸습니다."

"아내가 아들한테 놀림을 당하다니?"

"아름이에게 분유를 먹이던 딸아이가 아들에게 말했지요."

"오빠, 아름이가 제 엄마 젖을 못 먹어서 불쌍하다. 그치?"

"아름이가 뭘 불쌍해! 우리도 모유(母乳)를 못 먹었는데."

"오빠! 무슨 소리야? 엄마! 우리 엄마 젖 안 먹었어?"

"무슨 소리야? 너희들이 1년씩이나 엄마 젖을 먹고도 분유를 안 먹어서,
젖 떼느라 얼마나 고생했는데?"

"그런데 오빠는 왜 우리가 엄마 젖을 안 먹었다는 거야?"

"너하고 나는 모유가 아니라 석유(石油)를 먹었단 말이야."

"?… 뭐야? 은들이! 너, 이 녀석! 엄마를 자꾸 놀릴 거야?"

"아내 이름에 돌 석(石) 자가 있어서, 아들이 한자를 알 무렵부터 '돌엄마'
라 놀렸으니, 그 돌엄마 젖은 석유라는 논리지요."

"하하하, 아비도 그 아들을 피해 가긴 어려울 듯한데?"

"네, 늘 당합니다. 대학생이던 아들이 하루는 저녁 식탁에서 불쑥 '아버
지는 20년 젊게 사시는 거예요.'라고 하더라고요. 내심 '또래보다 젊어 보
이긴 하지.'라며, 아내와 아들을 둘러보았지요. 아들이 '엘리베이터 안에
서 아주머니들이 30대는 30평대에 살고, 40대는 40평, 50대는 50평대에
산다고 하기에, 우리 아빠는 20년은 젊게 사신다는 생각이 들었어요.'라고
진지하게 말하더라고요. 제가 50대에 30평대 아파트에 살았거든요."

〈다리 밑에서 주워 온 아이 엄마의 선택적 기억력〉

"또 한번은, 고 관절이 아픈 아내가 침대에 엎디어 눕고, 제가 무릎으로 아내의 엉치뼈를 누르며 마사지하고, 아내는 아파하는 소리를 내는데 아들이 들어오더니, '다 늦게 동생 만드는 줄 알았어요.'라는 바람에 얼마나 어처구니가 없던지요."

"허허허! 하면, 아내한텐 가장의 대접이나 받고 사는 게냐?"

"아내한테 섭섭하게 한 게 많아서인지, 가장은커녕 아내가 저를 데리고 살아주는 듯합니다. 혹시나 아내의 기억력이 떨어지면 저한테 섭섭했던 일들도 잊으려나 싶었는데, 아내의 기억은 선택적이었습니다. 한번은 잠자리에서 뒤척이던 아내가 '형님네는 아파트 산 게 벌써 이천만 원이나 올랐대요.'라고 했지요. '어디에 샀는데?' '으응, 거, 거기가? 아! 요즘 왜 이렇게 정신없는지 몰라!' '그 근처라도 떠올려 보지?' '응, 아이들하고 자주 가던 덴데, 그래! 맞다! 거기, 은봄이 주워 온 데!' '응? 은봄이 주워 온 데? 소래 다리 밑?' '그래! 소래! 소래!'라며, 기쁨에 겨워 방바닥을 탁탁 내리쳤습니다. 20년도 전에 인천을 떠났으니, 아내는 그 소래가 생각나잖아서 끙끙댄 건데, 저한테 섭섭했던 기억은 여차하면 단박에 따발총처럼 튀어나오곤 하지요."

"지은 죄가 어딜 가겠느냐? 딸아인 어떤 편인 게야?"

"딸아이에게 '엄마가 소랠 떠올리느라고 널 버렸어.'라고 고자질하며, '은봄아, 요즘 소래 엄마한테 전화 좀 하냐?'라고 했더니, '당근이쥬. 핏줄이 땡기는데 어련하겠어요?'라던 아이지요."

"허허, 딸아이가 어미 아빌 버려도 할 말이 없겠구나?"

〈벌초 모임의 요절복통〉

"네, 그런 셈이 되었습니다. 또 한번은, 사촌 제수씨한테 전화하던 아내가 수화기를 내동댕이치면서 '어머나! 나 좀 봐! 내가 미쳤나 봐! 어째! 난 몰라, 몰라!'라며 발을 동동 굴렀지요. '아니, 전화기에 벌레라도 붙었나?' 내동댕이쳐진 수화기를 집어 드니 '누구세요?' 소리가 들렸지요. 아내가 냅다 수화기를 낚아채서 덜컥 내려놓았지요. '아니? 왜?' '으! 으! 당신이 다시 전화해서 얘기 좀 해줘요.' '뭔데 그래?' '전화하니까, 한창이 목소리가 나서 한창이니? 한다는 게 그만 창호니? 라고 한 거예요!' 조카가 한창이고, 사촌 동생이 창혼데, 제 아내보다 네 살 더 많지요. 서열이야 시사촌 동생이지만, 네 살이나 많은 시사촌 동생의 귀에 대고 버젓이 당사자 이름을 불러 댔으니, 시위를 떠난 화살을 바라보는 아내가 혼비백산할 수밖에요. 그렇다고 곤경에 처한 아내의 다급함을 빌미로 비싼흥정을 벌일 수도 없어서, '일단 상황을 수습할 테니 당신이 내 청을 하나 들어주는 거야?'라고 못을 박으며, 아내가 지켜보는 가운데 전화했지요. '여기 대전일세.' '아, 형님이세요?' '좀 전에 웬 이상한 여자한테 전화 온 거 없었나? 요즘 늦더위에 형수가 더윌 먹었나 봐. 한창일 부른다는 게 그만 아우 이름을 불렀대. 알다시피 형수가 본래 막돼먹은 사람은 아니니, 날 봐서 용서해 주시게.' '아! 네, 아하하. 형수님 좀 바꿔 주세요.' '당신 좀 바꾸라는데? 크크크.' 아내가 진저리 손사랠 쳤지요. 벌초 모임에서 사촌 동생이 틈틈이 '창호니?'할 때마다 요절복통 웃음판이 되었습니다."

〈탄핵이나 정권 교체 기쁨의 유통기간〉

"허허, 그래, 사태 수습의 대가로 무엇을 요구했더냐?"

"잔소리 중단이었는데 일주일도 못 갔습니다. 요즘도 약속을 지키라고 간간이 시위하지만, 번번이 무시당합니다."

"잔소리를 듣기 싫은 네놈의 욕구가 약속의 발생 조건에 머물러 있기에 불만일 뿐, 애초에 약속을 지킬 수 없었던 아내한텐 잘못이 없는 게야. 환경에 따라 사람 맘이 늘 변하기 때문에 약속의 만족도, 기대치도, 행복도 변하는 게야. 가령 대통령을 탄핵하거나, 정권을 바꾼 사람들의 기쁨인들 얼마나 가겠느냐?"

"제 아내가 약속을 어기려고 해서가 아니라, 약속했던 상황이 줄곧 변하며 잔소리의 성립 조건이 새롭게 발생하기 때문에, 아내가 변화에 적응하느라 부득이하게 잔소리한다는 말씀인가요?"

"'똑같은 강물에 발을 두 번 담글 수 없다.'라고 하듯 네놈도, 아내도 약속한 상황에만 머물 수 없으니, 애당초 못 지킬 약속이었던 게야. '살아 있는 권력에도 엄정하게 대하라느니, 사람이 먼저니'라던 대통령의 공약도 마찬가지야. 오죽하면 예수도 '그 무엇을 두고도 맹세 따윈 하지 말라.'라고 했겠느냐?"

"지켜지지 못할뿐더러, 지켜진대도 약속했던 조건이 변함에 따라 늘 불공정이 발생할 약속을 붙들고 불만하지 말라는 말씀인데, 그렇다면 세상은 약속이 필요 없는 정글이 아닙니까?"

"대통령이 진영논리를 직접민주주의라 칭하고, 대법관이 정치적 재판거래 혐의를 받고, 재판 중인 자들이 버젓이 선거에 출마하는 정치판이 곧 '세상은 정글'이라는 방증이 아니더냐?"

〈섣부른 희망과 은밀한 기대의 결말〉

"힘이 곧 진리요, 정의라는 말씀으로 들립니다."

"상대방의 약속에 섣부른 기대나 희망을 얹지 말라는 게야."

"그 말씀을 들으니 '개만도 못하다.'라던 아내가 생각납니다."

"그건 또 무슨 소린 게야?"

"하루는 재롱을 떠는 아름이와 장난을 하는데, 욕실 문을 빼꼼하게 열고
는 야릇한 표정과 코맹맹이 소리로 '오빠야, 요즘은 왜 안 씻겨 주능고야?'
라던 아내의 말을 못 들은 체한 게, 뭔가 꺼림칙했습니다. 신혼 땐 부끄럽
대도 기어이 씻기곤 했는데, 언제부턴가 욕실에 들어간 아내가 저를 부를
때면, 날로 두툼해지는 아내의 등판이 못마땅했지요. 텃밭이라도 일굴 땅
뙈기가 그렇게 저절로 넓어진다면 잠결에도 좋아서 히죽거리겠지만, 때
를 밀어줘야 할 아내의 등판이 해마다 두툼해지는 건 왜 그리 못마땅하던
지요. 이튿날, 퇴근 후 산책을 마치고 욕실에서 아름이를 씻기는데 왠지
뒤통수가 켕겨서 뒤돌아보니, 째려보는 아내의 눈은 온통 흰자위뿐이었
지요. 의아해하는 내게 웬 찬바람 한 줌을 홱 뿌리고 주방에 가더니, 저녁
식탁에서도 내내 말이 없었습니다. 그렇다고 처음 보는 아내의 태도도 아
녀서 '뭐 또 내키잖는 것이 있나 보다.' 했지요. 그 아내가 잠자리에서 느닷
없이 홱 돌아누우며 '난 개만도 못해!'라고 했습니다. 저는 '남의 속을 헤아
리면 너도 헤아림 당한다.'라는 주님 말씀을 늘 기억했지만, 그날은 저에
게 은밀한 뭔가를 기대했었던 아내가 자기한테 화나서 저토록 끙끙댈 거
라고 저절로 헤아려졌습니다."

〈약한 개, 애먼 개, 억울한 개〉

"아내 맘이 이해되긴 했으나 '개보다 못하다.'라는 발상이 영 거슬렸습니다. 제가 아무리 아름이를 좋아해도 동물인 개와 사람인 아내 사이에 편애가 성립되겠습니까? 차원이 다른 두 대상을 비교 평가할 순 없으니, 아내의 말투는 애당초에 작정한 어깃장이지요. 생각할수록, '사람들은 왜 자기가 잘못을 저질러 놓고는 으레 애먼 개를 끌어다 붙이느냐? 당신들한테 못마땅한 결과가 되기까지 개가 당신들 모르게 뭔가를 계획하고 실행했느냐? 계획과 실행에 개가 관여하지 않았으면 개의 책임이 없잖으냐? 또 개한테 묻지 않았는데 개가 참견했느냐? 개가 참견하지 않았으면 주제 넘을 이유도 없잖으냐? 그렇게 개와 전혀 상관없는 상황을 당신들이 저질러 놓곤 툭하면 개를 끌어대느냐? 방귀 뀐 놈이 성내듯 애꿎은 개에게 화풀이한다면 약자에겐 강하고, 강자에겐 팍 고꾸라지는 비열한 짓거리잖냐? 그게 아니면, 왜 개 대신에 사자나, 염라대왕 따위보다 못하다는 말은 안 하냐? 비열한 학교 폭력배가 언제 한 번이라도, 자기보다 훨씬 부자이거나, 힘세고, 똑똑하고, 공부 잘하며, 덩치 크고, 성질까지 불같은 친구를 따돌리거나, 폭행한 사례가 있으며, 국회에서 소수정당이 다수당을 야유하고, 따돌리고, 헌법을 제·개정한 사례가 있더냐? 당신도 남편에게 불만이 있으면 당당하게 말할 것이지, 의석수로만 밀어붙이는 다수당이나, 학교 폭력배처럼 치사하게 조막만한 아름이를 빗대어 개만도 못하다느냐!'라는 부아가 이스트를 머금은 밀가루 반죽처럼 밤늦도록 부풀었습니다."

〈사람으로 불린 개〉

"그런 아름이의 정체성에 큰 혼란을 일으킨 사건이 있었습니다. 그날 저녁때, 아내와 간단한 먹거리를 챙겨서 아름일 데리고 동네 공원에 갔습니다. 간이 매트에 먹거리를 늘어놓으며 바로 옆에서 노는 아이들의 발치를 따라다니며 킁킁거리는 아름이를 지켜보는데, 옆의 탁자에서 먹을거리를 늘어놓던 사람이 '아름아, 밥 먹자!'라고 했습니다. '아니! 저 사람들이 우리 아름일 어떻게 알지? 잘못 들었나?'라는 생각에 저도 모르게 '아름아!' 하고 불렀지요. 아름인 곧바로 달려와 평소의 식탁에서처럼 저와 정겹게 눈을 맞췄습니다. 거의 동시에 옆 테이블의 시선들이 아름이에게 모였지요. 그들이 한꺼번에 일어서며 '응? 이 개가 특별해 보이네? TV에 나오던 개도 닮은 듯하네? 그러니 저 개의 움직임을 지켜봐야겠네!'라는 듯이 저와 아름이를 번갈아 바라봤습니다. 저는 그 사람들이 우리 아름이를 부러워한다는 생각에 어린 시절의 으쓱하던 마음이 일어서, '아름이 앉아!'라며 머릴 쓰다듬었습니다."

"개를 끼고 산다는 네놈이니 오죽 으쓱했겠느냐! 쯧쯧쯧…"

"그때 예닐곱 살 사내아이 하나가 옆 테이블에 앉으며 '엄마, 아름인 밥 안 먹는대요.'라고 했습니다. 그때까지 저와 아름이를 바라보던 젊은 부부의 얼굴이 일그러지며 아름이한테 모았던 눈길을 거두어 아이들을 향했습니다. 일순간, 머릿속이 번쩍였습니다. 아! 옆 테이블의 한 아이 이름이 '아름'이었던 겁니다."

"저런! 저런! 쯧쯧쯧…"

〈개와 사람의 차원 일치 오류와 개의 정체성 찾기〉

"귀하디귀한 아이의 이름이 어느 집 개 이름과 같다는 것을 졸지에 알게 된 부모의 마음! 더구나 친구인지 이웃인지와 함께한 장소에서라니! 그 부모의 마음을 생각하니 문득 아름이를 걷어차고 싶은 충동이 세차게 일었습니다. 30여 초 안팎의 짧은 시간이었지만 그야말로 가시방석이었습니다. 어쩌다 우연히도 잘못된 장소와 잘못된 시간에, 이름을 잘못 지은 개를 데려가서 개 이름을 잘못 부른 바람에 남의 집 귀한 아이를 졸지에 개로 만든 듯한 엄청난 죄책감이었습니다. 순간적으로 온몸이 굳어 버리는 것 같았지만 정작 줄행랑 말고는 다른 도리가 없었습니다. 아내와 저는 누가 먼저랄 것도 없이 입을 굳게 다문 채 늘어놨던 물건들을 부랴부랴 매트에 뭉뚱그려 도망치듯 자리를 뜨는데, 꼬릴 흔들며 따라오는 아름이가 전에 없이 낯설고 어색했습니다. 이 느닷없는 생경함은 뭐지?' 싶어서 생각해 보니, 그때까지 일상을 구성하는 식구로만 여겼던 아름이가 갑자기 '본래의 여느 개'로 보였기 때문이었습니다. 본래 개인 아름이를 굳이 또다시 개라고 정의할 필요가 없어서가 아니라, 그저 일상을 구성하는 식구로만 여겼던 저의 분별력에 문제가 있다는 생각에, 제가 저 자신에게 생경해져서 어리둥절했던 겁니다."

"그러니까, 본래 개였던 개를 개로 보게 된 것인데, 개를 개로 본 것에 충격을 받았다면 네놈이 여태껏 개를 사람처럼 여겼다는 방증이자 개와 사람의 '차원 일치 오류'라는 깨달음이어서, 사람처럼 여겼던 개의 정체성을 바로잡아야겠다는 말이렷다?"

〈자칫하면 남을 선망하거나, 탓하다 죽는 인생〉

"네, 거사님. 이놈의 개 때문에 제 아내가 이상해진 것도 같고, 이놈을 버릴 순 없으니 이름이라도 바뀌야 하나 싶습니다."

"어허! 네놈이 이상하지, 멀쩡한 아내가 왜 이상하단 게야? 네놈의 얘긴 즉슨 여태껏 이 개와 네놈의 구별조차 몰랐는데, 이전과 다르단 말이지? 사람끼리의 친밀엔 효용과 부작용이 동전의 양면처럼 붙어 있지 않겠느냐? 반면에 사람과 짐승 사이엔 그런 부작용은 없겠지? 또, 사람에겐 가족을 넘어 사회적 친밀을 추구할 집단을 물색하는 본능이 있는 게야."

"사적 영역과 사회적 영역의 경계와 확장성 말씀인가요?"

"갖은 동호회나, 종교와 정치적 무리 짓기 등의 어울림은 선호되는 무리에서 자기의 정체성을 확인하고 확장하려는 행위일 텐데, 쇼펜하우어의 지적처럼 자존감이 약할수록, 취향이라도 비슷한 무리의 규모가 클수록 자기의 보편성이 검증된다고 일반화시킬 게야. 그럴 경우, 선망과 결핍감과 사회정의 따위의 열망을 상징하고 표방하는 집단에서 자기의 보편적 자존감을 확인하려는 순환논증 도식일 터라서, 점차 큰 무리의 동질성을 향해 자신을 통째로 내던지는 형식의 정체성 확장과 대리 실현(만족) 열망에 달뜬 팬덤이나, 대의정치 과열이나, 유명인의 자살을 덜컥 따르거나, 가짜 진주목걸이(모파상)에 바친 마틸드의 10년 같은 삶도 이끌 게야. 차제에 네놈도 정신을 못 차리면, '사람들은 남을 닮으려고 자기 인생의 3/4을 허비한다.'라던 쇼펜하우어를 거슬러, 인생의 3/4쯤을 세상에 헛구역질만 하다 뒈질 게야!"

〈대체재나 대안 찾기의 실효적 한계와 부작용〉

"그런저런 이유와 동기로 자신과 닮은 상대를 찾아 친밀해진 동호회며, 종교와 정치적 무리 짓기를 한 사람들이 더러는 어떻더냐? 어떤 모임은 사기꾼 따위로 상처가 크잖더냐? 툭하면 모임을 만들어 섣부른 친밀을 구하려다 원수를 얻는 게지. 애초의 적은 끝까지 적으로 남지만, 친밀하던 인간이 갈라설 땐 적보다 더 고약한 원수가 되는 사렌 게지? 네놈은 그런 친밀감의 부작용을 어렴풋이 깨닫곤 사람과의 친밀을 구하기보단 부작용이 없을 개가 필요했거나, 이민 간 동생의 개한테 형제의 우애를 대체하려는 집착이었을 게야. 그런데, 결핍감이 이끄는 대체재에 무분별하게 집착하면 뭣이 나오겠느냐? 과정에 충실한 내공 없이 번듯한 직장, 집, 차, 학벌, 친구, 배우자 따위가 얻어진들 그 사람의 인격이 번듯해지겠으며, 인기 많은 종교, 정당, 팬클럽, 동호회 따위에 소속된다고, 소속 그룹과 접붙여진 과일나무처럼 저절로 한 몸 되어 저마다의 인격 열매로 영글겠느냐?"

"말씀을 들으니, 아름이한테 혼란하던 마음이 정리됩니다."

"바꿔 말하면, 퇴행적인 정권의 대체재로 전임 검찰총장을 꼽는 사람들처럼, 이 개를 이민 떠난 동생에 대한 우애의 대체재 따위로 혼동하는 네놈의 개 사랑은 그 자체만으론 문제없는 게야. 그러나 네놈과 개의 분별 없는 친밀의 결과처럼 종교나 정권에 대한 분별없는 반발로 절차적 요소를 무시하는 대체재 찾기 같은 개종과 정권 교체가 곧바로 종교와 정치적 정의 실현도 아니요, 네놈의 헛구역질을 떨궈주지도 않는 게야."

개와 사람의 구별

〈개와 같아지지 않기 위한 처신의 생경함〉

얼마나 지났을까, 눈을 뜨니 어렴풋하던 몇몇 눈동자가 수술대에 집중된 무영등(無影燈)처럼 내 얼굴을 향하고 있었다.

"오! 하나님! 오! 하나님…"

그 눈동자 중 아내 눈동자를 단박에 알 수 있었다. 하나님을 연거푸 부르던 입술과 한 얼굴에 박힌 그 눈이 껌벅이더니, 이내 안도와 감사의 눈물을 뚝뚝 떨어뜨려 내 볼에 튕겼다.

"거의 다 갔는데 아내가 걱정돼서 되돌아왔습니다."라는 썰렁한 군말에도 아내의 친구들은 '잘하셨어요!'라며 활짝 웃었다.

막 도착한 119를 물리고, 아내의 친구들도 떠나자, 그들이 데려온 개만 졸졸 따라다니던 아름이가 다가와 눈을 맞췄다. 나는 녀석의 눈을 피해 눈을 감았다. 놈이 언제 또 확 돌변하여 내게 덤빌지 모른다는 불신이 똬리 틀었기 때문일 터였다.

그토록 사납게 이빨을 드러내며 물어뜯겠다는 의지가 가득한 눈빛으로 짖어 대던 놈의 얼굴이 눈을 감아도 선명한 잔영으로 남아 지워지질 않았다. 문득 몽둥이가 있으면 후려치고 싶은 혐오감이 느껴졌다. 제 놈한테 기울였던 사랑에 비례하여 반동하는 배신감일 터였다. 그러나 대뜸 몽둥이질한다면 놈이 했던 돌발 행동에 똑같이 맞대응하는 거라서, 놈에겐 물귀신 작전의 빌미와 면책의 구실이 될 것이었다. 그러니 놈이 돌변한 원인에 합당한 대책을 찾아야 한다는 생각에 이르자, '내가 개와 같아지지 않으려는 행위를 위한 판단과 절차의 필요는 느끼는 이 생경함은 뭐지?' 싶으면서, 아름이가 점점 낯설고 부담스러웠다.

〈개만도 못한 대접의 차원과 원칙 혼동 오류〉

한동안 '개만도 못한 대접을 받는다.'라며 뒤틀렸다가, 내가 혼절하는 바람에 상냥해진 아내 곁에 누웠으나 잠이 오지 않았다. 하나님을 부르며 눈물을 떨구던 아내와 아내의 친구로 보아 내가 나이고, 아내가 나의 아내인 것은 분명했다. 그러나 아름이가 나를 주인으로 인정하지 않았던 까닭은 도대체 무엇인가? 그런데 개의 후각은 사람의 1만 배를 넘는다니, 아내보다는 아름이가 나의 실체를 더 정확하게 인식할 수도 있잖을까? 반면에, 가슴엔 원한을 품고 얼굴엔 웃음을 담는 게 사람이니, 아내는 내가 딴사람처럼 변한 걸 알면서도 짐짓 모른 체 할 수도 있잖은가? 더구나 '남편한테 개만도 못한 대접을 받는다.'라는 격렬한 배신감을 느꼈던 터였으니, 나의 정년퇴직을 기다렸다가 여봐란듯이 앙갚음할 이혼 서류를 들이댈 꿍꿍이로, 아름이조차 헷갈릴 정도로 딴사람이 된 나를 이전의 나로 천연덕스럽게 대할 수도 있잖은가? 그렇다면, 아름이도 부정할 정도로 변한 나를 짐짓 한결같이 대하는 아내보다는 일시적이나마 자기의 주인이 아니라고 단호하게 부정하는 아름이가 나한테 더 진실하고 충성되지 않겠는가? 그러나, 이런 생각은 원인과 결과를 떠나 아내와 개를 비교하는 '차원과 원칙 혼동의 오류'가 아닌가?

혹시라도 이런 생각이 잠꼬대로 튀어나온다면 잠귀 밝은 아내가 펄쩍 뛸 걸 생각하니 아내 곁에서 잠들기가 께름칙해서 거실의 소파에 누웠다. 그러나 '나와 아내와 아름이 중 누가 문제일까?'라는 생각이 맴돌며 좀처럼 잠이 오지 않았다.

〈개 종류(忠犬, 反犬, 遺棄犬, 不知犬)와 사람 종류〉

이튿날, 이따금 신경안정제를 처방받는 정신과를 찾았다.

"아내와 개가 자꾸 낯설어집니다. 혹시 정신병이 아닐까요?"

"진찰을 멈칫하며 이맛살을 찌푸린 의사는 "무더위 탓이지요. 그저 잘 드시고, 잘 주무시면 됩니다."라며, 출입문을 가리켰다.

일단 나는 미친 게 아니었다. '혹시라도 아내가?' 싶어 에둘러 말을 시켜 봐도 아내의 표정이나 대답은 평소와 다르잖았다. '그렇다면?' 갑자기 달라져 보이는 아름이의 목줄을 잡은 손에 평소와 다른 힘이 들어가는 걸 느끼며 동물병원으로 갔다.

"제 주인인 내게 느닷없이 날뛴 바람에 내가 혼절까지 했다."라는 말을 들은 수의사는 아름이의 눈꺼풀을 뒤집고, 귓속과 사타구니 따위를 구석구석 헤집으며 점점 고개를 까딱거렸다.

"아직 중성화 수술을 안 했네요? 주변에 암컷이 있었나요?"

"그게, 손님이 데려온 개가 있긴 했는데, 암수까지는 잘?…"

"그게 암컷일 겁니다. 드물긴 하지만, 이놈들은 암컷의 환심을 사려고 수컷다움을 과시하지요. 게다가, 너무 잘해 주면 사람이나, 짐승이나 기어오르지요. 성경에도 '개에겐 거룩한 걸 주지 말라.' 했잖습니까? 간혹 의로운 개(義犬)의 사례가 있긴 하지만, 짐승은 아무리 사랑 주고, 훈련 시켜도 결정적 상황에선 본능에 충실하지, 훈련된 습관이나, 사람들이 기대하는 의리와 충성 따위를 따르진 않지요. 그러나 여차하면 충견(忠犬)조차 버리거나, 버린 개가 사고라도 치잖을까 봐 짐짓 '모르는 개'라고 시치미 떼는 사람도 없잖을 테니, 개나 사람이나 거기서 거기지요."

운암거사의 다독임

〈2023. 11. 아베의 개 통찰력과 개 중독증〉

'개에게 얹혀살면 개가 된다.'라던 운암거사의 기억

"아하하! 그래, 얹혀살던 개한테 퇴박맞는 기분이 어떻더냐?"

"아직도 정리가 덜 됐습니다. 그런데 거사님은 제가 아름이한테 퇴박맞을 줄을 어떻게 아셨습니까? 개도 안 키우시면서?"

"언젠가는, '아이들한테 가려 주며 권면할 정의의 갈피와 결이 사라져서 께름칙하기 그지없는 나라의 장래를 외면하는 수행의 목적이 궁금하다.'라고, 볼멘소리로 감히 날 추궁하잖았더냐?"

"거사님은 '방하착(放下著)!' 하시곤, 말씀을 거두었습니다."

"사람과 짐승에든, 종교와 정치에든, 정의와 불의에든, 희로애락에든, 지나치게 집착하면 주객의 분별력이 사라져, 끝내는 노예나 좀비가 되는 게야. 그러니, 교과서에서 '반려견은 식구'라는 말을 삭제시켰다는 일본의 아베가 개 통찰력은 있는 게지."

"아무려면 제가 개와 사람을 분간하지 못했겠습니까?"

"네놈의 증세는 개 중독증인데, 개한테 퇴박맞은 뒤에라도 개의 한계효용이 체감된 듯하니, 중독에서 헤어난다는 방증이지? 네놈의 개 중독은 자기 정당의 대통령을 탄핵하는 기괴한 정의 꾸러밀 들고 촛불을 기웃거리던 자들의 꾀죄죄한 몸짓과 맞불 집회로 들끓는 광화문과 서초에 맘 둘 곳 없던 네놈을 졸졸 따르는 개한테 과몰입된 탓일 게야. 가령, 난세에 구세줄 찾듯 퇴행 정권의 핍박에도 의연한 검찰총장이 의롭게만 보였던 이들의 마음 비슷한 반동적 대체재 찾긴데, 차제에 대체재라서 선택의 책임이 희석되거나, 면제될 듯한 마음을 주의하라는 게야."

〈아이들한테 민망한 폭력행사 직전 단계의 파렴치〉

"네, 거사님 말씀을 들으니 '국민을 아주 업신여기잖고서야 위조사회주의자가 버젓이 활갤 치겠으며, 위안부 할머닐 앵벌이 삼고, 성범죄 보궐선거에 당규를 바꾸고, 조난 공무원을 월북자로 조작했겠느냐!'는 헛구역질 종합세트를 시리즈로 겪는다는 생각의 반동으로 아름이한테 과도하게 몰입됐던 듯합니다."

"네놈의 어리숙한 정의의 갈피와 결을 제행무상 빈도와 속도가 가파른 세상에서 찾으려니까 툭하면 욕지기하는 게야. 트럼프의 몸짓을 되돌아봐라. 이란 핵 협상 파기, 기후협약 탈퇴 따위도 모자라, 북한까지 끌어들여 중국의 위험 요소를 선제적으로 제거하려던 바동거림일 테니, 미국이 주도했던 '자유주의 세계화 규범과 그 주도국 지위'를 미국 대통령이 직접 파기하고 포기하는 자가당착을 자행하느라 얼마나 쪽팔렸겠느냐? 그런 트럼프를 벤치마킹하듯 내로남불로 나라를 동강 내고, 성범죄 시장 보궐선거에 당규를 바꾸고, 조난 공무원을 월북자로 규정한 정권의 자가당착은 진영논리로 수치심을 가린 자기기만인 게야. 강자가 여유 넘칠 땐 신사도를 내세우지만, 쪽팔릴 땐 상한 자존심의 인지부조화가 작동해서 버젓이 뻔뻔해지는 현상이지."

"미국이 주도한 세계화 규범을 미국이 파기하고, 진보가 전가 보도처럼 내걸었던 공정과 정의를 진보가 파기한 사례는 폭력행사 직전 단계의 파렴치라서 아이들이 알아챌까 민망합니다."

"정치도 전쟁이라 경계와 속임수를 기반으로 하는 터에, 굳이 쪽팔림을 꺼리고, 파렴치를 비난하는 속내를 까발려야겠느냐?"

〈전쟁터에서 윤리와 정의의 갈피를 찾는 멍청이〉

"의회정치란 무기를 혀로만 제한한 전쟁이란 말씀이지요?"

"전술의 기본은 기만일 테니, 정작 정직할수록 되레 전략적 기만인 게야. 가령, '검수완박 입법용 위장 탈당 따위가 파렴치하다.'라는 비난은 '적이 기만전술로 반칙했다.'라는 말이지? 뒤집어 말하면, '진보가 파렴치하다.'라고 비난하는 보수도, 툭하면 욕지기하는 네놈도 전쟁터에서 도덕과 정의의 잣대로 적을 평가하는 어리석음만 까발릴 테니, 결국 누워서 침 뱉긴 게야."

"그렇게 말씀하시면, '장관 지명자의 내로남불 문제가 아니라 검찰의 과잉 표적 수사가 문제다!'라고 외친 사람들은 사회적 현상을 보편적 규범으로 평가하는 게 아니라 전쟁터 진영논리로 바라본다는 말씀이잖습니까? 또 그러시다면, 아이들에겐 윤리 교과서 대신 적자생존의 진화론, 종교전쟁사, 삼국지, 대망, 군주론 따위를 필수과목으로 가르쳐야만, 저처럼 어느 서슬에 상식과 정의의 갈피가 잘리며 헝클어져서 헤매질 않을 겁니다."

"그런 건 네놈이 염려할 일도, 비용편익 불합리도 아닌 게야. 가령, 양심의 가책보다 처벌이 두려워 부조리를 범하지 않는 심리는 윤리 교육에서 형성된 정의감의 효용인 게야. 따라서 교육으로 사회적 정의감이 커지면 부조리가 줄을 테니, 윤리 교육비용이 법치의 질서 유지 비용보다 적은 비용편익 대비란 게야."

"광화문과 서초가 대치하는 진영논리 맞불 집회를 '대의민주주의를 보완할 직접민주주의 현장'이라던 대통령의 발언이 '오직 지지율만 가늠된다.'라는 듯해서 어리둥절했습니다."

〈선거에서 이긴다고 성범죄가 재평가되랴!〉

"사람이 먼저다.'라던 전임 대통령이 되레 국민을 투표용지로 여겼더라도, 의회 독재가 가능한 의석을 준 유권자들은 투표용지가 되길 사청한 결과이니, 대통령만의 탓이라 하겠느냐?"

"국민은 왜 혁명적 규모의 의석을 진보에 위임했을까요?"

"싫은 노래도 오래 들으면 귀에 익는 터에, 촛불혁명을 이룬 유권자의 자긍심이 진보 쏠림의 관성으로 작용했던 게지."

"70여 년의 휴전 속에 풍요를 누리는 국민의 귀엔 진보의 사치스러운 주장이 시나브로 정론(正論)이 되었다는 말씀인가요?"

"큰 무리의 격정적인 주장이 혁명적으로 수렴될 때, 그들의 주장엔 공인된 자긍심의 큰 관성이 부가되는 게야. 격랑의 탄핵정국을 되돌아보렴. 촛불 안 든 사람은 숨죽었던 세태가 아녔더냐? 선동됐던, 자발적이던, 탄핵을 지지했던 유권자는 자연스레 진보를 지지했을 테고, 탄핵으로 부가된 진보 지향성을 재평가할 특별한 이슈가 없던 터이니, 코로나 방역의 국제적 비교 우위가 총선 표심에 반영됐겠지. 이에 기고만장한 진보는 내로남불 장관으로 경을 치고도, 자기편이 일으킨 '성범죄' 보궐선거까지 가로채려고 버젓이 당규를 바꿨지. 그런 운동권 행보를 뒤집으면 '승리하면 성범죄도 재평가된다.'라는 태돈데, 게다가 공무원이 39km를 헤엄쳐 월북했다는 도식적 프레임을 버젓이 내걸었으니, 대선에서 지고도 남은 게지. 차제에, '쉼 없는 각성은 자유의 비용이다.'라던 헤밍웨이처럼 네놈의 욕지기는 '편향적 여론이 키 잡은 탁류에 휩쓸리길 거부하는 바동거림'일 게다."

〈후세에게 가려 줘야 할 정의의 담론적 갈피〉

"거사님은 '사랑과 자비도, 봉사와 희생도, 시혜도, 정의의 분노도, 규범과 절차적 정의를 벗어나면, 허영과 강요나, 예속과 모욕의 찌끼가 남는다. 정치란 국민을 평등하게 아우를 규범이니, 국민 평균의 衣食住와 정의감을 실천하지 않는 정치인은 사이비다. 덜 삭은 역정에 욕지기하는 네놈 또한 사이빌 테니, 일체유심조로 종잡기 난감한 세태에 얽매이지 않을 정언(定言)을 캐내라.' 이르셨습니다. 차제에, 정치인은 무얼 살펴야겠습니까?"

"당장은 쓸모가 안 보여도 후세에겐 꼭 사회정의의 갈피를 가려줘야 할 테니, 여야를 막론하고 본말(本末)을 의심받을 정치는 말아야지. 가령, 아이들 키우는 부모로서 성범죄 보궐선거용 당규 개정, 검수완박 입법용 탈당 따위의 목적을 자식들이 물을까 싶어 난감하잖을 국민이 있겠느냐? 또, 국민의 권리와 생명을 보호할 국가가 되레 '조난 공무원이 월북할 이유를 찾고 모으는 목적이 합당하다.'라고 여길 국민이 있겠느냐? 차제에 북한을 달래는 게 잘못이겠냐만, '예수가 죽어야 유대 백성에겐 이롭다!'라고 선동한 가야파를 벤치마킹한 거라고 의심받기 딱 좋은 헛발질로 제 발목을 분지르잖았느냐? 반면에, 진보가 퇴행하며 흘리는 반사이익 따위에 헤벌쭉한 보수도 되지 말라는 게야."

"유권자 국민은 무얼 기억하고, 무얼 실천해야 하겠습니까?"

"모든 혁명정권이 독재했던 것처럼 촛불혁명 정권도 몸집이 커지자 '포용과 화해와 양보로 국격을 높인 DJ 정신'마저 팽개쳤으니, 여야를 막론하고 의회 독재할 의석은 주지 말아야지."

〈지도력과 지지도의 상관관계〉

"덧붙이자면, 지도자의 지도력과 지지도는 별개를 지나, 상극일 듯하구나. 가령, '정의로운 사법 개혁의 최적임자'라며 지명한 장관의 문제가 심각했어도 '혐의만으론 장관 지명을 철회할 수 없다!'라던 전번 대통령의 말은 '내가 검찰총장을 임명할 땐 탄핵을 이끈 정의감으로 산 권력에도 엄정하라 했지만, 이번만큼은 총장이 눈감아주소!'라는 언질로 들렸기에, 그 대통령은 한 손엔 어떤 방패도 뚫는다는 창을, 다른 손엔 어떤 창도 막는다는 방패를 쥐고 호객하는 장사꾼이 됐던 게야. 진보의 기치였던 '공정한 정의'로 선뜻 철회할 인사를 지지율로 돌파하려다 나라의 상식과 정의를 동강 냈으니, 분에 넘친 지지율과 의석수에 통찰력이 가려진 아이러니하고 상극적인 결관 게지."

"지금의 동강 난 국론과 선거 때마다 빨갛고 푸르던 여야의 지지율 분포 지도가 겹쳐 보입니다. 말씀인즉슨, 남북이 사상과 국토로 동강 난 상태라면, 요즘의 우리(남한)는 진영논리로 동강 난 '국민 정서의 국토관리 행정적 미봉 상태'로 보입니다. 결국, 두 동강이던 한반도가 요 몇 년 사이에 이념적으로 확연한 삼국시대가 되었다 싶어서, 착잡하다 못해 영 께름칙한 겁니다."

"충분한 시행착오를 겪었으니, 여야가 아테네와 로마, 남미의 정치사(政治史) 정도는 되새겨서 '천민적 자본주의와 천민적 다수결주의' 속성을 숨아내겠지. 그러면 진영논리로 동강 난 정의도, 퇴색한 국격도, 젊은이들의 꿈도 차츰 선명해지겠지. 그 기대가 당장은 부질없고 하릴없을지라도 꼭 부여잡을 희망이지."

〈원수보다 정의롭고 강해야 원수를 사랑할 수 있다〉

"정권이 바뀌었어도 국론 분열은 여전하지만, 희망은 부여잡으라는 말씀인데, 저는 이번 정권도 실망스럽습니다."

"동서고금을 막론하고 역대 정권들처럼 뿌린 대로 거두며, 자멸하거나 승패가 늘 뒤집히는 게 정치판의 속성이고, 진보도 보수도 열심히 따라 하는데 새삼스럽게 뭐가 실망스럽다는 게야?"

"저의 헛구역질이 떨어지긴 영 글렀다는 말씀입니다."

"네놈의 헛구역질이 바깥에서 오는 게냐! 예수가 왜 '원수를 사랑하라.' 일렀겠느냐? 진정한 적이 없다면 본능과 이성, 선과 악, 보수와 진보, 전쟁과 평화 따위의 모순된 가치를 곧잘 동반 지향하는 인간은 자멸하지 않겠느냐? 가령, 치열한 남북 대결과 국내의 여야 정쟁에서 보듯 끊임없이 경계해야 할 원수와 정적은 나를 게으름과 부조리에서 지켜내는 빛과 소금이니, 배신 가능성이 전혀 없잖은 한편보다 되레 소중하고 감사한 존잰 게야. 한편으론, 일상적이던 전쟁을 대체할 선택적 대리전을 정치적으로 고안했기에 만인의 전면전을 피하는 게야. 가령, 서로 다른 정치적 욕구의 국민을 대신해 치열하게 다투는 국회가 없다면 국민이 직접 패싸움할 판이니, 대리만족은 물론 가끔은 희극적으로 국민정신 건강을 도모하는 국회의원은 감사하고 장려할 숭고한 직종인 게야. 다만, 원수보다 정의롭고 강해져서 평화와 정의를 지킬 힘이 있어야 햇볕정책처럼 원수도 사랑할 수 있고, 종교와 정치적 효용도 누리는 게야. 반면에 약자가 원수를 사랑하면 비굴한 아양이고, 정치적 효용을 누린다면 굴종인 게야."

내시경 검사실에서

〈태생적 사이비들이 치워야 할 공원의 똥〉

'약자의 아양과 굴종'이 떠올랐을 때 내 이름이 불렸다.

아직도 헛구역질 기미가 남아 위내시경도 수면으로 바꿨다.

'내가 왜 검진 내내 마뜩잖았지? 공원에 똥 싸고 검진센터에 눈 흘긴 꼴이네? 그런 난 자기 개가 공원에 싼 똥을 치우잖는 사람들보다 못하네? 내가 싼 똥 치우잖으면 평생 찜찜할 테니, 당장 치워야겠네! 그런데 어제 검진한 동료는 장 청소 잘못했다고 호되게 무안당했다던데, 난 괜찮을까?' 싶으며 잠이 들었다.

"에이! 이 똥 좀 봐! 프로브에 묻어서 제대로 뵐질 않네! 이렇게 장 청소를 제대로 안 하는 사람들일수록 대장 내시경 검진 주기도 안 지키고, '지난번 검사에선 괜찮다더니 왜 이제야 암(癌)이라는 거냐!'라고 난릴 친다니까! 그렇게 장 청소 잘하라고 안내해도 이런 사람이 꼭 있다니까! 에이! 증말, 드러워서 못 하겠네. 쯥!"

"?… 더럽다니요! 이거, 검진 그만두겠습니다!"

"?… 거의 마쳤습니다. 선생님은 마취에서 좀 일찍 깨었습니다. 요게 직장(直腸)인데, 이름과 달리 안쪽은 요렇게 꼬불꼬불하니, '의인은 하나도 없다.'라는 말처럼 너나없이 사이비지요."

"?… 수고하셨습니다. 어디 꼬이거나 더러운 덴 없었습니까?"

"?… 장 청소를 잘하셔서 아주 깨끗합니다."

항문에서 내시경을 쓱 뽑아내자, 엊저녁에 고생스럽게 씻어 낸 대장 속이 모니터 화면을 가득 채웠다. 실핏줄이 선명한 여리디여린 선홍빛 점막 터널은 저 끝으로 소실점을 이뤘다.

"머리가 개운찮으면 눈을 잠시 더 감으시지요?"

〈어디로 가고 있을까?〉

　의사의 권유대로 눈을 감으니 나른함이 밀려왔다. 모니터 화면의 대장 터널 끝 소실점을 향한 느릿한 소용돌이에 빨려 들어가는 내 모습이 잔영으로 보이며, 옅은 어지럼이 느껴졌다.

　어둑한 터널을 지나 고향을 향해 가는데, 옛집은 좀처럼 보이지 않았다. 길이라서 갔는데, 가다 보면 허당이나, 덤불이었다. 조바심에 쫓기며 헤매다가 고개를 드니, 저만치서 밭일하던 엄마와 아버지가 일손을 멈추고 내게 얼굴을 돌리셨다. 반가움과 왠지 모를 서러움이 한꺼번에 북받쳐서 울먹이며 일렀다.

　"엄마, 제가 길을 잃었었어요! 길이 자꾸만 사라졌어요!"

　반기며 달려와서 와락 끌어안아 주실 줄 알았던 엄마가 뜻밖의 무덤덤한 표정으로 뭔가 말씀하시려는 순간 눈이 떠졌다.

　'?… 내가 길을 잃었었다니?… 가던 길은 왜 자꾸 사라졌지?…'

　내가 정녕 원했거나, 잃어버릴 길이 있었으며, 되돌아간 길은 얼마였던가? 그랬으니, 왠지 마뜩잖은 듯하던 엄마의 표정은 늘 흔들리는 내 신앙을 나무라시는 게 아녔을까? 그렇다면 초대형 교회며 사찰과 저 광화문과 서초동의 드넓은 길을 메우던 사람들은 길을 잃을 리 없을까? 그 틈에 좀체 끼어들지 못하던 내게 "쩨쩨한 회색분자가 갈 곳은 지옥이야!"라던 친구도 길을 잃을 리 없을까? 한편, "내일을 확실히 예측하려면 내일의 계획을 당장 결행해야 하듯이 길(생각의 갈피) 잃기가 영 싫으면 세상에 없는 네 놈만의 생각을 캐려무나. 욕지기가 정 힘들면 내 곁으로 오든지!"라며, 혀를 차던 운암거사는 어디로 가고 있을까?

맺음말

상식과 정의를 헤아리다, 왜 생각의 갈피가 헝클어졌을까?

내가 생각해 온 상식적 정의는 '국민의 행복을 위한 국가의 제도와 정치적 약속이 지켜지는 공신력'과 같은 의미였다. 실천적으로는 '약속을 지키지 못할 땐 사전에, 부득이하면 사후에라도 꼭 양해를 구할 것이며, 그렇게 약속을 못 지킨 사람에 대한 관용과 사회적 약자를 최선으로 배려하는 사회와 국가'였다.

그런 면에서, '실정을 사과하며 하야를 청해서 이미 정치적 시체가 된 대통령을 굳이 탄핵하는 세태는 격앙된 군중의 사나워진 정의감으로 국민주권을 남용하는 사례가 아닐까?' 싶었다.

이후, 인권과 정의 전문가인 새 대통령이 "사람이 먼저다. 온전한 정의를 이루겠다. 검찰도 산 권력에 엄정하라." 할 때, '대통령과 내 생각이 어쩌면 저렇게 똑같을까!' 퍽 감동했다. 그러나, 동강 난 국론을 아우를 그릇도 없고, 국회마저 다수결 기능만 남자, 정권을 등지고 39km나 헤엄쳐 월북하는 공무원까지 생기더니, 성범죄 보궐선거엔 당규까지 바꾸는 일련의 국정은 대통령과 내 생각이 영 다르다는 방증이라서 늘 어리둥절했다.

정의와 인권 전문가인 대통령이 정의롭지 않을 리는 없는데 그 대통령의 국정은 내 기대와 왜 다를까? 그리고 그 대통령과 내가 각각 추구하고 견지하는 정의의 갈피와 결의 무엇이 다를까?'를 헤아리다, '아뿔싸! 내가 전쟁터에서 정의의 갈피를 뒤적였구나!'라는 큰 자괴심에 생각의 갈피가 확 헝클어진 거였다.

건강검진후기

ⓒ 조웅선, 2024

초판 1쇄 발행 2024년 4월 30일

지은이   조웅선
펴낸이   이기봉
편집   좋은땅 편집팀
펴낸곳   도서출판 좋은땅
주소   서울특별시 마포구 양화로12길 26 지월드빌딩 (서교동 395-7)
전화   02)374-8616~7
팩스   02)374-8614
이메일   gworldbook@naver.com
홈페이지   www.g-world.co.kr

ISBN   979-11-388-3055-3 (03330)